개정판

미국에 당당했던 대한민국의 대통령들

- 다시 생각하는 이승만·박정희의 벼랑끝 외교전략 -

서문

대한민국 근대사에 관심이 있는 모든 분들에게
좋은 읽을거리가 되었으면…

대한민국은 자랑스러운 나라다. 북한을 제외하면 면적이 겨우 10만 평방킬로미터에도 미치지 못해 세계 108위에 불과한 작은 나라이지만, 인구는 세계 25위, 경제력은 2021년 기준으로 세계 10위, 수출액 세계 9위, 국민들의 대학 진학률, 교육열, 인터넷 속도와 보급률 세계 1위 그리고 전통적 국력 기준인 군사력이 세계 6위에 이르는 결코 허약하지 않은 나라다. 오늘의 대한민국은 민주주의가 꽃 핀 나라이며 먹고사는데 별지장이 없는 나라다. 항상 남의 떡이 더 커 보이는 법이지만, 우리가 가진 떡도 결코 만만치 않다 자부해도 된다는 말이다.

국제 정치학자인 필자는 대한민국의 현재 종합 국력이 세계 200여개 국가 중에서 12위라고 평가한다. 12위의 순위도 우리나라의 과거 역사와 대비해서 생각할 경우 대단한 것이지만 우리는 곧 통일을 이룩할 세계 5위권의 국력에 도달할 수 있는 국제 환경에 당면해 있으며, 우리의 노력 여부에 따라 '통일 강대국'을 건설하는 것도 능히 가능한 일이라고 생각하고 있다. 그러기 위해서 우리는 탁월한 전략을 가진 지도자가 있어야 하고, 그 지도자를 따라 열심히 노력하는 국민들이 있어야 한다.

대한민국의 오늘은 저절로 이루어진 것은 아니다. 대한민국의 기성세대들인 60~70대의 국민들이 어렸을 적 그들은 봄마다 먹을 것을 걱정해야 하는 가난한 나라의 국민이었다. 겨우 60여 년 전인 1960년 우리나라는 아프리카의 가나와 비슷한 경제수준이었고, 우리나라 국민들의 개인 소득은 필리핀의 1/10에 불과했다. 현재 대한민국의 젊은 사람들은 도무지 믿을 수 없는 일이겠지만, 1960년 대한민국의 개인 소득은 북한의 1/3밖에 되지 못했다. 지금 끼니를 걱정하는 북한은 남북한이 분단되는 1945년 남한과는 상대가 되지 않는 유리한 환경에서 출발했다. 북한은 일본 제국주의가 북한 지역에 건설해 놓았던 수많은 기계·화학공업 덕분으로 한국전쟁 당시 스스로 북한제 국산총인 따발총(多發銃)을 만들어서 동족을 살해하기도 했었다.

1960년대 세계는 아직 국가의 숫자가 100개 미만이었고, 대한민국의 경제력과 국력은 끝에서부터 몇 번째에 해당되는 그야말로 극빈국(極貧國)이었다. 북한과 국제 공산주의 세력이 벌인 피비린내 나는 한국전쟁은 대한민국을 거지 중에서도 상거지의 나라로 만들어 버렸다. 그러나 단 두세 대 만에 대한민국은 세계의 모범 국가로 성장하는 데 성공했다. 좋은 지도자와 열정적인 국민들이 있었기 때문에 가능한 일이었다.

이 같은 놀라운 상황을 완전히 반전시킨 우리나라의 지도자들이 바로 대한민국을 자유 민주주의에 기초한 자본주의 국가로 건국한 이승만 대통령이고, 부국강병의 기초를 닦아 오늘 대한민국이 세계의 발전 모델이 되게 만든 박정희 대통령이다. 한국 현대사 관련 양서를 집필한 다수의 학자들은 이승만, 박정희를 건국(建國)과 부국(富國)의 대통령이라고 칭송하는데 인색하지 않다. 그런 대통령들이 있었기에 오늘의 대한민국이 존재할 수 있는 것이다.

그럼에도 불구하고 대한민국의 건국 대통령과 부국 대통령을 부정하고 비하하는 세력들이 적지 않다는 것이 대한민국의 불행한 현실이다. 그렇게 생각하는 것은 이미 '학문'이 아니라 '이념'이라는 사실을 모르는 사람은 없다. 이승만, 박정희를 반대하고 대들었던 수많은 사람들이 이제 그들의 업적을 겸허하게 받아들이고 재평가하기 시작했다는 것은 대한민국이 정상적인 국가를 향해 나가고 있다는 징표다.

이 책은 이승만, 박정희 대통령의 여러 가지 업적 중에서 그들의 외교 안보에 관한 업적을 평가해 보고 그들로부터 국가 안보에 관한 교훈을 도출해 본다는 입장에서 집필되었다. 대한민국의 외교 안보에 가장 결정적인 나라는 미국이다. 이승만, 박정희 대통령은 지금 말로하면 친미주의자였다. 그러나 이들을 비하하는 자들이 말하는 '미제의 주구(走狗, 사냥할 때 부리는 개)'이기는커녕 미국 앞에 가장 당당했던 대통령들이었다. 미국이 오히려 쩔쩔매며, 심지어 제거하려고 마음 먹기조차 했던 대통령이 이승만, 박정희일진대 이들을 미국의 주구라고 말한다는 것은 역사를 모독하는 것이다.

'스탈린 동지의 말은 법이다'고 말하며 머리를 조아린 김일성이나 오늘날 단돈 10억 달러를 빌리겠다고 중국을 방문해서 머리 조아려야 하는 북한을 차라리 소련과 중국의 주구라고 말해야 옳다.

이승만, 박정희는 미국이라는 나라의 본질을 알고 있었고, 미국을 적절히 이용함으로써 대한민국의 국가안보와 경제발전을 보장받을 수 있다는 사실을 잘 알고 있던 국제 정치학자요, 전략의 대가들이었다. 그러기 위해 이들은 미국을 좋은 나라라고 공개적으로 칭찬하기도 했으며 미국과 직접 맞장을 뜨기도 했다. 그리고 이들은 결국 원하는 바를 미국으로부터 얻어내는데 성공했다. 이승만 대통령은 한미동맹을 성공시켰고 박정희 대통령은 미군의 지속적 한국 주둔이라는 대한민국 국가안보의 핵심적인 장치를 유지시키는데 성공했다.

이 책은 우선 미국이라는 나라가 우리나라에 어떤 존재인지를 국제정치학, 역사학, 지정학적으로 분석한다. 그리고 이승만, 박정희 대통령이 이 같은 상황을 정확히 인식하고 미국에게 어떻게 접근하고 그들로부터 대한민국의 국가 이익을 어떻게 확보해 냈는지를 분석한다. 그리고 이 책은 앞으로 한미관계가 어떻게 진행되어야 할 것인지에 대해서도 논한다. 앞으로도 미국은 과거와 같이 우리나라의 안보와 경제발전을 위해 그 어떤 나라보다 중요한 나라임을 논리적인 근거를 통해 밝히고자 노력했다.

대한민국은 이제 통일 국가를 건설하고 세계적인 강대국으로 도약할 것인가 그렇지 않으면 그저 그런 나라로 북한의 위협, 그리고 점차 부상하는 중국으로부터 오는 압력을 일상적인 운명으로 생각하고 살 나라가 될 것인가를 결정하는 기로에 놓여 있다. 이 같은 중요한 시점에서 우리나라의 지도자들과 국민들에게 본보기를 제공하는 이승만, 박정희가 있었다는 사실은 다행스런 일이다.

이 세상 어떤 정치가도 공(功)과 과(過)가 있을 것이다. 그리고 국민들은 그것을 평가할 권리와 의무가 있다. 그러나 이승만, 박정희는 아직 우리에게는 현실이다. 그들이 이룩하려던 나라가 완성되지 못한 상황에서 그들의 과오만이 크게 부각되는 현상은 바람직하지 못하다. 이들을 평가하는 것은 역사이지만 이들은 아직도 우리 대한민국에게는 역사가 되지 못하고 현실로 남아 있다. 대한민국이 통일을 이룩하고 강대국이 되는 날 그들은 역사가 될 것이다.

이 책은 순수 학술 서적이 아니라 누구라도 쉽게 읽을 수 있는 책으로 만들고자 노력했다. 또한 학문적 엄밀성을 지키기 위해 노력했다. 이승만, 박정희의 대미 외교정책들을 소개하고 이들이 국가안보, 경제발전을 위해 미국과 어떻게 거래했는가를 일화와 이론을 섞어가며 설명하고자 했다. 한국과 미국이 거래를 시작한 이후 박정희 대통령이 암살당할 때까지 한국 현대사의 주요 사건들을 중심으로 이들의 행동을 정리해 보았다.

글을 쓰는 것은 아는 것을 과시하는 작업이 아니라 공부를 하는 작업이다. 이 공부를 통해 필자가 가지고 있었던 이승만·박정희, 특히 박정희에 대한 관점을 많이 바꾸게 되었음을 고백하지 않을 수 없다. 조국을 위해 노력했던 두 거인을 연구하며 서술하는 작업은 어려웠지만 즐거운 작업이었다.

이 글을 집필할 수 있는 기회를 주신 글마당출판사의 대표님은 필자가 평소부터 잘 알고 있던 분으로 대한민국이라는 국가를 누구보다도 사랑하는 애국자이다. 책의 제목까지 미리 주시고 필자에게 다시 공부하는 기회를 주신 대표님께 진정으로 감사하다는 말씀을 드린다. 날짜를 지키지 못했음에도 불구하고 경쾌한 속도로 예쁜 책으로 만들어 주신 글마당 편집부의 수고와 능력에 감사와 찬사를 드리지 않을 수 없다.

필자가 쓴 모든 글의 첫 번째 독자이며 평자였던 아내는 이 책을 쓰는 동안에도 역시 집필 조교의 역할은 물론 독자와 평자의 역할도 충실히 담당해 주었다. 이 책이 대한민국의 미래 국가전략에 대해 관심있는 모든 분들, 한미관계의 본질이 무엇인지 궁금했던 분들, 이승만·박정희 대통령이 건설하고 일으켜 세운 대한민국 근대사에 관심이 있는 모든 분들에게 좋은 읽을거리가 되었으면 하는 바람이다.

2012년 12월 1판 서문
2022년 5월 개정
저자 이춘근

CONTENTS

서문

PART 1 이승만의 외교 전략

제1장   들어가는 말

세계 패권국 미국의 속성

제 2 장 한국과 미국은 좋은 친구

좋은 한미 관계는 한국의 숙명

19세기말 조선의 미국 인식: 미국은 좋은 나라

제 3 장   현대 한미관계

PART 2 박정희의 외교 전략

제 6 장　박정희 장군의 5·16 쿠데타와 미국

"올 것이 왔다." 박정희 장군의 5·16 쿠데타

반공을 국시로, 미국과의 우의를 더욱 돈독히…
박정희의 혁명공약

제 7 장　박정희의 부국강병책과 미국

박정희 시대의 대한민국: 격동적 안보상황

주한 미군은 한국안전의 보장 장치

PART 1
이승만의 외교 전략

▲ 덜레스(왼쪽)와 로버트슨을 다시 만나 환담하는 이승만

ⓒ 뉴델리

제1장

들어가는 말

▲ 1948년 8월 15일 대한민국 정부가 수립되었다. 미국은 한국 정부 수립의 후견국이며 세계에서 가장 먼저 대한민국 정부를 승인한 나라였다.

세계 패권국 미국의 속성

세계 패권국 미국의 출현

미국은 세계 각국의 외교 정책에 직·간접적으로 영향력을 행사하고 있는 막강한 강대국이다. 너무나 막강하기 때문에 미국은 패권국(Hegemon)이라 불리기도 하고, 제국(Imperial Power)이라고 불리기도 한다. 소련이 몰락한 이후 미국은 유일 초강대국으로 군림하게 되었으며 증강된 미국의 국력은 미국을 단지 초강대국이라 부를 수 없을 정도로 막강하다는 의미에서 극 초강대국(Über power)이라고 부르는 사람들조차 나타났다.[1]

미국을 표현하기 위해 패권국과 제국이라는 용어가 혼합되어 사용되고 있지만 제국은 다른 나라를 직접 통치하는 나라, 패권국은 다른 나라의 외교에 영향을 미치는 나라로 정의될 수 있기 때문에 미국은 제국이기보다는 패권국이다.

물론 제국과 패권국의 뚜렷한 구분은 존재하지 않으며 미국인들은 제국이라는 용어가 가지는 부정적인 의미 때문에 자신들이 제국이라고 불리는 것을 선호하지 않았다. 미국이 더 좋아하는 말은 리더(Leader)라는 말이다. 그러나 미국인들은 소련과 국제공산주의가 붕괴된 1990년 이후 자신들을 스스로 제국이라고 부르기 시작했다. 다만 과거 영국, 프랑스와 같이 군사력에 의한 식민제국이 아니라 문화와 정치를 가지고 세계를 선도하는 문화제국, 인권제국, 자유주의의 제국이라고 주장한다.2) 다른 나라에 자국의 영향력을 행사하려는 일체의 행위가, 넓은 의미에서 제국주의 정책에 포함된다고 본다면3) 미국은 물론 현재 세계 최강, 최고의 제국이다.

아무튼 미국이라는 막강한 국가의 존재는 그렇지 않은 많은 나라들을 피곤하게 할 때가 있다. 미국과 아주 친밀한 관계를 유지하는 캐나다조차도 미국과의 관계를 불편해한다. 왜 미국과의 관계를 불편해 하느냐는 질문에 캐나다 사람들은 미국의 존재를 방 안에 큰 코끼리와 같이 있는 것 같다고 비유하기도 한다. 미국이라는 대국의 존재는 미국에 대한 적국은 물론 미국과 우호 관계에 있는 나라들도 불편하게 할 때가 많다.

미국은 천사의 나라도 아니고 악마의 나라도 아니다. 미국도 다른 모든 나라들과 마찬가지로 자국의 국가이익을 위해서 노력하는 나라일 뿐이다. 미국인들도 자국민들이 더 안전하게, 더 잘살기를 원한다. 그래서 적이라고 간주되는 나라와 국민들을 공격하고 자신과 우호적인 나라들은 지원한다.

다만 미국은 민주주의 국가이기 때문에 독재국가인 다른 강대국과는 달리(예로서 나치독일, 군국 일본, 공산소련 및 중공 등) 약소국을 무력으로 점령한다거나 자국의 이익을 위해 약소국을 협박하고 위협하는 태도를 자제한다.

상업국가적 전통이 있는 미국은 이익 계산에도 대단히 능하다. 자국의 이익이 되지 않을 경우 오래된 친구라도 곧바로 버릴 수 있고, 자신에게 이익이 된다고 판단되면 오래된 적과도 곧 친구가 되는 나라가 미국이다.

미국은 독립 혁명 당시 자신의 모국이라고 할 수 있는 영국에 대항하는 독립 전쟁을 준비하기 위해 프랑스와 친구가 되었고, 독일 출신 용병을 대거 사용했다. 1차 대전 중 미국은 전쟁이 발발한 후 상당 기간 동안 이리저리 상황을 관찰하고 있다가 독일이 이길지도 모르는 상황으로 전쟁이 진전된 후에 비로소 1차 대전에 개입, 영국과 프랑스를 구출했다. 1차 대전이 발발한 것이 1914년 8월이었는데 미국이 1차 대전에 개입한 것은 1917년 4월이었고 1919년 6월 전쟁은 미국 측이 속한 편의 승리로 끝났다.

미국은 1차 세계대전 중 공산혁명을 일으킨 러시아의 국내정치에 무력으로 개입, 공산 혁명을 저지하려 함으로써 러시아의 원초적인 적국이 되었다. 1차 대전 중 영국, 프랑스의 편에 서서 전쟁을 벌이던 러시아는 전쟁 중 공산혁명을 겪게 되었고 전쟁에서 탈퇴했다. 연합국들은 러시아 혁명에 개입하기로 결정했다. 공산주의 혁명을 지지하기 위해서가 아니라 공산 정권을 붕괴시키기 위해서였다. 소련의 공산 혁명을 진압하기 위한 국제연합군에 미군도 포함되어 있었다. 이 같은 기억을 가진 소련은 미국을 소련 공산주의에 대한 본질적 적대국으로 간주했다.

그러나 1930년대 독일에서 히틀러가 등장하고 1939년 히틀러가

제2차 세계 대전을 일으키자 미국은 소련과 동맹 상태가 되어 히틀러를 제압하는 전쟁을 함께 치렀다. 물론 미국은 2차 세계대전 당시에도 1차 세계대전과 마찬가지로 몇 년 동안 전쟁의 전개 상황을 관망하면서 전쟁에 직접 개입하지 않는 상황을 지속하고 있었다. 2차 대전이 본격적으로 시작된 것은 1939년 9월이었지만 미국이 전쟁에 개입한 것은 일본이 진주만을 기습 공격한 1941년 12월 7일 이후의 일이었다.

미국의 전쟁 개입을 애타게 기다리고 있었던 영국의 처칠 수상은 일본이 진주만을 공격했다는 소식을 듣고 이제는 우리가 이겼다며 쾌재를 불렀다. 미국의 연합국 측 전쟁 참전은 독일과 일본 제국의 몰락을 의미하는 것이나 마찬가지였기 때문이다.

2차 대전 당시 유럽전선은 본질적으로 독일과 소련의 싸움이라고 해도 과언이 아닐 정도로 두 나라는 치열한 전투를 벌였다. 당시 미국은 소련에게 대대적으로 전략 물자를 지원했으며 미국의 지원은 소련이 독일과 힘겨운 싸움을 벌일 수 있는 견인차가 되었다. 미국은 전쟁에 승리하기 위해, 골치 아픈 적인 독일의 나치즘을 격멸하기 위해, 소련 공산주의를 적극 지원했던 것이다. 미국이 소련을 지원한 것은 결코 미국이 소련의 공산주의를 인정하기 때문이 아니었다. 당장 시급한 대적(大敵)인 히틀러의 나치즘을 격멸하기 위해서는 소련 공산주의자와도 연합할 수 있다는 미국의 현실주의적 국제정치를 보여주는 좋은 사례가 아닐 수 없다.

미국의 참전은 1차 대전 당시와 마찬가지로 2차 대전에서도 연합국 승리의 가장 중요한 원인이었다. 미국의 막강한 물자는 연합국 승리의 자산이었다. 미국은 1차 대전, 2차 대전을 거치면서 '민주주의의 병기창(Arsenal of Democracy)'이라는 명칭을 부여 받게 되었으며 미국의 산업 능력은 양차 대전을 통해 더욱 막강하게 증강되었다.

미국은 2차 대전이 끝난 후 미국 역사상 최초로 고립주의 정책으로 되돌아가지 않고 세계무대에 개입함으로써 과거와는 완전히 다른 정책을 취했다. 1차 대전 후 미국이 고립주의로 회귀했다는 사실은 제2차 세계대전이 발발하는 원인을 제공했다. 책임 있는 강대국이 없는 국제정치는 혼란과 전쟁의 세계가 된다. 2차 세계대전 이후 비로소 미국은 막강한 힘을 가지고 질서를 유지해야 할 책무를 담당하고자 한 것이다. 히틀러와 나치즘이 존재하지 않는 세상에서 미국의 자유주의적 자본주의와 소련의 사회주의적 전제정치 체제가 동맹을 유지한다는 것은 불가능한 일이며 어울리지도 않는 일이었다. 소련과 적대관계로 빠져들게 된 미국은 철천지 원수처럼 싸웠던 일본과 독일을 일으켜 세워 미국의 동맹국으로 삼았다. 새로운 대적 소련과 싸우는데 있어 일본과 독일은 미국의 유용한 친구가 될 수 있었기 때문이다.

미국과 아시아

아시아에서도 미국은 마찬가지 입장을 취했다. 미국은 20세기 초반, 일본에 대단히 우호적이어서 일본의 한국과 대만 지배를 용인하기도 했을 정도였지만 2차 대전 당시 미국은 일본에 원자폭탄을 투하할 정도로 치열하게 싸웠다. 그러나 2차 대전이 끝난 후 미국은 다시 일본과의 동맹국이 되어 현재 미국과 일본의 관계는 세계 최고로 양호한 동맹 관계 중 하나다.

이처럼 전략적 판단에 따라 그때그때 변하는 미국의 대외정책은 때로 미국의 동맹국들을 황당하게 만드는 경우도 많았다. 미국의 속성과 국가전략을 잘 이해하고 있는 지도자를 가진 미국의 작은 동맹국들은 이럴 경우 미국과 맞장 뜨기도 하고 미국을 설득하기도 해서 자국의 국가 이익을 잘 지켜 나갔다. 그럴 능력이 없는 지도자를 가진 미국의 동맹국들은 미국을 비난하고 반미를 목청 높여 부르짖지만 결국 미국의 요구에 굴복하고 말았다는 것이 역사적 현실이다. 약한 나라가 강한 나라를 이기지 못한다는 것이 국제정치의 엄연한 진실이기 때문이다.

한국과 미국

한국은 2차 세계대전 이후, 특히 한국 전쟁 이후 미국과는 막역한 관계를 수립한 나라였지만 한국 역시 미국과의 관계가 순탄치만은 않았다. 한국과 미국은 거의 70년이나 동맹을 지속한 밀접한 나라들이지만 두 나라의 국가이익이 완벽하게 일치하는 것도 아니고, 두 나라 국가 정책이 항상 협력적일 수는 없었다. 그래서 한미관계는 동맹국임도 불구하고 수많은 어려운 고비가 있을 수밖에 없었으며 이는 국제관계에서는 당연한 일이었다.

그러나 약소국의 처지에 있었던 우리 대한민국은 미국이 마음에 들지 않는다고 미국과 결별할 수는 없는 노릇이었다. 보다 엄밀히 말하면 한국은 미국과 결별할 수 있는 능력과 자유가 없었다. 그러나 우리는 한미 양국의 관계가 어려움에 처할 때마다 당당하게 미국에 우리의 입장을 피력하고 설득한, 때로는 미국을 당황하게 만들 정도로 당당하게 행동했던 두 명의 대통령을 가지고 있었다. 이승만, 박정희 두 대통령이 바로 대한민국의 국익을 위해 미국에게 가장 당당했던 두 대통령이다.

미국에 당당했던 이승만과 박정희

역사를 제대로 알지 못하는, 혹은 역사를 색안경을 끼고 보는 사람들은 이승만·박정희를 미제의 주구라고 비하하지만, 두 대통령은 미제의 주구가 아니라 이 책의 제목처럼 '미국에 가장 당당했던 친미 대통령'이었다. 이 책은 이승만, 박정희 두 대통령이야말로 약소국 대한민국의 지도자로써 세계 최강의 강대국 앞에서 당당했고, 당당함으로써 대한민국의 국익을 확보하고자 노력했던 대통령이었음을 증명할 것이다. 미국 앞에 당당했던 이승만, 박정희 대통령은 말을 많이 할 필요가 없다.

그들은 미국에 당당하겠다고 말하지 않았다. 다만 그들은 행동으로 미국에 당당했을 뿐이다. 그들은 오히려 말로는 그들이 친미적인 대통령임을 숨기지 않았다. 최근 우리는 미국 앞에 당당하겠다고 말했지만, 결국 미국의 요구를 거부하지 못하고 궁극적으로 한미 관계를 파탄 내다시피 한 대통령을 가지고 있었다. 김대중·노무현·문재인 대통령 정부시절, 특히 노무현·문재인 정부 아래 한미 관계는 사실상 동맹이라고 말하기 어려울 정도까지 파탄되었다.

이승만 대통령은 해방 직후 군정장관이던 서슬 퍼런 미국 장성 하지 장군과 사사건건 대립했고, 미국이 구상한 신탁통치안을 앞장서서 반대하여 좌절시킨 장본인이었다. 민족주의자를 자처하고 주체의 당당함을 자처하는 북한의 김일성이 북한 주둔군인 소련군 장성들에게 비굴하게 머리 조아린 모습과 비교할 때 현대 한국 민족주의의 축(軸)은 북한이 아니라 남한에 있었다는 사실을 다시 확인하게 된다.

이승만 대통령이 군정 당시 하지 장군에게 했던 것처럼 한국 전쟁 때 이승만 대통령은 어떻게 해서라도 전쟁을 종식시키려는 미국의 입장을 사사건건 방해했다. 극심한 경우 반공포로 석방을 통해 미국을 압박하고 경악하게 만들었다.

또한 박정희 대통령은 그 당시 카터의 이중적인 인권 정책에 대해 한국의 처지를 이해해 달라고 설득했었다. 카터의 막무가내에 대해 박정희 대통령은 미국이 한국을 지켜주지 못할 것이면 차라리 떠나라 했다.

박정희와 비교할 경우 독재의 정도가 가히 극악무도하다고 말할 수 있는 김일성에게는 그토록 우호적인 카터의 세계관을 필자는 지금도 이해하지 못한다. 박정희는 미국이 없으면 혼자서라도 나라를 지키겠다고 생각하고 카터에게 '진정 주한 미군을 철수하고 싶으면 그리 하라'고 맞장을 뜬 것이다.

이승만, 박정희 두 대통령은 미국에 대해 맞장을 뜨면서도 '미국이야말로 우리의 제일 좋은 친구'라고 말했다. 미국에게 당당하게 '할 말을 하겠다.' 던 후대 대통령도 있었지만 할 말을 할 것이라는 대통령이 행동에서도 정말 미국 앞에서 당당했는지는 의문이다.

이승만 대통령은 민족상잔의 전쟁을 일으키기 위해 스탈린과 모택동의 사전 동의와 지원을 구하러 가는 사대주의적인 면모를 보인 김일성과는 본질적으로 다른 인물이었다.

지금 현재 보통 사람들이 이승만에 대해 가지고 있는 이미지와 달리 이승만은 김일성과는 비교도 안 되는 민족주의적인 인물이었다.[4]

▶ 이승만 대통령
과 맥아더 원수
가 반갑게 포
옹하고 있다.

해방 후 신탁통치를 찬성했고 "내게 스탈린 동지의 명령은 법이다."[5]며 아부를 떨었던 김일성의 북한은 70년이 지난 지금도 외부로부터의 지원을 얻어내기 위해 굴종적인 양아치 짓을 서슴지 않는다. 돈을 내놓으라고 미사일 발사와 핵실험을 한다면 그게 양아치가 아니고 무엇인가?

이 책은 이승만·박정희 대통령이 대한민국을 건국하고, 지키고 키웠던 대한민국 역사의 전반기에 대한 대중적 기록을 지향한다. 각주를 잔뜩 가져다 붙인 학술서적이 아니라 대한민국 국민들 누구나 쉽게 읽고 이해할 수 있는 스토리텔링(storytelling)이다. 그렇다고 이 책이 학문적 엄정성의 기준을 무시하고 쓰여진 책은 결코 아니다. 이 책은 현실주의 국제정치학의 관점에서 약소국의 독립과 자존은 물론 국가 안보와 경제발전을 도모한 두 한국 대통령에 대한 기록이며 그들의 노력으로부터 교훈을 얻자는 목적으로 집필한 책이다. 이승만·박정희 대통령의 대미 외교 정책을 분석하기에 앞서 미국과 한국 두 나라 국제관계의 과거, 현재, 미래를 논할 필요가 있을 것이다.

미국은 대한민국을 건국한 후원자이며 대한민국의 발전을 지원하고 국가의 생존을 지켜준 우방이다. 미국은 한국의 통일을 위해서도 결정적으로 중요한 나라이며, 중국의 부상 앞에서 한국의 자존과 독립을 지킬 수 있는 동맹국이다.

▲ "한국에서 인사드립니다. 1952년에도 새해 복 많이 받으세요!(Happy New Year From Korea 1952)" 이 분들은 현재 모두 90줄이 넘은 노인이 되었을 것이고, 당시 대한민국의 생존을 위해 고생을 했던 연합군들이다.

제 2 장

한국과 미국은 좋은 친구

▲ 한국전쟁 당시 미군 병사가 한국의 고아 소년들을 돌보아 주고 있다.

좋은 한미 관계는 한국의 숙명

국제정치는 냉혹한 관계

한국이 약소국으로 남아 있는 한, 적어도 한국이 중국 혹은 일본과 맞장 뜰 수 있을 정도로 막강해질 때까지는 미국과의 관계는 숙명적이라고 말해도 과언이 아니다. 불행하게도 국제관계는 사랑과 협력과 평화의 이야기가 아니다. 국제관계는 경쟁과 질투, 전쟁의 관계가 될 확률이 훨씬 높다.

우리는 우리나라에서 발생한 인명 피해 사고들에 대해 애통해하지만 다른 나라에서 일어난 인명 피해 사고에 대해서는 무감각하다. 대구에서 지하철 화재 사건으로 수백 명이 인명 피해를 당한 사건이 발생한 후 얼마 지나지 않았을 때 인도네시아에서 대규모 쓰나미로 인해 10만 명 정도 인명 피해가 발생한 사건이 있었다.

필자는 바로 이 무렵 '국제관계의 이해'를 수강하던 이화여자대학교 학생들에게 질문했다. 솔직하게 대답해 보라고. 두 사건 중 어떤 것이 더 애통했느냐고 물어 보았다. 학생들 거의 모두가 대구 지하철 화재사건이 더 슬펐다고 대답했다. 수백 명의 한국 국민이 당한 슬픔이 수십만 외국인이 당한 슬픔보다 더 슬프다고 말한 그들은 정상적인 한국의 청년들이다.

국제정치란 그런 것이다. 외국에서 발생한 인명 피해 사건을 보도하는 한국 언론들의 최대 관심사는 한국 국민이 피해자 속에 포함되어 있느냐 여부다. 수백 명 외국인의 인명 피해보다 한두 명 한국 국민이 더 큰 관심이며, (솔직히) 더 중요하다. 수백 명 인명 피해가 발생한 사건을 보도하는 신문 헤드라인 아랫줄에 '한국인 인명 피해는 없어…'라는 말에 가슴 쓸어내리는 우리 국민들은 정상적인 사람들이다. 그래서 국제정치는 비 도덕적인 것이다. 우리 국민 한 사람의 생명이 다른 나라 국민 100명의 목숨보다 더 소중한 것이다.

한반도의 지정학

이 같은 냉엄한 국제정치를 헤쳐가야 하는 한국은 너무나 가까운 곳에, 너무나 막강한 나라들이 다수 존재하고 있는 가히 세계 최악의 지정학적 조건 속에서 살아왔고 또한 살아가야 한다. 국가가 짐을 싸 가지고 안전한 곳으로 이사 갈 수는 없는 노릇이기 때문이다.

한반도의 이웃에는 세계 4대 강국 중 세 나라가 존재한다. 중국, 일본, 러시아는 한국과 사실상 붙어있는 나라다. 너무 가까이에 있는 이들 세 강대국들은 모두 한국에 대해 영토적 이해(territorial interest)를 가지고 있다. 즉 중국, 러시아, 일본은 모두 한반도 전부 혹은 그 일부가 자기 영토이기를 간절하게 원하는 나라들이라는 점이다. 고구려를 자국 역사에 포함시키는 작업인 중국의 동북공정(東北工程)은 북한을 중국의 영토에 포함시키는 것을 궁극적인 목표로 하고 있는 중국 국가전략의 일환이다. 중국이 말하는 '고구려는 옛날 중국 역사의 일부였다.'는 주장의 본질적 의미는 오늘의 북한은 궁극적으로 중국에 귀속되어야 할 영토라는 것이다. 중국의 동북공정이 의도하는 냉엄한 국제정치적 의미를 파악할 수 있어야 한다.

중국과 우호관계를 맺을 수 있다고 생각하는 국제정치적인 문외한들이 대한민국에 너무나도 많다는 것이 문제다. 더 큰 문제는 이들이 문외한이기보다는 이념주의자들이라는 점이다. 오늘 대한민국의 반미주의자들은 대체로 종북, 혹은 친북주의자들이며 동시에 친중(親中)론자들이다. 이들은 그래서 미국, 일본과의 관계 강화를 절대적으로 반대한다. 2012년 6월 하순의 해프닝이었던 일본과의 군사협정을 반대하는 한국인들은 반대 이유로 "중국을 자극하면 안 된다."고 말한다. 그들이 자극하지 않기를 원하는 중국은 북한을 자신의 영토라고 주장하는 연구 계획을 완성해 놓은 지 이미 오래다.

이들은 당연히 일본을 미국과 맞먹는 적대국으로 인식하고 있으며, 일본이 한국의 영토에 대해 야욕이 있다고 주장한다. 한국 국민들은 일본의 식민통치 기억이 아직도 강하게 남아 있기에 일본이 우리의 영토에 대해 야욕을 가지고 있는 강대국이라는 사실을 잘 인식하고 있다.

지금 당장은 자기 자신도 추스르기도 힘든 러시아지만 러시아 역시 수백 년 동안 한반도 진출을 꿈꾸었던 나라다. 러시아가 극동으로 진출해서 중국으로부터 연해주 700리를 빼앗은 1860년 북경조약 이후 한반도는 러시아와 국경을 접하게 되었다. 두만강과 동해가 이어지는 부분이 러시아와 맞닿아 있다. 필요할 때 한반도로 진격하기 위한 진입통로로 사용하기 위해 러시아가 다 죽어가는 중국에게 강요해서 뺏은 곳이 바로 그곳이다.

1860년 중국으로부터 연해주를 뺏은 러시아는 그곳에 아주 양호한 군항을 하나 건설했는데 그 도시가 블라디보스토크(Vladivostok)다. 블라디보스토크란 러시아 말로 '동방의 정복자'라는 뜻이다. 지금 한국인들 중에는 중국과 러시아 관계가 양호하다고 믿는 사람들이 있다. 그렇지만 러시아와 중국이 양호한 관계를 오래 유지할 수 없다는 것은 두 나라가 수천 킬로미터 국경을 맞대고 있는 괴로운 사실로부터 나오는 진리다.

한국의 자주독립을 지키는 방안

러시아, 중국, 일본이라는 막강한 강대국 사이에 끼인 한반도가 이들의 야욕에서부터 당당하게 벗어나는 방법은 무엇일까? 논리적으로 두 가지 방법이 있을 수 있다. 첫 번째는 우리나라 스스로 중국, 일본, 러시아와 맞먹을 정도로 막강한 나라가 되는 것이다. 가장 확실한 방법이 바로 이것이다. 그런데 그게 가능할까? 필자는 어렵지만 가능하다고 믿는 편이다. 우리의 노력 여부에 따라 우리는 적어도 우리 주변국들의 야욕을 꺾을 만큼 강해질 수 있다. 고구려의 역사가 이를 증명하고 있다. 우리나라가 서기 7세기 초반 고구려 수준의 국력을 보유한다면 중국, 일본, 러시아의 위협을 충분히 억지(deter)할 수 있을 것이다.

두 번째 방법은 좋은 동맹을 가지는 것이다. 국제정치의 역사가 시작될 무렵부터 있어온 오래된 것이 바로 동맹이라는 국제정치적 장치다. 국가들이 자국의 영토와 주권을 지키는 여러 가지 방법 중 상대적으로 쉬운 방법은 자국과 동맹 관계를 맺을 수 있는 적당한 나라를 찾아서 그 나라와 동맹 관계를 맺는 일이다. 특히 막강한 나라와 동맹을 맺을 수 있다면 그것은 대단히 유용한 일이 된다. 약한 나라가 막강한 나라와 동맹을 맺는 경우 그 나라는 가까운 곳에 있는 다른 막강한 나라들의 침략 위협에서 벗어날 수 있다.

예로서 국력이 100인 A국이 국력 500인 B국의 위협을 받고 있다고 가정하자. 그런데 A국이 근접해 있는 국력 400인 C국과 동맹을 맺는다면 A국은 B국의 공격 앞에 자신의 국가 안보를 지킬 수 있다. 그런데 여기서 문제가 발생할 수 있다. 약소국 A와 동맹을 맺은 강대국 C는 A국을 자국의 속국으로 착각할 가능성이 아주 높아진다는 것이다.

위의 예를 한반도의 국제정치사에 대입해 보자. 일본(B)이 한참 잘나가기 시작했던 19세기 말 조선(A)은 중국(C)과 사실상의 동맹국(속국)이었다. 당시 우리나라는 러시아와 동맹을 맺으면 일본의 침략 야욕에서 벗어날 수 있을지도 모른다고 생각했었다. 이 경우 러시아가 C국이 되는데 과연 당시 조선이 러시아와 동맹 관계에 들어간 후 러시아 앞에 당당하게 독립과 자존을 유지할 수 있었을까? 가까이 있기에 조선의 영토를 탐할 수밖에 없는 러시아와 조선이 진정한 동맹국이 된다는 것은 어려운 일이다. 중국 일본 러시아 어느 나라도 조선(A)을 겁주는 나라 B가 될 수 있고, 동시에 B의 위협을 막아줄 C가 될 수 있다. 문제는 C도 B와 마찬가지로 조선의 독립과 주권을 보장해 줄 나라가 아니라는 점이다. C도 B와 마찬가지로 조선의 '영토에 대해 이익(territorial interest)'을 취하려 하기 때문이다.

　그렇다면 우리(A)가 약할 때 우리를 탐하는 B로부터 우리의 안보를 지켜줄 수 있지만 우리나라의 독립과 자존, 특히 영토를 탐하지 않는 C는 어디에 있는가? 역사와 지정학적 조건을 분석할 때 바로 그 좋은 C국이 미국인 것이다. 미국은 한반도의 영토 그 자체를 탐하지 않지만 전략적 이해관계 때문에 한국과 동맹을 맺어 중국, 일본, 러시아를 견제해 줄 수 있는 나라인 것이다. 미국이 한국의 영토를 탐하지 않는다는 것은 지리적 거리에서 유래하는 것이다.

　한국인들 중 많은 사람들이 중국도 한국에 대해 미국과 마찬가지의 국제적 역할을 할 수 있을 것이라고 믿는다. 지정학적으로 불가능한 이야기다. 거의 1400년 전 신라는 당나라와 동맹을 맺어 대국 고구려를 몰락시키고 통일을 이룩했다. 그때 신라를 도와주었던 당나라는 한반도에서 철군하려 하지 않았다. 신라는 당나라를 몰아내기 위해 몇 년 동안 전쟁을 할 수밖에 없었다.

중국과 미국이 한국에 대해 다른 점은 두 나라의 속성이 다르다는 사실에서가 아니라 두 나라의 한반도에서부터의 '거리가 다르다'는 사실로부터 나온다. 먼 곳의 강대국인 미국은 우리가 안심하고 동맹을 맺을 수 있다. 가까운 곳의 강대국인, 아예 수백 킬로미터 이상 국경을 접하고 있는 중국과 한국은 동맹을 맺기 어렵다. 이유는 중국과 한국이 동맹을 맺을 경우 한국은 중국에 종속될 수밖에 없는 운명인 것이다.

이 주장이 의심스럽다고 생각하는 사람들은 오늘날 북한과 중국의 관계, 한국과 미국의 관계를 살펴보라. 소련이 막강했던 시절 우리는 소련과 동맹 관계에 있던 나라들을 '위성국(satellite states)'이라고 부른 적이 있었다. 헝가리에서 반소 시위가 발발했을때 소련은 직접 탱크를 몰고 들어가 민주적인 시위대를 깔아뭉갰다. 미국은 적어도 그런 짓은 하지 않는다.

지리적으로 멀리 있어서 한국에 대한 이익이 중국, 일본, 러시아와 전혀 다른 미국은 한국이 이웃 강대국들의 영토적인 야심으로부터 나라를 지키기 위해 동맹을 맺을 수 있는 최적의 강대국이다. 바로 이 같은 원초적인 조건이 존재하고 있기에 한미 동맹은 70년이 다 되는데도 지속되고 있는 것이다. 동맹이 70년이나 지속된다는 것은 국제 정치사상으로도 놀라운 일이 아닐 수 없다. 한미 동맹이 가장 성공적이며 양호한 동맹이라고 말하는 이유는 우선 동맹의 목적인 '전쟁방지'에 성공했다는 것이며 또 다른 이유는 동맹을 맺을 당시 세계에서 가장 가난했던 대한민국이 세계 10위권의 경제대국으로 성장했다는 사실과 민주주의를 모르던 나라인 대한민국이 미국식 민주주의에 가장 근접한 자유민주주의 체제를 갖춘 국가가 되었다는 점이다. 미국과 거래한 후 한국은 성공한 국가가 되었다. 지리적 요인과 지향하는 가치가 같다는 사실이 한미 동맹의 성공조건이 되었다.

이미 지난 역사 이야기지만 만약 1900년쯤 조선이 미국과 동맹을 맺을 수 있었다면 조선은 일본의 식민지로 전락하지 않았을 것이다. 사실 조선의 관리들은 미국의 힘을 끌어 들여 조선의 독립을 지키고자 노력했다.

19세기말 조선의 미국 인식: 미국은 좋은 나라

미국은 한국과 첫 번째로 수교한 서양 국가

　미국은 서양 국가 중에서는 최초로 한국과 수교를 한 나라다. 폐쇄 고립을 택한 조선의 문을 먼저 두드린 서양 제국들은 영국, 프랑스였지만 미국은 1882년(고종 19년) 조선과 국교를 체결한 첫 번째 서양 국가가 되었다. 조선의 왕실은 미국과 수교를 한 후 미국에게 많은 것을 기대했다. 미국이 이처럼 우리 선조들의 기대를 받고 있었던 이유는 당시 악화 일로를 걷고 있었던 조선 주변의 국제정세로부터 조선을 구원해 줄 수 있는 좋은 나라로 인식되었기 때문이다. 일본의 부상, 청국의 몰락, 러시아의 아시아 진출 등으로 인해 19세기 말엽 동북아시아의 국제질서는 그야말로 일촉즉발의 전쟁 위기로 치닫고 있는 형국이었다.

　조선이 자리하고 있는 한반도는 동북아시아 강대국들의 권력 정치에서 운명적인 전략적 요충지가 아닐 수 없었다. 이 점은 예나 지금이나 미래나 마찬가지다. 지정학은 변하지 않는 것이다. 게다가

전략 요충인 한반도에 자리한 조선이 약소국이었다는 사실은 한반도를 강대국들의 전쟁터(battle ground)로 만든 이유였다. 이처럼 불우한 한국의 지정학적 처지는 '고래 싸움에 새우 등 터지는 일'이라고 희화적(戲畵的)으로 표현되었다.

19세기 말엽의 한반도 주변 국제정치는 영국, 프랑스, 독일 등 서구 열강이 아시아에 진출하여 우리나라가 상전(上典)으로 모시고 있던 중국을 갈가리 찢어 놓고 있던 상황이었다. 중국에서 일어나고 있던 일들이 조선에 신속하게 전해진 것은 아니지만, 조선은 중국의 정세에 대해 무관심할 수 없었다. 수백 년 이상 종주국으로, 세계 최고요, 제일의 나라라고 떠받들었던 중국이 서양 제국의 침략 앞에 맥없이 무너지는 국제정치 상황은 조선에게도 공포가 아닐 수 없었다.

해국도지

당시 중국의 소식을 조선에 전해 주던 사람들은 중국을 방문하는 조선의 사절(연행사절, 燕行使節)들이었는데, 이들은 중국에서 미국을 소개하는 책자를 조선으로 들고 왔다. 그 중 위원(魏源 1794~1856)이 저술한 『해국도지(海國圖志 1844년 초판)』는 당시 조선인들의 미국에 대한 인식의 근본을 제공한 책 중 하나였다. 6)

이 책은 중국이 세계 정치와 지리에 무지했다가 당한 아편전쟁의 쓰라린 기억을 되살려 서양 여러 나라들을 잘 살펴보고 그들에게 대처하기 위해 저술한 인문 지리학 책이다. 해국도지에는 미국의 지리·독립·전쟁·이민·건국·개척·국력·정치·산업 등에 대해 자세하게 기술되어 있다. 당시 중국 사람들은 미국의 이름인 아메리카를 중국식으로 표기, 미리견국(彌利堅國) 혹은 미리견합중국(米利堅合衆國)이라 불렀다.

해국도지는 미국을 '영이(英夷, 영국오랑캐)의 학정에 항거하여 독립한, 부강하면서도 공평한 나라'라고 묘사하고 있다. 영국을 대단히 못된 나라로 인식하는데 반해 미국을 아주 우호적으로 인식하고 있다는 사실이 재미있다. 해국도지는 "영국 오랑캐들은 아편으로 매년 수천만 금을 중국으로부터 빼앗아가나 미국은 무역으로 매년 중국에 백수십만 금의 이익을 주고 있으며 부강하되 소국을 능멸하거나 중국에 교만하지 않다."[7]고 말하고 있다.

중국에서 간행된 다음 해인 1845년 조선에 유입된 『해국도지』를 당시 조선의 지식인과 위정자들이 읽었다. 해국도지를 읽은 당시 조선의 위정자, 지식인들은 미국에 대해 상당히 높은 수준의 지식을 갖게 되었고, 이들은 『해국도지』의 영향을 받아 미국은 부강하고 공평한 나라라는 인식을 갖게 되었다.

선각자 박규수의 미국관

특히 조선 지식인 중 『해국도지』를 탐독한 박규수(朴珪壽 1807~1876)는 해국도지의 영향을 크게 받은 대표적인 조선 말엽의 정치가요, 지식인이었다. 박규수는 신미양요, 병인양요 등을 경험하면서 미국과 수교를 해야 된다고 생각했다. 박규수가 미국과 수교를 해야 한다고 생각한 근저에는 박규수 본인이 생각했던 미국에 대한 우호적인 관점도 깔려 있었다. 박규수는 "내가 듣건대 미국은 지구 여러 나라 중에서 가장 공평하다 일컬어져 분쟁을 잘 해결하며, 또한 부(富)가 6대주에서 으뜸이어서 영토 확장의 욕심이 없다."[8]고 말하고 있었다.

미국의 조선 개국 포함 외교: 제네럴 셔먼호 사건

그러나 박규수는 맹목적인 친미주의자가 아니었다. 그는 북한이 김일성의 증조부가 지휘해서 한 일이라며 역사를 왜곡하고 있는 제네럴 셔먼호 사건을 지휘한 장본인이었다. 1866년 미국 상선 제네럴 셔먼(General Sherman)호는 대동강을 침입, 평양에 접근하여 평안중군(平安中軍)을 납치하고 많은 식량을 약탈한 후, 철수하는 대가로 금, 은, 인삼을 요구하는 등 난동을 부리다가 현지 주민들의 공격을 받아 침몰했으며, 승무원들 전원이 살해 당하는 사건을 일으킨 적이 있었다.[9]

조선 측은 셔먼호에 미국인도 타고 있었다는 것을 알고 있었지만 그것이 미국 선박이라는 사실은 모르고 있었다고 한다. 조선은 이 배를 오히려 영국 상선으로 오해하고 있었다.[10]

미국인들은 이 사건을 계기로 '미국인이 한국 근해에서 조난되었을 때 생명과 재산을 보호하기 위해 조선 측과 조난선 구원협정, 나아가 통상조약까지도 체결하고자 했다. 미국은 일본을 개국시킨 페리 제독(Matthew C. Perry)의 포함외교(砲艦外交,Gunboat Diplomacy)를 한국에도 적용시키려 했으며 이를 위해 미국은 당시 주청공사 로우(Friedrich F. Low)와 해군제독 로저스(John Rodgers)가 이끄는 아시아 함대를 조선으로 파견했다. 1871년 4월의 일이었다.

포함외교란 문자 그대로 외교 협상을 하기 위해 군함을 동원하는 것이다. 프러시아의 프리드리히 대왕이 '무기가 동원되지 않는 외교는 악기가 없는 음악회와 같다.'라고 말했듯이 군사와 외교는 동전의 양면이나 마찬가지다. 외교 협상에서 승리하기 위해서는 막강한 군사력이 필수적이다. 이는 예나 지금이나 변치 않는 진리다. 수많은 한국인들이 외교와 군사는 따로 존재하는 것이라고 생각하는 것은 조속히 광정(匡正) 되어야 할 문제다.

일본이 페리의 개항요구를 들어준 것과는 달리 당시 대원군의 조선조정은 미국과 일전을 불사하는 태도를 취했다. 1871년 4월 미국함대는 오늘의 강화도 지역으로 쇄도했고 그 일부가 손돌목에 침입, 전쟁이 시작되었다. 미국의 역사책들은 이 전쟁을 『한국과의 작은 전쟁』*Little War with Korea*이라고 기술하고 있는데 미국 해병대는 강화도의 광성보를 함락하고 그곳에 미국 성조기를 게양하기도 했다.11)

당시 대원군의 조선 조정은 종로 거리에 척화비를 세워 서양의 도전에 대항하려 했다. 척화비에는 '양이침범 비전즉화 주화매국(洋夷侵犯 非戰則和 主和賣國)'이라고 쓰여 있었는데 '서양 오랑캐가

침범했는데 싸우지 않고 화해한다면 그것은 곧 나라를 팔아먹는 일'이라는 의미다. 조선 측이 이처럼 강경하게 나오자 미국은 대규모 군사행동을 고려할 수도 있었지만 1871년 5월 철수했다.

미국 함대의 침입은 조선으로 하여금 미국에 대해 관심을 갖게 하는 계기가 되었다. 국왕과 대신들은 경연에서 미국의 문화와 역사에 대해 공부했다. 그러나 셔먼호 사건, 신미양요 직후의 분위기를 반영하듯 조선의 국왕과 대신들은 미국을 예의를 모르는 금수, 미개한 해적 등의 나라로 비하하는 인식이 주류를 이루었다.

반면 미국상선 제네럴 셔먼호 사건 당시 평안도 관찰사로 군민을 독려하여 제너럴 셔먼호를 격침 시킨 박규수는 오히려 대표적인 주화론(主和論)자였다. 박규수는 셔먼호 격침에 공을 세웠을 뿐만 아니라 양요를 비난하는 대 중국, 대 미국 외교문서를 직접 작성하거나 기초했던 인물이기도 하다.[12]

박규수는 미국에 대한 인식이 정부의 다른 관리들과는 달랐다. 박규수가 보기에 미국은 미개인, 해적, 견양(犬羊 개와 양)같은 금수가 아니었다. 그는 이미 앞에서도 지적했듯이 미국을 '지구상 여러 나라 중에서 가장 공평하여 분쟁을 잘 조정할 뿐 아니라 부가 6대주에서 으뜸이어서 영토 확장의 야심이 없는 나라'로 보고 있었다.[13]

그는 국제정세 상 조선의 처지가 일대 위기에 처해 있다고 판단하고, 조선이 살아남는 길은 내정은 물론 외교적으로 신의를 잃지 않는 것이며, 그 길은 조선이 앞장서서 미국과 조약을 체결, 맹약을 단단히 함으로써 고립을 면하는 것이라고 주장했다.[14]

박규수는 '조선은 공평하여 분쟁을 잘 조정하고 부강하여 영토의 야심이 없는 미국과 조약 관계 또는 동맹 관계를 맺어 대외적 위기를 극복해 가야 한다.'고 주장했던 것이다. [15]

100년 전 한미관계와 미래의 한미관계

박규수의 관점은 자신보다 약 80년 후 한국의 지도자가 된 이승만 대통령의 관점과 거의 같은 것이었으며 이 관점은 오늘에도 그대로 타당하다. 한국이 미국과 관계를 수립한 후 정치·경제의 제반 측면에서 급속한 발전을 이룩할 수 있었던 이유의 본질은 바로 미국은 한국의 다른 주변 강대국들에 비해 훨씬 공평무사하고, 특히 한국 영토에 대해 야심이 없다는 사실에 있는 것이다.

역사 이래 한반도를 둘러싸고 각축을 벌인 주변 강대국 중에서 한반도에 대해 영토적 야심이 없는 강대국은 미국이 유일하다. 오늘날 한국의 전문가들과 정치가들이 한미 동맹을 강조하는 것 역시 상대석으로 힘이 약한 대한민국이 안심하고 동맹을 맺을 수 있는 강대국이 미국뿐이기 때문이다.

다시 강조하자면 미국은 강대국이지만 우리가 안심할 수 있는 동맹이 되는 이유는 무엇보다도 한반도와 멀리 떨어져 있다는 지정학적 현실 때문이다. 미국은 한반도에 대해 전략적, 상업적 이익은 있을지 모르지만 한반도의 영토를 탐해야 할 영토적 이익은 없다. 한국은 중국과 일본 등과는 결코 한미 동맹 수준의 동맹 관계에 도달할 수 없는데 그 이유는 바로 중국과 일본 두 나라 모두 한반도라는 영토에 지극히 관심이 많은 가까운데 있는 나라이기 때문이다.

물론 미국은 멀다는 사실과 함께 우리가 원하는 정치·사회·경제 제도를 공유하고 있다는 점에서 우리의 동맹국이 되기에 적격이다. 미국은 민주주의, 자유주의, 자본주의 국가다. 모두 우리나라가 지향하는 가치들이다. 그래서 우리는 한미 동맹을 '가치' 동맹이라고 부르기도 하는 것이다.

중국이 미국을 대체하는 동맹이 될 수 있다고 생각하는 국제정치학적으로 순진 무구한 사람들이 많이 있지만, 중국은 미국을 대체할 동맹국이 결코 될 수 없다. 중국과 한국은 대등한 처지에서 국제관계를 형성하기 불가능한 지정학적 조건 아래 놓여 있다. 한국이 중국과 대등한 지위를 향유하기 위해서는 중국에 맞먹을 정도로 힘이 강해지던가 혹은 중국과 힘의 균형을 이루어 줄 수 있는 미국과 동맹을 유지 하던가 둘 중의 하나 외에는 방법이 없다. 게다가 중국이 아직도 공산주의 독재정치 체제라는 사실은 중국이 한국과 동맹이 될 수 없는 또 다른 이유다.

만약 일본이 지금보다 더 약해져서 한국에 위협을 가할 수 없는 정도가 된다면 그때 한국은 중국의 위협에 대응하기 위해 일본과 안보 협력을 이룩할 수 있을 것이다. 그러나 문제는 일본과 한국은 역사적으로 너무나 심각한 구원(舊怨) 관계가 있다는 점이 문제다.

국제정치에 한반도가 노출되었던 1850년대 한국이 의존할 수 있는 가장 좋은 강대국은 미국이었고 그 같은 사실은 현재도 타당하며 미래에도 타당하다. 이렇게 말할 수 있는 것은 국제정치에서 거의 영원히 변하지 않는 사실, 즉 지정학(地政學)적 사실 때문이다.

학생들은 "한국은 미국과는 동맹이 된다면서 중국과는 안 되는 이유가 뭐냐"고 묻는다. 이 질문에 대해 저자는 '거리(distance) 때문'이라고 간단히 대답한다. 중국과 일본은 한국과 거리가 너무나 가깝다. 중국과 일본이 현재 수준의 강대국으로 남아 있고 우리나라의 국력이 현재 수준으로 남아 있는 한, 중국과 일본은 한국의 동맹국으로 선택될 수 없다. 그들은 너무 가깝고 그들은 강하다. 당나라를 동맹으로 삼아 삼국을 통일한 신라는 결국 당나라와 전쟁을 해서 당나라의 세력을 한반도에서 몰아낼 수 있었다.

최근 미국의 한 저자가 일본과 중국 관계를 연구한 책의 제목을 『가깝다는 사실의 두려움』*Perils of Proximity*이라고 하는데 우리나라가 중국, 일본과는 동맹이 될 수 없는 이유를 단적으로 표현해 주고 있다.16)

미국이 다른 나라보다 특별히 선량한 나라이기 때문이라기보다, 미국이 한국과는 지리적으로 먼 곳에 있기 때문에, 그래서 한국의 영토에 대한 야심이 없어서, 한국은 미국과 동맹을 맺기에 좋다는 것이다. 이 사실은 이미 150년 전 박규수와 같은 선각자들도 말하고 있었던 것이며 이 나라를 건국한 이승만 대통령이 결정적으로 강조했던 점이다. 그래서 좋은 한미관계는 한국의 숙명이라고 말할 수 있는 것이다.

제 3장

현대 한미관계

▲ 1910년 3월 한미연합훈련 중 기자회견을 하는 한미 양국군 수뇌부
　한미동맹은 성립된지 70년이 되었지만 세계에서 가장 막강하고 양호한 동
　맹 중 하나로 남아 있다.

현대 한미관계의 기원: 해방과 분단

전략적 고려 없이 그어진 38선

미국은 조선과 최초로 수교한 서양 국가로 한민족과 오랜 교류를 해 온 나라이지만 현대의 한국, 오늘 우리가 살고 있는 대한민국과는 더욱 각별한 관계에 있다. 일본으로부터 한국을 해방시킨 것은 태평양 전쟁의 거의 모든 노고를 담당했던 미국이었다. 소련 역시 조선을 일본으로부터 해방시킨 해방군으로 인식되고 있지만 사실 일본을 패망시키는데 있어서 소련의 역할은 사실상 거의 없다.

태평양 전쟁이 시작된 1941년 12월 7일은 일본이 미국의 진주만을 기습 폭격한 날이며 전쟁이 끝난 날이 1945년 8월 15일이었으니 태평양전쟁은 총 3년 9개월 여에 걸친 전쟁이었다. 이 중 소련이 일본과 전쟁한 날은 불과 6일에 불과했다. 당시 미국보다는 일본의 사정을 잘 알고 있었던 소련은 히로시마에 원폭이 투하되어 일본의 패망이 초읽기에 들어갔던 1945년 8월 9일 새벽 0시를 기해 일본에 대해 선전포고를 했던 것이다. 8월 9일 아침, 미국은 나가사키에 두 번째 핵폭탄을 투하함으로써 일본의 패망에 결정타를 날렸다. 단 6일의 전쟁답지도 않은 전투를 치른 후 소련은 한반도의 반쪽을 차지하는 행운을 얻었던 것이다.

물론 일본이 항복할 당시 미국이 보다 전략적인 태도로 사태에 임했다면 한반도의 분단은 회피될 수 있었을지도 모른다. 그러나 당시 미국은 무슨 수를 써서라도 전쟁을 빨리 끝내는 것이 최선이라고 생각했다. 일본군, 특히 만주에 주둔하고 있던 일본 관동군(關東軍)의 힘을 과대 평가했던 미국은 소련이 일본과의 전쟁에 개입해 주기를 바라고 있었다. 그러나 소련은 일본의 진짜 실력을 알고 있었다. 사실 일본과 소련은 2차 대전 내내 불가침 조약을 맺은 상태에 있었다.

미국은 소련군이 일본에 선전 포고를 하자마자 바로 한반도에 파죽지세로 진입해 오는 모습에 당황하지 않을 수 없었다. 그대로 놔두면 만주는 물론 한반도 전체를 소련군이 점령할 판국이었다. 소련군이 이미 한반도에 진입한 8월 9일, 한반도에 가장 가까이 진출했던 미군은 한국과 약 1500킬로미터 떨어진 곳의 오키나와에 와 있었다. 8월 11일 밤, 미국은 소련군이 한반도 끝까지 점령할 것이라는 두려움에 소련군의 진격을 막을 방법을 급작스레 생각해 냈는데 그것이 바로 38도선이라는 아이디어였다. 한반도의 가운데를 가로 지르고 있는 38도선을 중심으로 위쪽의 일본군 항복은 소련군이 접수하고 남쪽의 일본군의 항복은 미군이 접수하자는 제안이었다.

많은 한국인들이 미국을 한국을 분단시킨 '원흉'이라고 말하지만

38선은 소련이 일본에 대해 선전 포고한 이후 소련군이 파죽지세로 한반도에 진입한 상황을 본 미국이 이를 저지하기 위해 고육지책으로 만들어 놓은 선이었다. 물론 미국은 일본과의 전쟁 중 일본군의 능력을 과대 평가한 나머지 소련을 일본과의 전쟁에 불러 들였다는 전략적 실수를 한 것은 사실이고, 이 때문에 결국 한반도의 반쪽을 소련에게 내주는 결과를 초래했지만 미국이 한반도를 분단한 것은 '악한 의도'를 가지고 한 일이 아니었다.

소련군이 한반도 전체를 장악할지도 모른다는 황망한 순간에 소련의 남진을 저지 시킬 목적으로, 8월 11일 새벽 미군 대령 두 명에 의해 고안되었던 선이 38선이었다. 미국이 정치적 의도를 가지고 정한 선이 아니라 순수한 군사적인 관점에서 38선을 설정했다는 점에서 학자들은 '38선 확정의 군사적 편의 주의설'이라고 부른다.[17]

소련은 한반도 전체를 군사적으로 점령할 수 있는 상황이었음에도 불구하고 미국 측이 제시한 38선 제안을 받아들였다.

일본이 항복하기 불과 며칠전 38선을 고안해 낸 미국군 대령이었던 딘 러스크(Dean Rusk)와 제임스 본스틸(James Bonsteel)은 차후 각각 미국 국무장관, 주한 미군사령관을 역임하게 된 우수한 인물들이었다. 딘 러스크 국무장관은 케네디 대통령 행정부에서 일했으며 본스틸 대장은 1968~1969년 육군대장으로 주한 미군사령관 역할을 수행했다. 1990년 한국 전쟁 발발 40주년 기념 당시 서울을 방문했던 딘 러스크 장관은 자신들의 38선 제안을 소련이 받아들였다는 사실에 오히려 놀랐다고 회고했다.[18]

사실 일본에게 선전 포고한지 이틀째인 8월 11일, 제주도까지 불과 며칠이면 점령할 수 있었던 소련이 같은 시기 겨우 오키나와까지 진출해 있었던 미군에게 한반도의 반쪽을 내 주었다는 것이 오히려 의아스러운 일이었다는 것이다.

8월 15일 일본이 항복하자 소련은 진격속도를 늦추었고 8월 24일 38선 이북의 한반도 전역을 장악했다. 38선 이남의 한반도는 8월 15일 일본이 항복한 후 공백상태나 마찬가지였다. 오키나와의 미 제24사단은 9월 8일에야 인천을 통해 한국에 상륙할 수 있었다.

북한 지역을 점령한 소련은 북한을 소비에트화 시키기 위한 전략을 착착 진행시키고 있었다. 영국은 명예를 위해, 미국은 승리하기 위해, 소련은 미래를 위해 2차 대전에서 싸웠다는 말이 있다. 미국이 전쟁 이후를 위해 거의 아무런 대비도 하지 않았던 것과 달리, 소련은 점령한 지역을 소련의 위성국으로 만드는 작업을 체계적으로 진행시켰다.

이처럼 미래를 위해서 전쟁을 한 소련은 점령한 지역에 소비에트 정권을 세우기 위한 체계적인 노력을 기울였다. 많은 사람들이 1946년 6월 3일 이승만 대통령이 전라북도 정읍에서 행한 연설 즉 "남한만이라도 단독정부를 수립해야 한다."는 언급을 남북한 분단의 원인으로 삼고 있지만 이미 그 당시 북한에는 정부가 이미 수립되어 있는 상태였기 때문에 사실상 남북한 통일 정부가 수립되기에는 도저히 불가능한 상황이었다. 미국 펜실베이니아 대학의 이정식 교수는 남북한 정부가 각각 수립되어 분단이 고착화된 원인이 이승만이 아니라 소련의 대북한 정책 때문이었다는 결정적 사실을 찾아내었다.

소련은 북한을 점령한 지 얼마 되지 않았던 1945년 9월 20일 스탈린 수상의 비밀지령을 통해 '북한에 단독정부를 수립할 것'을 이미 지시해놓고 있었던 것이다.[19]

한반도에 북한을 포함하는 하나의 정부수립은 이미 불가능하며 물 건너간 일이라는 사실을 잘 알고 있는 이승만 대통령은 남한 정부라도 조속히 수립할 수밖에 없다고 생각했다.

일본의 식민지인 조선은 일본이 미국과 소련에게 패망함으로써 해방되었다. 그러나 불행하게도 한반도는 소련군과 미군이 나누어 점령하게 되었고 이것이 민족과 국가가 지금까지도 두 동강난 채 살게된 운명의 시작이었다.

해방, 미군정 그리고 이승만 대통령

미군의 38선 이남 한반도 점령

2차 대전 직후 미군은 한반도의 남쪽을 점령했다. 당시 한반도는 일본 제국의 일부였기 때문에 미국이 한반도를 점령하는 것은 일본과의 전쟁을 종식하기 위한 조치였다. 한반도는 일본의 일부라고 간주되었기 때문에 미군의 점령 대상 지역이었던 것이다. 단 1주일 일본과 전쟁을 한 소련군은 38선 이북에 주둔했던 일본군의 항복을 접수했고, 미군은 38선 이남 지역에 주둔하고 있었던 일본군의 항복을 접수했다. 1945년 8월 15일 일본이 항복을 선언한 날 미국군은 오키나와에 도달해 있었고, 소련군은 한반도 깊숙이 진출해 있던 상황이었다. 미국은 38선을 획정함으로써 소련군이 다 점령할 수도 있었던 한반도 전체 중 남쪽의 절반이라도 차지할 수 있었던 것이다.

당시 38선 이남에 주둔했던 일본군 병력 수는 총 23만여 명이었고 북한에 주둔하고 있는 일본군은 11만 7천여 명이었다.[20]

적지 않은 숫자의 일본군이 주둔하고 있던 일본의 식민지였던 조선을 점령하고 일본군을 무장해제 시켜 그들의 항복을 받아내는 것이 한국을 점령한 미국군의 작전 목표였다.

수년간 태평양 전쟁에서 지칠 대로 지친 미국군은 일본군이 항복한 후 오키나와에서 한반도를 향해 출발했다. 수십만 명 규모의 적대적인 일본군을 무장해제 시키는 것을 목표로 한국을 향해 출발한 미국군 제24사단 장병들은 사실 한국이 어디 있는지도 몰랐고, 24사단장으로써 점령군 사령관직에 임명되었던 하지 장군은 한국인들이 어떤 언어를 사용하는지조차 몰랐다.

하지 장군이 무식해서가 아니었다. 한국은 그 당시 이미 35년 이상 국제정치 무대에서 존재하지 않았던 나라였고 한국의 존재 자체를 아는 사람이 있을 리도 없었다. 사실 한국을 점령했던 미군 부대는 행선지도 모른 채 배를 타고 한국으로 출발했을 정도였다.[21]

한국에 대해 아는 미군은 없었다. 전쟁이 끝나 고향으로 돌아갈 꿈을 꾸던 미군 장병들은 한반도 점령 임무를 부여 받고 아무도 즐거워하지 않았다. 특히 전투를 업으로 하는 미군장교들이 점령 지역을 통치해야 한다는, 즉 정치를 해야 한다는 일은 고역 중의 고역이었다. 하지 장군은 '인디애나 촌놈 출신인 자신보고 점령 통치를 하라는 명령이 몹시 괴로운 일이었다'라고 회고했다.

정치를 전문적으로 담당하는 정치장교가 있는 소련군과 미국군의 차이가 바로 여기 있는 것이다. 남한을 점령한 미국군은 적지를 점령한 군인처럼 행동했고, 북한을 점령한 소련군은 정치인들처럼 행동했다. 미국군은 점령군 같이, 소련군은 해방군 같이 행동했다.

우리나라의 좌파들이 소련의 통치가 미국에 비해 훌륭했다고 볼 수밖에 없는 결과가 초래된 것이다.

한국에 주둔한 미군은 이처럼 애초부터 어떤 '전략적(戰略的 思考)' 목표라던가 정치적으로 심사숙고하여 결정된 외교정책에 근거해서 행동하지 않았다. 미국은 일본과 전쟁의 일환으로 한반도에 주둔한 것이고 미국의 한반도 점령은 적국 일본의 식민지 영토를 점령한 것이었다.

물론 미군도 소련군도 당시 조선의 백성들로부터 일본에게서 조선을 해방시켜 준 고마운 '해방군'으로 환영받았다. 그러나 미국의 한반도 진군 목적 자체가 한국인의 독립, 해방, 자유 등의 목표를 달성시키기 위한 것은 아니었다. 미국의 아시아 전문가인 찰머스 존슨 교수는 1975년의 논문에서 '거의 50년의 긴 기간 동안 미국은 한국에 몇 개의 사단을 주둔시켰음에도 불구하고 한반도에 대한 기본적인 전략을 심사숙고한 적이 없었다.'22)고 비판하고 있을 정도다. 1945년 미국의 대 한반도 정책과 그 실제가 어떤 수준이었는지는 말 할 필요가 없을 것이다.

이승만 대통령과 같은 정치적으로나 국제정치적으로 자신을 압도하는 인물과 상대해야 하는 하지 장군은 남한을 점령하고 있던 미군정 시절이 대단히 괴로운 일이었다. 북한을 점령한 소련군처럼 '정치 장교'라는 제도가 없는 미국군 전투사령관에게 점령지역을 통치한다는 것은 난감한 일이 아닐 수 없었다. 소련군의 경우 정치 장교의 권한은 전쟁을 치르는 전투 장교보다 훨씬 막강하다. 북한을 점령한 소련군 사령부는 점령 그 순간부터 정치적이었다.

대한민국의 많은 종북주의자들과 반미주의자들이 미국 점령군이 남한 주민들을 대했던 태도와 소련 점령군이 북한주민을 대했던 태도가 다르다는 사실을 가지고 미국을 비난하지만, 미국군은 군인처럼 행동했고 소련군은 정치가처럼 행동했을 뿐이다. 그래서 미국의 포고령은 자못 위압적인 반말로 되어 있고 소련군의 포고령은 아주 부드러운 경어로 되어 있었던 것이다. 그러나 소련은 소련군 대위 계급장을 달고 있었던 한국인 꼭두각시를 가지고 놀고 있던 중이었다. 김일성은 당시 소련군 대위 계급장을 단 30대 초반의 젊은이였다. 소련군 점령군 사령관인 4성 장군 슈티코프 대장이 대위 한 명을 가지고 노는 일이 뭐 그리 어려웠겠는가.

하지 장군은 점령군 사령관이었지만 한국을 통치할 수 없었다. 특히 이승만 대통령은 서슬 퍼런 미군 장군이라도 도저히 다룰 수 없는 버거운 인물이었다. 오히려 이승만 대통령이 점령군 사령관을 가지고 놀았다는 표현이 맞을 것이다. 이승만 대통령은 스스로 자신은 미국 대통령과 격이 같은 인물이라고 생각하고 행동했다.

미군 중장 따위는 이승만 대통령이 보기에는 애송이에 불과했다. 1948년 8월 15일 수립된 대한민국은 이승만 대통령의 신념이 확실하게 표명된 나라였다. 미국은 당연히 대한민국의 건국을 적극적으로 지원했다. 그럼에도 불구하고 대한민국은 미국 정부 혹은 점령군 사령관의 의도보다는 이승만 대통령의 건국 이념이 더욱 강하게 표현된 나라였고 그래서 우리는 이승만 대통령을 건국 대통령이라고 부르는 것이다.

북한은 그런 것이 있을리도 만무했지만, 김일성의 사상이나 철

학이 반영되어 건국된 정부가 절대 아니다.[23]

북한은 스탈린의 소련 의지를 성실하게 수행한 소련 점령군 사령부에 의해 수립된 정부였을 뿐이다. 북한은 소련의 세계전략을 성실하게 추종하기 위해 건국된 정치 단위였다. 남북한은 건국 과정 자체가 달랐다. 건국의 역사를 살펴 볼 때 민족주의의 원천은 남한이었다. 이승만 대통령은 미국군 사령관과 투쟁을 통해 권력을 쟁취한 인물이며 김일성은 소련군이 만들어준 권력을 전달받은 사람이었을 뿐이다. 이승만 대통령은 이승만 대통령에게 오히려 적의를 품고 있던 미국 국무성 관리들과 주한 미 점령군 사령관 하지 장군 등 군정 관리들을 제압하고 대한민국 정부 수립에 성공했던 것이다.[24]

이승만 대통령을 비하하는 한국인들 중에는 이승만 대통령을 미국의 앞잡이 수준으로 생각하고 있는 사람들이 대단히 많다. 그러나 실제로 김일성은 스탈린의 앞잡이 수준에도 미치지 못했지만 이승만은 당시 좌파들이 득실거리던 미국 국무성의 의도를 거스르고 대한민국을 건국했던 민족주의 지도자였다.

이승만과 하지 장군

이승만 대통령은 한국 국민들에게는 위대한 인물이었을지 모르지만 미국, 특히 한국을 점령하고 있었던 미국군 사령관 혹은 군정을 담당하던 미군 장교들이 보기에는 위대한 인물은 아니었을 것이다. 그들이 보기에 나이 든 이승만 대통령은 그저 효과 없는 독립운동을 하다 늙어버린, 영어를 잘하는지는 모르나 성질이 고약해서 다루기 힘든 후진국 노인 중 한사람으로 보였을 것이다.

그러나 이승만 대통령은 결코 미국이나 미국군 점령군 사령관 앞에 기죽지 않았다. 이승만 대통령에 이어 수십 년 후 한국 대통령을 역임한 분 중에는 국민들에게 "미국에게 당당하겠다"고 말하기도 하고 대통령이 되기 전 미국을 한 번도 가보지 않았던 사실을 오히려 자랑인 것처럼 말하는 사람도 있었다. 그러나 그렇게 말로는 당당했던 대한민국의 대통령들이 행동으로도 당당했는지는 알 수 없는 일이다. 언젠가 숨겨진 외교 비화들이 공개될 날이 오겠지만 미국에게 당당하겠다고 큰 소리를 친 우리 대통령들의 행동이 실제로는 그렇지 못했다는 이야기들이 이미 들리고 있다.

▶ 이승만 대통령과
하지 장군

한국 사정에 어두운 하지 중장은 이미 아무런 타결 가능성도 없어 보이는 미소공동위를 계속하려고 노력하고 있었는데 이는 알저 히쓰(Alger Hiss), 존 빈센트(John C. Vincent) 등 친 공산주의 색채가 농후했던 미 국무성 관리들의 지령에 의한 것이었고 또한 이들의 지령에 따라 하지 장군은 이승만 대통령보다는 김구, 김규식 등을 지원하고 있었다. 25)

미 군정이 모스크바 3상회의의 결정대로 한국에서 신탁통치를 강행하려는 것을 막기 위해 이 대통령이 직접 도미하여 한국 국민의 신탁통치 반대의사를 전달하려 한 적이 있었다. 사실 하지 장군과 미국 국무성은 이승만 대통령을 싫어하는 편이어서 온갖 모함과 악선전으로 이승만 대통령의 방문을 저지하려 했다. 26)

물론 이승만 대통령은 좋은 미국인 친구들이 있었다. 그 중에서도 맥아더 장군과의 우정은 돈독했다. 이승만 대통령은 프린스턴 대학원에서 공부를 하는 동안 국방성에서 근무하던 맥아더 장군과 처음 교류하게 되었고 그 이후 줄곧 서로를 존경하며 친교를 유지해 왔던 사이였다. 맥아더 장군은 이승만 대통령을 "결단성 있고 타협할 줄 모르는 당대의 영웅적인 항일투사"라고 칭찬했다. 27)

이승만 대통령은 자신이 원하는 대한민국을 건설하기 위해 대한민국 국민은 물론 미군정을 설득하고, 미국 정부를 설득했다. 이승만 대통령이 궁극적으로 자신이 원하던 바를 성취하게 된 것은 당시의 국제정세가 이승만 대통령이 판단했던 방향으로 움직였다는 데 큰 원인이 있다. 이미 일본이 전쟁을 일으킬 것이라는 사실을 예언했던 이승만 대통령은 공산주의의 전술 전략을 꿰뚫어 보고 있었고, 2차 대전 이후의 세상이 미국이 낙관했던 방향으로 진전되지 않을 것을 일찍이 알고 있었다.

미국은 2차 대전 중 형성되었던 소련과의 동맹이 2차 대전 이후에도 지속될 수 있을 것이라는 낭만적인 생각을 하고 있었다. 한국 문제도 소련과의 대화를 통해 해결 가능할 것이라고 믿고 있었다.

그러나 이승만 대통령은 이미 북한은 소련의 위성국으로 고착되어 가고 있음을 알고 있었고 대한민국 단독정부의 수립이라도 조속히 이루는 것이 더 좋은 방안이라고 생각했다. 이미 역사가 되었지만 이승만 대통령이 생각했던 국제정세는 올바른 판단이었다.

1948년 8월 15일, 이승만 대통령의 노력과 의지가 가득 담긴 대한민국이 드디어 탄생하게 되었다. 일본 제국주의의 침략에 의해 조선이 멸망한 것이 1910년 8월 29일이었으니 실로 38년 만에 우리 민족은 자신의 나라를 다시 세우게 된 것이다. 대한민국은 자유 민주주의와 자본주의를 정치 경제 체제의 기본으로 삼는 공화국으로 출범했다. 영문 이름은 Republic of Korea였고 국제사회에 새로운 당당한 국가가 하나 더 추가되었다. 국가의 출범이 완성되기 위해서 그 나라는 우선 국제사회로부터 인정을 받아야 한다. 어떤 나라가 국가의 출범을 선포했다고 해도, 심지어 그 나라가 국가의 자격을 모두 갖추고 있는 상태라고 할지라도, 국제사회의 승인을 받지 못하는 한, 그 나라는 나라 구실을 할 수 없다. 오늘날 팔레스타인이 그런 경우라고 말할 수 있을 것이다.

미국 미시건대학교의 전쟁연구 프로젝트(Correlates of War Pro -jects)는 국가 간 전쟁 자료를 수집한 연구계획으로 유명한데, 우선 국가를 정의 내려야 할 필요가 있었다. '국가들이 싸운 폭력적 투쟁'을 전쟁이라 정의했으니, 우선 어떤 정치 집단들을 국가라고 부를 수 있는지를 파악하는 일이 중요했다. 전쟁 관련 요인 프로젝트에 참여한 학자들은 어떤 정치 집단이 당대 국제정치의 강대국들로부터 국가로서 승인을 받았느냐의 여부를 그 집단이 국가인지 아닌지를 결정하는 기준으로 삼은 적이 있었다. 이 같은 측면에서 보았을 때 1948년 건국한 대한민국이 미국으로부터 가장 먼저 승인을 받은 나라였다는 점은 순전히 이승만 대통령의 공이다.

조선을 처음 개국한 서양 국가는 미국이었다. 그리고 1948년 한국 건국의 후견 역할을 한 나라도 미국이었고 1949년 1월 1일 세계 어떤 나라보다 먼저 대한민국을 국가로서 승인한 나라도 미국이었다. 비록 분단된 상태였고 또한 극도로 빈곤하여 국력기준으로는 형편없는 나라였지만 한국은 당대 세계 최고, 최강의 국가로부터 가장 먼저 국가로 승인받음으로서 국제사회의 일원으로 당당하게 출범할 수 있게 되었다.

정부를 수립한 이후 이승만 대통령은 무엇보다도 외교 역량 강화를 위해 노력했다. 독립운동을 대미 외교로 일관했던 이승만 대통령은 '외교는 백만 대군과 맞먹는 국력의 요체'라고 인식하고 있었다.

미군정 초기의 한국정치

일본을 패망시키고 일본 제국이 통치하던 한반도의 남쪽을 점령한 미국군은 한국을 군정 통치하기 시작했다. 해방 직후 정치적 열정에 넘치는 수많은 한국인들이 정치 조직을 만들어 두었지만 점령군 사령관인 하지 중장이 보기에 남한은 '자유세계의 국가라면 당연히 갖추고 있어야 할 최소한의 정치적 감각조차 갖추지 못한 뒤처진 국가'였을 뿐이었다[28].

당시 남한에는 국가건설을 위해 장차 통치의 역할을 담당할 수 있는 능력을 갖추고 있다고 판단할 수 있는 2개의 세력이 있었다. 하나는 일본이 항복하자 마자 재빨리 조선건국준비위원회(건준)를 조직하고 이를 이용해서 남한의 정치를 장악하려는 공산주의 색채가 짙은 조직이었으며 다른 하나는 일제시대 동안 일본이 한반도의 효율적인 통치를 위해 한국인들을 조직해서 만들어 두었던 식민지 관료 체제였다.

건준 지도자들은 아직 미군이 남한에 도착하기 이전인 1945년 9월 6일 서울에서 모여 '조선인민공화국'이라는 이름의 조직을 결성했다. 하지 장군은 한반도에 상륙한 후 조선인민공화국을 '미군이 도착하기 이전 성립된 공산주의 정권'이라고 규정하고 선을 그었다. 미국 정부는 소련과의 이념 대결이 점차 노골화되는 국제환경 속에서 공산주의 색채가 짙은 조선인민공화국을 지원하는 것보다 차라리 일본이 만든 식민 관료 조직을 활용하여 남한을 통치하는 것이 나을 것이라고 판단했다.

물론 미국이 남한에 일본 제국주의의 통치제도를 건설하려는 의도를 가지고 있는 것은 아니었다. 미국은 공산주의자들이 아닌 우익이 남한 정치를 주도할 경우라도 민주주의의 기본 원리에 따라 다양한 정치 세력이 경쟁하는 체제가 출범할 수 있어야 바람직할 것이라는 이상적인 생각을 하고 있었다.[29]

미국 정부는 한국을 점령한 직후 장차 남한에서 국가를 운영할 수 있는 보수, 온건 연합세력을 만들기 원했고 자유민주주의를 정착시킬 수 있는 지도자를 물색하려 했었다.

미국, 이승만을 인정하다

미국이 이승만을 차후 남한을 이끌 지도자로 결정을 한 것은 아니었지만 한반도의 남부를 점령한 미군은 이승만의 귀국을 요청했고 이에 1945년 10월 이승만은 미군정의 환영을 받으며 귀국했다. 미군정은 이승만에게 민족주의자라는 위상을 이용하여 한국인들에게 자유민주주의를 신봉하고 공산주의에 대항해서 싸우는 지도자의 역할을 기대했다. 그러나 이승만 대통령은 지난 20년 동안 자신의 외교적 독립투쟁 노력을 외면했던 미국 정부에 대해 좋은 기억을 가지고 있지는 않았다.

김일성은 '위대한 스탈린 동지'를 외친 꼭두각시였지만 이승만 대통령은 미국이 갖고 놀 수 있는 호락호락한 인물이 아니었다. 이승만은 미군정의 요구에 협력하기 보다는 자신이 꿈꿔왔던 것을 추구하고자 했다. 좌익세력을 반대하는 데 대해서는 미군정에 협력했지만 중도 세력연합을 형성하려는 미군정의 입장에는 단호히 반대했다. 이승만이 원하는 것은 중도 세력이 통치하는 애매모호한 나라가 아니라 반공, 자유민주주의 국가였던 것이다. 이승만이 미군정의 입장에 반기를 들 수 있었던 것은 남한에서의 미국의 궁극적 선택이 반공, 자유민주주의 정권일 수밖에 없을 것이라는 현실적인 논리였다.

이승만을 대단히 못마땅해 한 미국 국무부는 '이승만이 현실정치가로서의 역량과 자질이 형편없음에도 불구하고 국민으로부터 열광적인 지지를 받는 것은 믿기 어렵다.'고 평하기도 했다. 그럼에도 불구하고 미국 정부는 이승만이 지도자로서 갖추어야 할 조건들인 연륜과 경험, 교육수준, 민족주의적 성향을 높이 샀으며 이승만 대통령과 비견될 수 있을 정도의 출중한 지도자가 없다는 현실을 인정할 수밖에 없었다. 특히 일본 제국주의에 대항해서 싸운 인물이며, 어떤 상황에서도 공산주의 위협에 맞서 싸울 반공주의자라는 사실은 미국 정부가 이승만 대통령을 한국의 정치 지도자로써 받아들이기에 충분한 자격 요건이었다.

물론 이승만 대통령은 문자 그대로 마키아벨리안(Machiavellian)이었을지 모른다. 그러나 미군정 3년 즉 해방정국 3년은 극우에서 극좌에 이르는 모든 정파들이 각축을 벌이던 시대였다. 게임의 룰이 결정된 시대가 아니라 게임의 룰을 만들며 동시에 건국이라는 대업을 이루어야 할 시대였다. 김일영 교수의 지적대로 당시는 '체제 선택과 국가 형성의 정치' 시대였으며 이승만 대통령 외에 이 같은 난국을 헤쳐 나갈 수 있는 인물은 없었던 것이다.

특히 미국과의 관계를 제외하고 국가를 건설하거나 지탱할 수 없는 상황에서 미국을 잘 아는 이승만 대통령은 누구와도 비교할 수 없는 정치적 자원을 가지고 있었다. 이승만 대통령은 사실상 혼자 힘으로 미군정, 해방정국의 난국을 헤쳐 왔다고 해도 과언이 아니다. [30]

'이승만 대통령이 아닌 다른 사람이 승리했다면, 그래서 건국을 한 사람이 이승만 대통령이 아니었다면 우리나라는 어떤 형태의 나라가 되었을까'에 대해서도 현실적인 질문을 던져야 한다. 이승만 대통령에 대해 깊이 연구한 이한우 기자는 "이런 질문이 결여된 채 당위론에 빠져 해방정국을 분석할 경우 실질적인 접근은 전혀 없이 하나마나한 정치평론 수준에서 벗어나기 어려울 것"이라고 지적하고 있다. [31]

미군정 당시 하지장군과 관계 악화 등 건국에 관해 난관에 봉착한 이승만 대통령은 미국으로 직접 건너가 미국 조야 및 여론 주도층을 직접 설득하고 지원을 얻어낼 결심을 했었다. 하지가 통치하는 한국에서 한계가 있다고 생각한 이승만의 목표는 단독정부 수립에 걸림돌이 되는 미소공동위원회를 폐기해 버리는 것이었다. 이승만 대통령의 미국 방문은 대한민국의 건국이 미국의 의도가 아니라 이승만의 구상대로 진행되는 분기점이 되었다.

이승만, 공산주의자가 득실대던 미 국무부와 싸워 이기다

　이승만의 미국 방문은 하지 장군과 미 국무성의 조직적인 방해에 부딪쳤다. 동경에 있던 맥아더의 도움으로 겨우 미국 순방길에 오를 수 있게 된 이승만 대통령은 철저하게 반 이승만적인 미 국무성과 힘겨루기를 해야 했다. 미 국무성은 당시 친소분자들에 의해 지배 당하고 있을 정도로 이념적으로 혼탁했고 얼마 후 이들은 반공주의자인 상원의원 매카시에 의해 '소련의 간첩들'이라는 대대적인 공격을 받기에 이른다. 하지 장군은 미 국무성의 친소적인 인사들의 지시를 받았고 그 결과 이승만 대통령와의 관계가 굉장히 불편하게 되었던 것이다.

　1946년 12월 8일 미국에 도착한 이승만은 독립운동 당시부터 이승만을 도와주던 사람들을 불러 모아 국무성에 전달할 건의서를 만들었다. "조선인의 독립 요망은 즉시 성취되어야 할 것이며 만약 그렇지 않으면 전쟁이 일어날 것이다. … 자유로운 조선의 탄생이야말로 극동의 평화를 의미하는 것이며 그렇지 않을 경우 전 세계에서 회피하고자 하는 신 전쟁이 야기될 것"이라며 조속한 시일 내 자유로운 나라를 건국해 줄 것을 호소했다.

　미 국무성의 방해 공작으로 트루먼 대통령과 폴 헨리 스파크 UN 총회의 의장 면담이 무산된 이승만 대통령은 의회와 언론에 호소하고자 했다. 윌리엄 놀랜드, 로버트 테프트, 아더 반덴버그, 존 스파크맨 의원과 일부 기자들이 이승만에 호의적이었다. 이승만의 입장은 초지일관으로 '더 이상 소련을 비롯한 공산주의를 이롭게 하는 정책을 계속해서는 안 되며, 한국의 조속한 독립만이 미국의 이익에도 부합된다.'는 것이었다. 이승만은 '하지와 미군정에 대한 정책이 용공적이며 실정을 거듭하고 있다고 비난하고, 미 국무부에 대해서도 '미 국무부내 일부 분자들이 조선에 독립을 부여한다는 미국의 약속 실천을 방해하고 있는 것 같다'며 맹공격했다.

군정 사령관이라면 식민지 총독과 그 격이 비슷한 막강한 지위이다. 그럼에도 이승만 대통령은 한국 내에서는 물론 미국에서도 하지의 잘못을 직설어법으로 비난했던 것이다. 서슬퍼런 미군 점령군 사령관 하지는 이승만의 상대가 되지 못했다.

이승만 대통령이 이토록 신념을 가지고 미 국무부와 맞장을 뜰 수 있었던 데에는 국제정세의 향방에 대한 그의 정확한 판단 때문이었다. 1945년 8월까지 미국과 소련은 독일, 일본 군국주의와 싸우는 동맹국이었다. 그러나 이승만 대통령은 공산주의 국가인 소련이 미국과 동맹을 유지하기는커녕 적대적인 관계로 빠져들 것이 불보듯 뻔하다고 생각했다.

이승만은 이미 북한은 소련의 위성국이 될 수밖에 없고 대한민국은 반공 국가가 될 수밖에 없으며 미국도 이를 지지하지 않을 수 없다고 확신했다. 국제정세의 큰 그림을 읽을 줄 아는 이승만 대통령은 자신의 반공노선으로 친소정책을 주장하는 친소분자들이 드글드글 했던 미 국무부와 정책 노선을 가지고 당당히 겨룰 수 있었다.

이승만 박사 대한민국을 세우다

잘나가는 나라의 건국대통령을 폄훼하는 오늘의 대한민국

대한민국은 한반도에 존재했던 나라들 중에서 가장 성공적인 나라다. 단군 이래 가장 잘 살고 있는 나라이며 세계에 능력을 과시하고 있는 나라다. 그러나 분단이라는 왜곡된 정치 상황 때문에 한국 국민들의 역사 인식도 왜곡되어 버렸다. 세계 최악, 한국 역사 이래 최악의 나라인 '북한'을 추종하는 자들의 집요한 노력과 이들을 지지하는 것이 지식인의 사명인줄 착각하는 세력 때문에 대한민국은 자랑스러운 역사를 부정당하고 있다. 그러다 보니 대한민국을 건국한 이승만 대통령은 국부로서 추앙을 받지 못한 채 독재자라는 오명을 쓰고 있다. 최근 이승만 대통령에 대한 재조명은 진정한 의미에서 대한민국의 역사를 바로 세우는 일이다.

지금 대한민국 국내에서는 살기 힘들다고 아우성치는 국민들이 많이 있고 다른 나라에 이민가야겠다고 소리치는 국민들이 많이 있다. 그런 사람들은 바깥에 나가보라. 대한민국은 누구나 부러워하고 잘 나가는 나라다. 2012년 한 해 동안 미국의 저명한 국제정치 잡지인 〈포린 폴린시〉*Foreign Policy* 지에는 한국이 세계에서 제일 잘 나가고 있는 나라라는 논문이 두 편이나 실렸다.[32]

5월 17일자 존스(Bruce Jones)와 라이트(Tomas Right)가 작성한 *Meets the GUTS*라는 논문은 세계에서 제일 잘나가고 있는 나라, 미래의 세계를 주도할 신흥 서방 강대국 네 나라를 독일(Germany), 미국(United States), 터키(Turkey), 대한민국(South Korea)이라고 말하며 이들은 몰락하는 서방 강대국인 영국, 프랑스, 이탈리아, 일본을 뒤이을 차세대 강대국이라고 주장했다. 네 나라 영문 이름의 첫 글자를 이으면 GUTS가 된다. 이 글의 저자는 서방(The West)을 단지 서쪽에 있는 나라를 의미하는 용어로서가 아니라 현대화된 국가를 상징하는 용어로 사용하고 있어 한국, 일본을 서방에 포함시키고 있다.

6월 7일자에는 프레스토비츠(Clyde Prestowitz)가 쓴 『한국은 제일이다』*Korea as Number One*라는 논문이 게재되어 있다. 프레스토비츠가 일본, 한국 등 동아시아를 방문해서 각국의 정치 경제 현상을 관찰한 후 쓴 글이다. 그는 1979년 하버드 대학교수 에즈라 포겔이 『일본은 일등이다』*Japan as No. 1*라는 책을 집필한 적이 있었는데 이제 그에게 『한국은 일등이다』라는 책의 집필을 부탁하고 싶다고 말한다.

대한민국은 잘 나가는 나라다. 항상 남의 떡이 더 커 보인다며 불평불만이 보통보다 심한 한국인들이 대단히 많지만 외국 사람들은 한국을 부러워한다. 2012년 10월 13일 필자는 강연차 미국 시카고

를 방문했었다. 필자가 탑승한 엘리베이터 속에서 일행과 한국말
을 하는 것을 들은 동승한 미국인 백인 여성들이 우리보고 "강남 스
타일?!"이라고 말하며 엄청 반갑다는 표정을 지었다. 'Yes, we are
Gang Nam Style. We are from Korea!!'

이 나라는 거저 생긴 것이 아니다. 나라를 만들었고, 나라를 지켰
으며, 나라를 부유하게 만들려고 피땀 흘린 결과다. 그런 나라를 만
든데 혁혁한 공을 세우고 국민을 리드했던 사람이 이승만 박사다.
그를 건국 대통령의 자리에 정중히 모셔 와야 한다.

이승만 박사가 세우기 원한 나라

독립운동가이자 대한민국 최초의 진짜 박사 이승만 대통령은 그
자신이 훌륭한 전략가요 국제정치학자였다. 그가 세우고자 했던
나라는 '자유민주주의' 국가였다. 자유민주주의가 이제는 식상한
단어가 되었는지 모르지만 '자유' '민주'라는 두 개념은 온 인류가 피
를 흘려 쟁취한 소중한 것이다. 자유는 우리가 남의 구속을 받지 않
고 사는 것이다. 우리가 원하는 일을 하며, 우리가 하는 일을 간섭
당하지 않는 그런 자유를 느끼며 살 수 있는 사람은 지구에 그다지
많지 않다. 국민이 '자유롭게' 살 수 있는 그다지 많지 않은 숫자의
나라중 하나가 현재의 대한민국이다.

자유라는 개념이 정치적으로 적용되면 민주주의가 나오고 경제
적으로 적용되면 자본주의가 나온다. 대한민국은 정치적으로 민주

주의, 경제적으로 자본주의의 나라다. 민주주의란 다수가 지배하는 나라다. 왕이나 소수의 지배세력이 아니라 국민이 지배하는 나라다. 이승만이 원했던 '민주주의 정치'는 이제 대한민국에서 꽃피우고 있다.

이승만 대통령은 경제적 자유를 더욱 소중하게 생각했다. '자본주의'는 인간이 만든 제도 중에서 제일 좋은 제도다. 더 정확히 말하면 제일 덜 나쁜 제도다. 다 같이 잘 살자는 '사회주의 혹은 공산주의'가 있다. 그것을 더 좋아하는 한국 국민들이 상당히 많다. 배가 고픈 것도 힘든 일이지만 배가 아픈 것 역시 편치 않다. 그러다 보니 다 같이 잘 살자는 마르크스의 주장이 잘 먹히는 곳이 한국이다. 그러나 인간의 '이기심' 때문에 마르크스의 멋있는 주장이 잘 먹히지 않는다는 게 문제다. 내가 열심히 일하면 남들도 다 잘 살게 된다는 사회주의, 공산주의는 우리 인간을 모두 예수님, 공자님, 석가모니 수준이라 생각할 때 비로소 가능한 제도다.

우리는 우리의 노력의 결과가 내 것(최소한 우리 가족의 것)이 될 때 피땀 흘려 일하지만, 우리의 노력이 남의 것이 될 때 혹은 남과 나누어 가져야 할 때 우리는 그렇게 열심히 일하지 않는다는 본능을 가지고 있다. 우리가 이런 속성을 가진 것은 우리가 나쁜 사람들이기 때문이 아니다. 다만 완전하지 못한 인간이기 때문에 그런 것이다. 인간성의 완전함(애타주의)을 가정한 사회주의는 망했고 인간성의 불완전함(인간의 이기심)을 인정한 자본주의가 승리한 이유다.

북한은 사회주의를 집요하게 고집했고 한국은 자본주의 체제를 받아들였다. 1945년 분단될 당시 그리고 1960년대 초반까지 북한은 남한보다 약 3배정도 부유하게 살았다. 그리고 60여 년이 지난 지금 대한민국은 북한보다 25배 이상 부유하게 살고 있다.

이승만 대통령은 대한민국을 자유민주주의, 자본주의의 국가로 만들고자 했다. 성미 급한 한국 국민들은 이승만을 독재자라고 비난하지만 그는 사분오열된 국민들을 설득해서 국가를 세우기 위해 "뭉치면 살고 흩어지면 죽는다."는 호소를 할 수밖에 없었다. '뭉쳐야 산다'라는 말은 획일적인 이념을 강요하는 것처럼 보일 수 있으며, 사실 하나가 되자는 구호는 독재자들의 트레이드 마크다. 그러나 이승만의 대한민국이 어떤 상태였는지를 고려해야 올바른 역사적 평가가 가능하다.

이승만 대통령은 전쟁을 치른 대통령이었으며 냉전의 최첨단 지역에서 소련, 중국의 국제 공산주의와 직접 싸워야 했던 사람이다. 냉전의 심화 덕택에 급부상하는 일본을 견제해야 했고 남의 속도 모르고 일본과 화해하라는 초강대국 미국을 구슬리기도하고 때로는 맞장을 떠야하는 노(老)정치가였다.

이승만 대통령의 단독정부 수립

1948년 8월 15일 대한민국 정부가 수립되었다. 통일된 한국 정부가 수립되지 못한 아쉬움이 있지만 당시 통일된 정부를 수립할 수 있었을 것이며 또한 통일정부를 수립했어야 한다고 믿는 것은 왜 분단된 지 70년이 넘는 지금도 통일을 이루지 못했는가라는 탄

식보다 훨씬 더 허망한 것이다. 미소관계가 날로 악화되는 1945년부터 1948년 사이 이미 소련은 북한에 단독정부의 수립을 서두르고 있었다. 그리고 소련의 정책을 따르지 않는 사람들을 숙청해 버렸다. 소련의 정책은 이미 북한에 소련의 위성 공산국가를 수립하는 것이었다.

반면 남한에서의 미국 정책은 중국의 사태를 관망하며 표류하고 있었다. 당시 한국에 통일정부가 들어서려면 미국과 소련이 화해하는 것 외에는 아무런 방법도 없었다. 하지만 1948년에 미국과 소련이 화해한다는 것은 불가능한 일이었다. 결국 미국은 이승만의 대한민국 단독 정부수립 입장을 지지하는 것 외에 다른 도리가 없었다.

이승만은 1946년 6월 3일 전라북도 정읍에서 한 연설에서 '남한에서만이라도 독립 정부를 세워야 한다'고 주장했고 이 주장은 많은 사람들을 놀라게 했다. 한국 근대사를 잘 모르는 우리나라 대학생들 중에는 정읍발언이라는 상당히 세부적인 사건을 잘 알고 있는 학생들이 있다고 한다. 이승만 대통령을 분단의 원흉으로 몰아가는 한국 내의 불순한 세력의 교육 덕택이다. 이승만의 단독정부론은 이승만의 권력욕이라는 관점에서가 아니라 같은 시점 북한에서는 어떤 일이 진행되고 있었는가? 그리고 미소 관계는 어떻게 진행되고 있었는가?라는 보다 거시적인 관점에서 해석되고 설명되어야 할 일이다.

이승만은 "미소공동위원회(미소 양국이 한반도의 남북을 각각 점령한 후 한국정부 수립을 어떻게 할 것이냐, 특히 신탁통치에 관해 토의하기 위해 만든 기구로, 결국 아무런 결과도 내지 못한 채 무산되었다)가 계속 토의할 희망이 보이지 아니하며 일반 민중이 초조해서 지금은 남조선만이라도 정부가 수립되기를 고대하며 혹은 선동하는 중이다. 나의 관찰로는 조만간 무엇이든 될 것이니 아직 인내하고 기다려 경고만동이 없기를 바란다."[33]는 것이 이승만 대통령의 단독정부에 관한 언급이었다.

당시 소련은 한국을 신탁통치해야 한다고 주장하는 입장이었고, 신탁통치에 반대하는 한국의 단체나 개인의 참정권을 막으려 했다. 미국은 폴란드에서 소련과 협력해서 설립했던 정권이 급속히 공산 정권이 되어가는 모습을 보고 있었으며, 한국에서 소련의 주장을 받아들일 수 없다는 입장이었다. 특히 당시 남한의 우익 세력은 신탁통치를 격렬하게 반대하고 있었다. 이들은 소련의 관점에서 보면 모두 숙청 대상이었다. 남한의 공산당도 애초에는 신탁통치를 반대하였으나 1946년 1월 3일 소련의 지시에 따라 신탁통치 찬성으로 입장을 선회하였다.

미·소 간의 냉전이 해소될 가능성이 없으며, 소련이 38선 이북에서 독자 정부의 수립을 맹렬하게 진행시키고 있는 상황 안에서, 표류하는 대남정책에 대해 미국을 믿지 못하는 이승만 대통령은 국제정세에 남달리 해박했기에 종합적 판단이 바로 남한만이라도 단독정부를 수립해야 한다는 언급으로 나타난 것이다.

특히 소련의 대 북한정책은 이승만 대통령의 단독정부 수립을 훨씬 앞서는 북한만의 단독 정권 수립 추진 정책이라고 말할 수 있는 것이었다. 1946년 1월 5일 소련군은 북한 지역의 우파 민족주의자인 조만식을 연금하고 우익 숙청에 나서기 시작했다. 소련이 통일한국 정부의 설립에 전혀 관심이 없다는 또 다른 조치는 이미 1945년 10월 14일 북한에 '조선공산당 북조선 분국'을 조직한 것에서도 잘 나타난다. 10월 말에는 '북조선 5도 행정국'을 설치했는데 이것은 이미 북조선이라는 정치 조직이 성립되고 있다는 증거였다.

사실 스탈린은 한반도 문제에 대해 미국과 협력할 생각을 가지고 있지 않았다. 일본이 항복한 직후 미국은 일본의 점령에 참여하겠다는 소련의 요구를 일축해 버렸다. 소련이 군사적으로 점령하지 않은 지역을 미국이 양보해야 할 이유도 없었다. 미국은 이미 소련을 우방으로 생각하지 않았고 스탈린은 미국과의 협력을 애초부터 기대하지 않았다. 그 결과가 1945년 9월 20일 내려진 스탈린의 지령이었다. 스탈린은 소련군 점령지역에 브루주아 정권을 수립하라고 지시했다. 이 지령에 대해 이정식 교수는 "이것을 풀이하면 한국 문제에 대해서 미국과의 교섭 또는 타협의 결과를 기다리지 말고 소련 점령지역에 단독정부를 수립하라는 것이었다."[34]고 설명한다.

이 같은 국제정치 상황을 정확하게 파악하고 있는 이승만 대통령은 북한에 성립되고 있는 정치체제와는 전혀 다른 자유민주주의 국가를 남한에 세우려 했으며 그리고 성공했던 것이다.

미국, 한국을 떠나다

미국은 한국을 두 번 떠났다. 물론 미국이 한국을 떠났다고 해서 한국을 '버린 것'은 아니다. 미국은 한국을 가져간 적이 없었기에 버릴 일도 없었다. 그러나 많은 한국인들은 마치 미국이 1905년 카츠라 태프트 조약을 통해 조선을 '일본에게 넘겼다' 혹은 '필리핀과 바꿨다'는 식으로 말한다. 그리고 한국 전쟁 직전 당시 미 점령군이 한국을 떠난 것에 대해서도 마치 미국이 한국을 버린 것처럼 말한다.

어느 나라가 누구를 버리고 말고 하는 일은 있을 수 없다. 다만 미국은 자국의 국익을 계산해 보고, 1905년의 조선과 1949년의 한국이 그다지 중요하지 않다고 생각했기에 한국에 대한 개입 약속 혹은 한국을 누구의 공격으로부터 지켜주겠다는 약속을 하지 않았던 것이다.

국가의 1차적 임무는 스스로의 독립과 안전을 스스로의 힘으로 지킬 수 있는 능력을 확보하는 일이다.

조선말엽, 조선의 희망을 들어주지 않았던 미국

조선이 멸망할 무렵 고종 임금을 비롯한 조선 왕조의 중요한 인사들은 미국은 조선을 구해줄 수 있을 나라라고 생각했다. 그 생각은 일정 부분 맞는 것이었다. 미국이 마음만 먹는다면 조선을 구할 수 있는 충분한 국력을 가지고 있었다. 미국은 조선 말엽인 1890년대에 세계 1위의 경제력을 보유한 국가가 되었고 1898년 스페인과의 전쟁에서 승리함으로써 본격적인 서구 열강의 일원이 되었던 강대국이었다.

그러나 당시 조선의 고위 관리들이 미국이 한국을 도와줄 수 있는 선의를 가진 나라라고 생각하는 것은 국제정치학적으로 보아 현명하지도, 타당하지도 않은 생각이었다. 국제정치는 도덕적 원칙에 의해 작동되는 영역이 아니라 이익을 기준으로 작동하는 영역이기 때문이다. 당시 한반도 주변의 강대국들은 모두 한반도에 대한 침략 야욕을 노골적으로 드러내고 있었고 조선의 능력으로 이를 막을 수는 없는 일이었다. 그래서 조선은 조선을 구원해 줄 수 있는 국가로 미국을 생각하고 있었다.

중국인 유원이 저술한 『해국도지』를 읽은 당시 조선 지식인들은 미국에 대해 큰 기대를 가지고 있었다. 미국은 '공평무사한 나라이며 조선을 러시아, 일본의 침략으로부터 구해줄 수 있는 나라'라고 인식하고 있었던 것이다.

그러나 어떤 강대국이 어떤 약소국을 지원하기 위해서는 그 약소국이 그 강대국의 국익 계산에서 상당히 높은 위치를 차지하고 있어야만 한다. 미국이 보기에 19세기 말의 조선이 미국의 사활적인 이익(死活的 利益, Vital Interest)이 걸려 있었던 나라라면 미국은 조선의 멸망을 결코 그대로 방치하지 않았을 것이다. 지구상 모든 나라는 '사활적 이익'을 가지고 있기 마련인데 사활적인 이익이란 무엇보다도 국가의 생존에 관한 이익을 의미한다. 사활적 이익이 침해된다고 생각할 때 국가들은 전쟁이라도 벌이는 것이다.

조선의 왕실은 미국이 한국을 구해줄 것이라고 생각했지만, 미국은 조선을 일본과 러시아의 침략 위협에서 구해줘야 할 만큼 미국에게 중요한 나라로 생각하지 않았다. 오히려 일본에게 한국을 내 주고 필리핀을 확보하는 것이 당시 미국의 국익에 합치하는 일이었다. 그렇기 때문에 카츠라 태프트 조약을 보고 미국이 한국을 '배반'했다거나 '미국이 한국을 버렸다'는 등으로 표현하는 것은 국제정치의 본질을 모르는 사람들이나 하는 말이다.

1898년 미서전쟁(美西戰爭)을 통해 필리핀을 스페인으로부터 빼앗은 미국은 본격적으로 아시아에 진출하고자 했지만, 일본이라는 복병을 만났다. 일본은 미국에 의해 강제 개국을 당한 이후 서구문명을 본격적으로 받아들여 급속히 강대국으로 성장했다. 명치유신을 통해 현대화를 이룩한 일본은 1895년에는 청나라(중국)를 굴복시키고 1904년에는 러시아마저 굴복시키는 등 아시아 제1의 강대국을 향해 질주하고 있었다. 이 기세로 나갈 경우 일본은 얼마 후 미국도 공격할 수 있는 아시아의 패권국이 될 판이었다. 이 같은 상황에 처한 미국이 일본과 러시아의 갈등을 중재해 주는 대가로 적어도 필리핀에서 미국의 이익을 확보하겠다는 생각은 당시 미국의 입장에서 보았을 때 올바른 결정이었다. 미국이 조선의 독립을 위해 이미 막강해진 일본과 전쟁을 불사할 수 있으리라 기대했다면 그것은 국제정치에 무지했던 조선인들의 허무한 바람이었을 뿐이다. 미국은 조선을 가져간 적도, 버린 적도 없었다.

아무튼 미국은 당시 조선의 기대를 들어주지 않았다. 미국이 조선의 부탁을 들어주지 않은 것을 가지고 미국을 비난할 수는 없는 일이다. 오히려 국제정치의 냉혹함을 이해하지 못하고 있었던 조선 왕정의 무능함을 비판해야 할 일이다.

국가 안보의 궁극적 수단은 자기 스스로의 힘이다

국가 안보와 독립을 유지하는 궁극적인 힘은 어느 나라라도 자신의 힘이다. 당시 조선의 힘을 측정해 볼 수 있는 정확한 방법은 존재하지 않지만 중국 청나라 궁정의 1년 예산이 1억 냥, 일본 정부의 1년 예산이 1억 냥 정도였다는데 고종 당시 조선 궁정의 1년 예산이 30만 냥 정도였다 하니 대략 조선의 국력은 중국이나 일본의 0.3% 혹은 1/300에 불과했다.

오늘 날 대한민국의 국력은 2021년 GDP를 기준으로 평가할 경우 중국의 11%, 일본의 32% 정도가 된다. 대한민국의 인구는 중국의 3.6%, 일본의 38%정도이니 대한민국이라는 국가가 이룩한 업적을 결코 과소평가할 수 없을 것이다. 지금 미국은 한국을 대단히 소중한 나라라고 생각하고 있다. 미국의 대전략 속에 한국이 차지하는 비중은 적지 않으며 미국은 한국과의 동맹을 점차 소중하게 생각하고 있다. 그만큼 한국이 미국의 국가이익에서 차지하는 비중이 커졌기 때문이다.

이 같은 업적을 이룩한 계기가 된 것이 대한민국의 건국(建國)과 부국(富國)이다. 대한민국의 건국과 부국의 아버지들인 이승만·박정희 두 대통령의 공로가 새삼 중요하게 인식되지 않을 수 없는 것이다.[35]

대한민국을 떠난 미국:
1949년 당시 한국에는 미국의 사활적 이익은 없었다

미국이 일본을 패망시킴으로써 조선을 일본의 식민지로부터 해방시키고 건국을 후원했다는 사실은 이미 앞에서도 논한 바와 같다. 미국이 일본을 패망시키는 과정에서 한반도를 분단하게 된 2차 대전 종전 외교사에 대해서도 설명했다. 미국이 그때 소련에 대해 보다 강경했으면, 미국의 일본 군사력에 대한 정보판단이 정확했다면… 하는 아쉬움이 있지만 당시 전쟁에 지친 미국은 전쟁 이후의 세계정치를 생각하기보다는 일본과의 전쟁을 하루라도 빨리 끝내고 싶은 마음뿐이었다.

미국은 오로지 '군사적 편의주의'[36]라는 관점에서 소련을 일본과의 전쟁에 끌어들였고, 결국 일본의 식민지였던 한반도의 반쪽만을 점령할 수 있었다. 반쪽이라도 점령할 수 있었던 것이 오히려 다행이라고 생각했다.

1948년 8월 15일 대한민국 정부 수립을 적극 후원하고 대한민국이 국제사회의 일원으로 일어서는데 적극적인 지지를 아끼지 않은 미국은 한국정부 수립 후 곧 한국을 떠나기로 결심한다. 북한을 완전한 공산주의 위성국가로 만들어 놓고, 북한을 신생국답지 않게 막강한 군사력으로 무장시킨 소련은 미국에게 양국이 각각 남북한으로부터 철수하자고 제안했다. 소련의 철군 주장은 명분상 하자가 없는 것이었다. 남북한에 이미 국가가 건국되어 있는 상황에서 점령군으로 왔던 미군과 소련군이 철수해야 한다는 것은 정당한 일이었다. 다만 당시 정치·군사적 현실을 보면 소련군의 미군 철수 주장은 '완전 군장을 갖춘 북한'과 '군사적으로는 그야말로 별 볼일 없는 남한'을 한반도의 남과 북에 남겨 놓고, 앞으로의 문제는 그들이 알아서 처리하도록 하자는 말이었다.

소련군은 북한에서 철군하면서 소련 점령군이 보유하고 있던 각종 장비는 물론 막강한 군수산업 시설을 북한에게 넘겨주었다. 소련은 1949년 북한과 비밀 군사협정을 체결, 무기를 제공하여 북한군을 막강하게 성장시키고 있었다.[37]

이승만 대통령은 북한이 완전 무장을 갖춘 상태에서 미군이 철수할 경우 한반도의 전쟁이 불을 보듯 뻔한 일일 것이라는 사실을 강조함으로써 미군 철수를 막아보고자 했다. 이미 완전 군장을 갖춘 북한이 언제라도 침략할지 모르는 상황에서 미군이 철군하는 것은 전쟁을 불러올 것이라는 논리였다. 그러나 미국은 당시 이승만 정부의 격렬한 반대에도 불구하고 주한 미군 철수를 강행했다.

당시 한국은 스스로 무장을 갖출만한 아무런 능력을 갖추지 못한 그야말로 세계 최고의 빈곤국이었다. 미국이 한국을 지켜주거나 혹은 무장시키지 않는 한, 한국은 스스로의 능력으로 나라를 지킬 수 없는 상황이었다. 혹자들은 북한도 마찬가지 처지가 아니었냐고 말할지 모른다. 그렇지 않다. 일본 제국주의자들은 식민통치 35년 동안 남한은 농업지역, 북한은 공업지역으로 만들어 놓았다.

남북한이 분단된 후 남한은 북한이 전기를 보내주지 않으면 밤에 불도 켜지 못할 정도의 열악한 상황이었다. 북한은 일본 제국주의가 만들어 놓은 막강한 공업시설들을 활용, 한국 전쟁 당시 북한이 스스로 제조한 다발총(일명 따발총)을 가지고 남한을 침략할 수 있었다.

또한 1949년 10월 1일 공산혁명에 성공, 중화인민공화국을 선포한 중국은 모택동의 공산주의 혁명군에서 복무했던 조선인 병사들을 북한으로 돌려보냈다. 전투 경험이 풍부한 수만 명의 조선인들은 차후 북한이 남침 전쟁을 일으킬 때 북한군의 주력이 되어 남한을 침략한 선봉군 역할을 담당하게 된다.

그렇다면 미국은 왜 건국 과정을 적극 지원했던 한국에서 철군하게 되는가? 사실 이 같은 질문은 질문이 되지 못한다. 수많은 한국의 반미주의자들은 미국을 식민 제국주의 국가라고 비난하고 있지만, 미국은 그런 나라가 아니었다. 미국이 반미주의자들이 생각하는 나라였다면 1949년 6월의 미군 철군이라는 역사적 사건은 일어나지 않았어야 한다. 미국이 제국주의적 식민주의 국가라면, 그리고 한국이 미국의 식민지였다면, 미국은 그토록 미군 철군을 반대하는 한국 정부와 국민을 놔두고 군사 고문단 500명만 달랑 남겨 놓은 채 대한민국을 떠나지 않았을 것이다.

미국은 자국의 국익 계산에 충실한 나라다. 국가의 사활이 달린 문제에 대해서는 전쟁이라도 단호하게 결심하는 용감한 나라다. 그러나 국익 기준상 그다지 중요하지 않은 경우라면 미국은 최대한 개입을 자제한다. 물론 미국이 이익 계산을 언제라도 정밀하게 하는 나라는 아니다.

어떤 나라도 자국의 국가이익을 정밀하게 계산하고 그렇게 행동할 수도 없다. 국가들은 항상 실수하기 마련이며 그래서 이 세상에는 싸우지 않아야 했을 수많은 전쟁이 발발하는 것이다.

미국은 1949년 당시 대한민국이 미국의 국가 안보 혹은 미국의 경제에 얼마나 큰 이익이 되는가를 분석했다. 미국은 신생 대한민국이 미국의 국가이익에 그다지 중요한 나라라고 보지는 않았다. 당시 국제정치의 기류 상 미국의 일차적 관심은 아시아가 아닌 유럽이었다. 2차 세계대전으로 인해 황폐해진 유럽에 공산주의의 망령이 배회하고 있으며 유럽이 공산주의 수중에 들어갈 경우 소련은 유라시아 전체를 장악한 대제국이 될 것이며, 그 경우 미국의 국가 안보는 보장받기 어려운 상황이 될지도 모를 일이었다.

미국의 군부와 외무부는 세계 각국을 미국의 국가이익을 근거로 평가했다. 평가한 결과를 가지고 미국의 한정된 능력과 자원을 배분하고자 한 것이다. 특히 미국의 합참(JCS)은 한국의 낮은 전략적 가치와 병력 부족을 이유로 조기 철군의 긴급성을 강조했다.

오늘 이만큼 성장한 대한민국을 미국은 소중하게 생각한다

이승만 대통령은 한국정부 수립 후 불과 1년 만인 1949년도 가을 단행된 주한 미군의 철수를 막을 수 없었다. 이승만 대통령은 일제 식민지 동안 미국에서 미국 조야를 움직여 한국의 독립을 추구해 보려고 간곡한 노력을 했음에도 불구하고 자신의 꿈을 이루지 못했던 한계에 대해 좌절했던 것과 똑같은 좌절을 맛보았을 것이다.

여기서 우리는 오늘날 미국이 오히려 한국과의 동맹을 앞으로도 오랫동안 유지하길 원하고 있는 모습을 대비시켜 볼 필요가 있다.

2012년 9월 10일 발표된 미국 시카고 국제문제협의회(Global Affairs Council) 여론조사에 의하면 미국 국민 82%가 한미 동맹을 지지하는 것으로 나타났다. 놀라운 일이지만 우리나라의 국력이 그동안 얼마나 증강되었는지를 반영하는 현상 중 하나다. 역시 2012년 6월 주한 미군 사령관 서먼 대장은 2015년 12월 1일로 계획되어 있는 한미연합사를 해체하지 말고 지속하자는 제안을 하기도 했다. 미국이 생각하는 한국의 중요성이 증대되었다는 사실을 반증하는 결정적인 사례들이다.

대한민국은 이제 과거보다 훨씬 막강한 나라가 되었다. 그리고 국제사회는 한국을 그렇게 대해주고 있는 것이다. 그러나 100여 년 전 조선의 고종 황제가 독립을 위해 미국으로부터의 지원을 기대했던 것, 70여 년 전 떠나가는 미군을 붙들어 놓으려고 애를 썼던 이승만 대통령의 노력은 실패하고 말았다.

애치슨 라인

한국 전쟁이 발발하기 불과 5개 월 전인 1950년 1월 12일, 미국 외무장관 애치슨은 내셔널 프레스클럽에서 소위 애치슨 라인이라는 미국의 극동 방위선을 발표했다.

'미국의 방위 전초선은 알류산 열도에서 일본으로 걸쳐있고 다시 류큐 열도로 이어가고 있다. 우리(미국)는 류큐열도에 중요한 방위 진지를 구축하고 있으며 이 방위 전초선은 류큐 열도에서 필리핀 제도로 뻗어 있다.'

이승만 대통령은 즉각 임병직 외무장관을 경무대(지금의 청와대)로 불러들였다. 이승만 대통령은 외무장관에게 애치슨 라인의 진상을 알아보라는 지시를 했다. 주 미국 대사였던 장면 박사는 미국 국무성의 애치슨 장관을 찾아갔다. 그러나 애치슨으로부터 한국을 미국의 방위선에 포함시킨다는 언급을 듣지 못했다. 한국을 방위선에 포함시켜 달라는 부탁을 했다가 오히려 무안을 당했다.[38]

이승만 대통령은 주한 미국 대사 존 무쵸(John Muccio)에게도 애치슨 선언에 대해 설명해 달라고 요구했다. 애치슨 선언이 북한의 침략을 불러일으킨 직접 원인이 되었는지에 대해서는 논란이 분분하지만,[39] 당시 애치슨 선언은 어차피 전쟁을 하기로 결심한 북한과 이를 후원하는 소련에 모종의 청신호를 보낸 것은 사실이었다.

한국 전쟁 발발 1주일 전인 6월 17일, 존 포스터 덜레스(John Foster Dulles) 당시 미 국무성 대외정책 특별고문이 방한했다. 덜레스는 공화당의 이름난 대소 강경론자였으며 아이젠하워 대통령

(1951~1958)의 공화당 행정부에서 미국의 국무장관이 되어 한국의 운명에 큰 영향을 미친 사람이다. 방한한 덜레스 씨를 만난 이승만 대통령은 비록 두 사람이 의기투합한 사이임에도 불구하고 책상을 치며 호통을 쳤다. 미국의 유화정책이 틀려먹었다는 것이었다. 이 승만 대통령은 미국이 한국을 극동방위선에서 제외해 놓고 군사 원조조차 제대로 해주지 않는다는 사실을 비판하고, 미국이 고식적인 정책만을 견지하다가 앞으로 크게 후회할 날이 있을 것이라고 경고했다.

미국은 당시 국제정치의 작동 원리대로, 국가이익의 철저한 계산에 의거해서 행동했던 것이다. 별로 중요해 보이지 않는 나라를 지키기 위해 군사력을 동원할 필요는 없었다.

한국은 미국에게 그런 나라였다. 사회과학의 이론으로서는 설 자리가 없는 음모론을 믿는 사람들은 미국이 한국을 진공상태로 만들어 놓음으로써 공산주의의 침략을 유인했다고 말한다. 공산주의자들의 침략을 유인하고 그것을 되받아 치기 위해서라는 것이다.

나는 미국이 애치슨 라인을 그은 이유를 공산진영으로 하여금 선 밖에 있는 한국을 가져가도 좋다고 말하려 한 것이 아니라 애치슨 라인 안쪽에 있는 일본 등을 건드리면 가만히 있지 않겠다고 경고한 것이라 해석한다. 일본은 이미 미국이 사활(死活)을 걸고 지켜야 하는 중요한 국가이익이 되었던 것이다, 미국은 일본이 미국진영에 남아 있으면 소련, 중국이 주도하는 국제공산주의의 태평양 진출을 막을 수 있을 것이라 생각했던 것이다.

그로부터 70년 이상의 세월이 지났다. 이승만 대통령이 건국한 대한민국은 이제 미국이 소중하게 생각하는 자산이 되었다. 미국은 지금 한국과 동맹을 잘 유지할 경우 중국의 도전을 쉽게 막을 수 있다고 생각하고 있으며, 한국과의 동맹을 통해 동북아시아의 질서를 유지할 수 있다고 생각하고 있는 것이다. [40]

▲ 1951년 7월 8일 유엔군과 공산군이 개성에서 열린 휴전 예비회담에서 처음으로 얼굴을 마주하고 있는 모습

Ⓒ 국사편찬위원회

▲ 한국의 지게를 지고 있는 한국전쟁에 참전한 미군 병사

제 4 장

6·25 한국 전쟁: 미국 한국을 구하러 오다

▲ 한국에 최초로 도착한 미국 군인 스미스 부대 병사들

이들은 도착 즉시 경기도 오산 부근에서 북한군과 전투를 벌였으며 큰 희생
을 치렀지만, 북한군의 공격을 지연시킴으로서 유엔군이 전열을 정비할 시간
을 벌어주었다.

미국, 한국을 구하러 오다

북한이 도발한 비겁한 동족 살육 전쟁, 6·25 한국 전쟁

미국군이 한국에서 완전히 철수한 것이 1949년 11월 무렵 이었고, 한국군은 당시 미국의 군사전문가가 평가했듯이, 남북전쟁 (1861~1864) 당시 미국군대 수준으로 무장된, 정말 보잘 것 없는 군사력을 보유하고 있었을 뿐이었다. 반면 북한은 일본 제국주의가 남겨준 기계, 화학 공장 등 풍부한 전쟁 수행력을 보유하고 있었다.

북한은 중국의 공산 혁명을 지원할 수 있을 정도로 군사적 여력도 있었고 전쟁 개시 이전 따발총이라는 북한제 자동소총도 만들었다. 1949년 10월 1일 공산국가 건설에 성공한 중국은 북한의 지원에 보답했다. 모택동은 자신의 공산혁명 유격대에서 근무했던 수만 명 단위의, 전투경험이 풍부한 조선인들을 김일성에게 보내주었다. 김일성은 이들로 구성된 전투사단을 만들어 38선에 배치하는 등 전쟁 준비를 착착 진행하고 있었다. 1950년 6월 25일 새벽 38선 전역에서 북한 공산군은 침략 전쟁을 개시했다.

김일성은 그날 새벽 능청스럽게도 '남조선의 침략 공격에 대한 반격 작전을 시작했다'는 라디오 방송을 내 보냈다. '남조선 전체를 공산주의 사회를 만들기 위한 전쟁을 개시했다'고 말하는 것이 오히려 더욱 당당한 일 아니겠는가? 그것이 혁명이었다면 먼저 시작하는 게 뭐 그렇게 숨겨야 할 일이었단 말인가? 그래서 우리는 북한이 도발한 한국 전쟁을 어떤 이유에서도 정당화될 수 없는 '대규모 민족 살육의 악행'이었다고 보는 것이다.

미국, 한국을 구하러 오다

이승만 대통령의 노력과 한국군의 문자 그대로 맨주먹 붉은 피의 항전에도 불구하고 전세는 완전무장한 북한군의 압도적 우위의 지속이었다. 결국 전쟁 개시 3일 만에 수도 서울이 공산군에 점령당했고 이승만 대통령은 피란을 가지 않을 수 없었다. 27일 북한군 수중에 서울이 함락되고 말았다는 사실은 한국 전쟁이 누구의 도발로 발발했느냐를 말해주는 결정적인 근거다. 먼저 공격한 나라가 3일 만에 수도를 빼앗긴 경우는 3000년 세계 전쟁사에 단 한 번도 나오지 않는 일이다. 그런데도 6·25를 북침이라고 주장하는 자들이 대한민국에 존재하고 있다는 일은 슬프기보다는 어이없는 일이다.

바로 이 무렵 트루먼 대통령은 6월 29일 국가 안보회의(NSC)에서 "나는 북한군을 38선 이북으로 격퇴하는데 필요한 모든 조치를 취하기 원한다. … 나는 우리의 작전이 그곳의 평화를 회복하고 국경

을 회복하는 것을 명확히 이해해 주기 바란다."고 언급, 한국 전쟁 참전 의지와 목표를 밝혔다.[41]

이승만 대통령은 6월 27일 저녁부터 대전에서 전쟁을 지휘한 후 7월 1일 다시 부산으로 이동을 시작했고 6월 30일 트루먼 대통령은 한국 전쟁 참전 결정을 내린 것이다.

맥아더 장군은 6월 29일 한국 전선을 시찰한 후, 미 지상군이 개입하지 않으면 안 될 이유를 제시했고 미국군이 파견되지 않으면 한국은 붕괴될 것이라고 생각했다. 미 합동참모본부는 6월 30일 새벽 맥아더 장군의 상세한 보고서를 받았다. 공산주의자들의 승리를 달가와 하지 않는 트루먼은 의회의 승인을 받기 전 즉각 1개 전투단의 파견을 승인했고 다시 2개 사단의 파견을 승인했다. 물론 맥아더 장군의 요청이 주효했다.[42]

이승만 대통령의 노력, 그리고 국제 정치적 위기에 대응하는 맥아더 장군, 트루먼 대통령의 결정으로 미국은 역사상 놀라울 정도로 신속하게 한국 전쟁 참전 결정을 내렸다. 전쟁 발발 단 5일 후인 6월 30일 미국은 한국 전쟁에 미국 지상군을 참전시키기로 결정한 것이다.[43]

트루먼 대통령은 한국 전쟁 참전을 결정하는 고뇌의 과정에서 2차 대전 발발 당시의 역사적 교훈을 생각했다. 그는 공산 침략을 자유세계의 힘으로 단호히 응징하여 제3차 대전으로 비화됨을 막아야 한다고 생각했다.

그는 "만일 남한이 붕괴되도록 내버려 둔다면 공산주의 지도자들은 거기에 힘입어 우리 나라의 해안에 가까운 국가들까지 전복

▲ 한국을 구할 파병 결정을 내린 트루먼 미 대통령

시키려 할 것입니다. 만일 공산주의자들로 하여금 자유세계로부터 아무런 저항도 받음 없이 대한민국을 강제로 뚫고 들어가도록 허용한다면, 약소국들은 보다 강력한 인접 공산국가에 의한 위협과 침략에 저항할 용기를 갖지 못할 것입니다. …한국이 도발하지 않은 이 공격을 저지할 수 없다면 UN의 창설과 원칙이 위태롭게 될 것이라는 점이 나에게는 분명합니다."[44]라고 말했다.

미국군의 선발대가 7월 1일 부산에 도착했고 미국군 선발대인 스미스 부대는 7월 5일 오전 3시 오산 북방 4킬로미터 지점의 죽미령에 포진, 북한군과 첫 번째 교전을 벌이게 된다. 미국군은 예상과 달리 북한군에게 고전, 전사 150명 실종 31명의 막심한 인명 피해를 당했다.[45]

그러나 미국은 이 전투를 통해 약 7시간 정도 북한군의 남진을 저지했다. 차후 맥아더 장군은 스미스 부대 등의 혈전으로 북한군의 진격 속도를 둔화시켜 약 10일 동안의 시간을 벌 수 있었다고 회고했다.[46] 그리고 이 사이에 미군 24사단 전 병력이 대전에 집결할 수 있었다.

미국은 북한군을 보잘 것 없는 군대로 판단했지만 북한군은 예상외로 강했다. 결국 1950년 8월 1일 미국군 및 한국군 각 전선 사령부는 휘하 병력을 8월 4일까지 낙동강 이남으로 철수 집결 시키라는 워커 미 8군 사령관의 작전 명령이 하달되었다. 미국군과 한국군은 낙동강 방어선에서 반격 작전을 계획하는 수밖에 없는 상황이었다. 전쟁 개시 불과 5주 만에 북한은 낙동강 전선 이남 지역을 제외한 한반도 전역을 점령하는 데 성공했던 것이다.

하나님이 보우하사…

6·25전쟁이 발발했을 때 미군이 한국에 파견되지 않았다면 역사가 어떻게 전개되었을까? 한 가지 확실한 사실은 대한민국이라는 신생국은 아무리 오래 버틴다고 해도 1950년 8월 중 국가로서는 소멸되어 없어졌을 것이며, 지금 우리가 살고 있는 이 땅은 조선민주주의 인민공화국이라는 이름을 가진 나라가 되어 있을 것이라는 점이다. 김일성과 김정일의 통치 아래 온 국민이 독재와 가난의 질곡 속에 살고 있었을 것이며, 조선민주주의 인민공화국은 동북아시아의 보잘 것 없는, 기껏해야 중국의 준 식민지 정도가 되어 있을 것이다. 그러나 그런 일은 다행스럽게도 일어나지 않았다.

대한민국은 운명의 고비마다 다시 살아나곤 했는데 어떤 목사님이 우리나라 애국가에 '하나님이 보우하사'라는 가사가 있어서 위기 때마다 나라가 위기에서 벗어날 수 있었던 것이라고 말씀하시는 것을 들었다. 전쟁이 한참 진행되는 동안 미국 기자들이 트루먼 대통령에게 "어떻게 중요하지도 않다고 생각해서 포기했던 나라의 전쟁에 그렇게 빨리 개입할 수 있었느냐"는 질문에 말없이 하늘을 가리켰다는 일화가 있다. 필자는 이 일화를 읽으며 역시 기독교 국가의 대통령답다는 생각을 했었다. 그러던 중 아주 놀라운 사실을 발견했다. 6·25 전쟁이 발발한 직후 미국 대통령들과 친밀한 교분이 있었던 빌리 그래함 목사가 트루먼 대통령에게 보낸 전보문 내용인데 다음과 같다.[47]

"MILLIONS OF CHRISTIANS PRAYING GOD GIVE YOU WISDOM IN THIS CRISIS. STRONGLY URGE SHOWDOWN WITH COMMUNISM NOW. MORE CHRISTIANS IN SOUTHERN KOREA PER CAPITA THAN ANY PART OF WORLD. WE CANNOT LET THEM DOWN"

"수백만 명의 미국 기독교인들은 지금 같은 위기의 순간 대통령께 지혜를 주시라고 하나님께 기도하고 있습니다. 지금 공산주의자들에게 강력하게 대응하십시오. 한국에는 인구 비례 상 세계 어느 지역보다 더 많은 기독교인들이 살고 있습니다. 그들이 쓰러지도록 방치할 수 없는 일입니다."

아무튼 미국의 한국 전쟁 참전 결정은 대한민국의 생과 사를 결정 지은 사건이었다. 미국은 한국을 지원한다는 결정을 내린 후 연인원 1,789,000명이라는 대병력을 한국에 파견하여,[48] 대한민국을 북한의 공산침략으로부터 구해냈다. 그러기 위해서 미국은 전사 및 사망 36,940명, 부상 92,134명, 실종 3,737명, 포로 4,439명이라는 자국 젊은이들의 피와 희생을 감내했다.

▲ 전투 중에 잠시 쉬고 있는 우리 국군

▲ 6·25전쟁으로 길거리에 쏟아져 나온 부모 잃은 아이들

탁월한 전쟁 지도자 이승만 대통령

통일을 지향한 이승만 대통령의 전쟁 목표

한국 전쟁이 발발하기 이전부터 이승만 대통령의 목표는 광의의 국권 수호와 통일이었다. 즉 궁극적인 북진통일을 국가전략의 목표로 설정하고 이를 위해 매진했다.[49)]

물론 이승만 대통령의 북진통일 정책이 현실성이 있는 것이었느냐의 문제는 별개다. 그러나 그의 북진통일 정책은 이승만 대통령이 보다 '거시적'인 목표를 설정하고 한국 전쟁에 임했음을 의미하는 것이 된다. 이승만 대통령의 목표는 단순히 북한의 침략으로부터 나라를 구하는 것만은 아니었다. 이승만 대통령의 목표는 이를 기회로 자유민주 통일을 이룩하는 것이었다.

이승만 대통령의 전쟁 목표가 적을 단순히 격퇴하는 것 이상이었음은 영국 수상 처칠의 언급에서도 나타난다. 처칠은 "영국은 이승만을 위한 북한 정복 전쟁에 나서면 안 된다."고 언급함으로써 UN군의 활동 목적이 대한민국을 북한의 침략에서 구원하는 것으로 한정하고자 했다. 그러나 이승만 대통령은 자신이 원하는대로 전쟁을 끌어가려 했고, 이승만 대통령의 전쟁 지도자로서의 탁월한 능력은 처칠로 하여금 "미국을 좌지우지하여 자신의 정치 쇼에 이용하고 있다."고 말하게 했다.[50]

처칠의 언급은 이승만을 비판한 말이지만 동시에 이승만의 능력을 증명해 주는 증언이기도 했다. 침략을 당하고, 자신의 힘으로 나라를 지킬 힘도 없던 약소국의 대통령이 도와주러 온 나라들, 그것도 세계 최고의 강대국들인 미국과 영국을 좌지우지할 수 있었다는 것만으로도 대단한 일이다. 그런 대통령이 절실히 필요한 시기가 또다시 다가오고 있다.

이승만 대통령의 목표가 한국 전쟁에 참전해서 한국을 지원해 주던 미국의 목표와 일치하는 것은 아니었다. 미국이 한국 전쟁에 개입하기 이전 미국은 한국의 현상을 유지하는 것을 정책목표로 삼았었다.[51]

미국이 개입을 결정할 당시에도 전쟁 참전의 조건이 있었다. 미국의 국가 안보회의의 목표는 한국 전쟁이 소련의 개입을 불러 올 더 큰 전쟁으로 비화하는 것을 막는 것이었다.[52] 미국은 38선을 넘어 북진할 때도 '소련이나 중공의 개입이 없을 경우에 한해서'라는 조건을 달았다.[53]

이승만 대통령의 목표와 한국을 지원하는 미국의 목표는 이처럼 처음부터 상이했고 한국 전쟁이 끝나는 시점까지도 상이했다. 이승만 대통령의 전시 외교와 전쟁 지도자로서의 능력은 바로 이같은 미국과의 지속적인 갈등이라는 맥락에서 평가될 수 있는 것이다.

　물론 이승만 대통령의 전시외교는 미국 한나라만을 향한 것은 아니다. 북한으로부터 전면 기습 공격을 당한 한국은 물론 미국에 긴급 지원을 요청했지만 UN안전보장이사회가 긴급 조치를 취해줄 것을 요구했고, 다른 자유우방 국가들에게도 개별적으로 긴급 지원을 요청했다.54)

　이승만 정부의 다각적인 외교노력은 6월 26일 장개석 총통의 절대지지 선언, 6월 30일 영국 수상 윈스턴 처칠의 영국 해·공군의 한국 출동 명령도 얻어낼 수 있었다.

　그럼에도 불구하고 이승만 대통령의 전시 외교는 대체로 미국과의 관계에서 분석될 수 있을 것이다. 한국 전쟁이 발발하는 처음부터 전쟁이 끝날 때까지 한국 전쟁의 진행 방향을 결정한 주역이 미국이었기 때문이다.

전쟁이 발발한 날, 이승만 대통령 미국에 호소하고 맥아더에 호통치다

　1950년 6월 25일 일요일 아침 이승만 대통령은 창덕궁 비원을 산책하고 있었다. 이미 이승만 대통령이 오래전 예감하고 있었듯이 이날 새벽 4시를 기해 북한 공산군은 38선 전역에서 남침 전쟁을 개시하고 있었다. 비서의 연락을 받고 황급히 경무대로 돌아온 이승만 대통령은 현재 상황을 신성모 국방장관으로부터 전화 브리핑을 받았다. 이승만 대통령은 신성모 장관에게 동경에 있는 맥아더 장군에게 국제전화를 걸도록 지시한 다음 비상 국무회의를 열었다. 이승만 대통령이 경황없는 상태에서 맥아더 장군에게 전화를 걸라고 지시한 것은 순간적으로 이 난국을 해결할 수 있는 능력의 원천이 어디 있는 것인지를 정확히 파악한 결과였다.

오전 11시 35분 무쵸 주한 미국 대사의 방문을 받은 이승만 대통령은 국군에게 시급히 필요한 소총과 탄약을 미국에게 요청하면서, 국가 총력전을 통해 전쟁을 지도하겠다는 사실을 밝혔다. 이승만 대통령은 한국이 제2의 사라예보가 되는 것은 피해야 하지만 이 위기를 기회로 활용, 한국의 통일 문제를 해결해야 한다는 입장을 밝혔다.[55]

무쵸 대사와 면담을 마친 이승만 대통령은 오후 1시 주미 한국 대사관의 한표욱 참사관과 장면 대사에게 전화를 걸어 "저놈들이 쳐들어 왔어. 우리 국군은 용맹스럽게 싸우고 있어…. 어떻게 하든 미국의 원조가 시급히 도착하도록 노력해야 겠다."고 지시했다.[56]

미국 시간으로 6월 24일 밤 10시 30분 경이었다. 장면 대사는 전화를 받고 미국 국무성으로 달려갔다. 딘 러스크 극동담당 차관보를 만난 장면 대사는 한국의 상황을 알려주었고 러스크는 주한미국 대사 무쵸의 보고 내용을 전해 주면서 UN 안보리를 소집하겠다고 했다. 장면 대사 일행은 미국 시간으로 6월 25일 새벽 4시 한국 대사관으로 돌아왔다.

한국 시각으로 6월 25일 밤 10시, 미국 대사 무쵸를 경무대로 불러 대책을 논의한 이승만 대통령은 서울 천도론을 들고 나와 무쵸

를 압박했다. 57)

이승만 대통령은 6월 25일 밤을 뜬눈으로 지새우며 미국, 일본에 전화를 걸어 전쟁에 대한 대비책을 마련하고 있었다. 이승만 대통령은 6월 26일 새벽 3시 동경의 맥아더 장군에게 전화를 걸었다. 전화를 연결시켜 주지 않으려는 보좌관에 호통을 친 이승만은 맥아더 장군에게 "오늘 이 사태가 벌어진 것은 누구의 책임이요. 당신 나라에서 좀 더 관심과 성의를 가졌으면 이런 사태까지는 이르지 않았을 것이오…. 어서 한국을 구하시오."라며 다그쳤다. 58)

상황이 급박하게 돌아가는 동안 이승만 대통령은 27일 새벽 1시다시 미국에 전화를 걸어 장면 대사에게 트루먼 대통령을 만나 군사원조의 시급함을 호소하고 협조를 요청하라고 지시했다. 59)

"우리 국군이 잘 싸우고 있다. 그러나 무기도 없고 도무지 모든 게 부족하니 당장 트루먼 대통령을 만나 지원을 부탁하라."는 내용이었다. 임병직 국방장관도 장면 대사에게 전화를 걸어 "당신 하나의 역량에 국가의 운명이 달려 있다."고 목메인 소리로 미국의 원조를 구할 것을 지시했다. 장면 대사는 휴가 중에 워싱턴으로 급히 돌아온 트루먼 대통령을 6월 26일(미국시간) 만났다.

이승만 대통령의 편지를 들고 미국 대통령을 만난 장면 대사는 눈물로 호소했다. 애치슨 장관은 회고록에서 장면 대사의 투르먼 대통령 면담을 자세히 묘사하고 있다.

"이 대통령의 호소문을 가져온 장면 대사는 낙심한 끝에 이슬처럼 맺힌 눈물을 감추었다. 트루먼 대통령은 전투가 발발한지 아직 48시간 밖에 되지 않았고, 다른 나라 사람들도 훨씬 더 심각한 상황

▲ 태극기를 들고 국군을 환영하는 시민들

▲ 6·25전쟁의 폐해

에서 그들의 자유를 수호하여 궁극적으로 승리에 이를 수 있었다는 말로 장 대사를 위로하려고 애썼다. 나(애치슨)는 (미국의) 지원이 진행 중이니 단단히 마음먹으라고 격려했다." 60)

　대한민국의 운명이 풍전등화와 같은 처지에서 대한민국을 구해 줄 수 있는 나라는 미국 밖에 없었다. 이 같은 위기의 순간에 대한민국 대통령이 미국의 위대한 장군과 절친했다는 사실, 그리고 그 장군에게 호통칠 수 있는 인물이었다는 사실은 참으로 운명적인 일이 아닐 수 없었다. 그 같은 순간에 이승만 대통령 같은 인물이 대통령으로 재임 중이었다는 사실은 대한민국 역사에 중요한 의미를 부여하는 일이 아닐 수 없다.

　이승만 대통령과 맥아더 장군은 오랜 시간 대화를 나누고 좋은 관계를 유지했던 친구 사이였다. 언변이 대단한 맥아더 장군은 이승만 대통령과 말할 때면 주로 옛 서(Yes Sir !)를 연발하며 대통령의 말씀을 경청하는 편이었다는 일화가 있다. 국가가 위기에 처한 순간 이승만 대통령은 미국의 위대한 장군에게 호통도 치고 다른 한 편으로는 호소할 수 있는 인물이었다. 6·25 한국 전쟁이 발발한 후 며칠은 우리나라 수천 년 역사에서 가장 절박한 위기의 순간이었을 것이다. 위기를 맞이한 순간, 허둥지둥 거리기보다는 냉정한 전략으로 미국과 주변국에 과정과 절차를 밟아 지원을 호소한 이승만 대통령이 그날 대한민국의 경무대를 지키고 있던 주인이었다는 사실은 한국 전쟁에서 대한민국이 생존, 승리할 수 있는 계기를 제공한 것이나 마찬가지였다. 이승만 대통령은 미국에 호소하는 한편 미국에 호통을 쳤다. 잠자고 있던 미국군 원수에게 전화를 걸어 책임지라며 호통을 칠 수 있었던 대통령이 이승만 대통령이었다. 이미 반공주의자인 트루먼 대통령의 국제정치 인식을 감 잡고 있었던 이승만 대통령은 먼저 대한민국 국군이 잘 싸우고 있다는 사실을 강조한 후, 미국이 한국을 지원해 달라고 호소하고 북한의 남침을 '세계평화에 대한 파괴행위'로 정의했다. 그리고 나서 이승만 대통령은 미국은 이번 기회를 맞이해서 '효과적'이고 '시기에 맞는 원조'를 제공해야 할 것이라고 강조했던 것이다. 트루먼이 좋아하는 말을 골라 쓴 이승만의 호소문은 미국의 한국전 참전 결정을 더욱 확고한 것으로 만들었음이 분명하다. 트루먼 대통령이 이승만 대통령의 편지 내용을 듣고 장면 대사를 위로한 말은 미국의 지원이 확실한 것임을 이미 암시하고 있었다.

전쟁기간 내내 권총을 소지했던 이승만 대통령

　이승만 대통령과 한국 정부 관리들의 눈물겨운 노력에도 불구하고 전세는 불리하게 진전되어 이승만 대통령은 피란을 가지 않을 수 없었다. 서울은 27일 북한군 수중에 함락되고 말았다. 대전으로 피난한 이승만 대통령은 6월 27일 밤 대전에서 잠자리에 들며 모젤 권총 한 자루를 꺼내 베게 밑에 두었다. 전쟁이 시작된 이후 처음 잠자리에 드는 것이었다. 이때 대통령이 총을 꺼내 베개 밑에 넣는 것을 비서가 보았다. 비서는 "각하 이게 무슨 일입니까?" 물었다. 대통령은 "어, 자네가 보았구먼. 권총이야. 내 아까 누구보고 얘기하여 한 자루 구해 달라고 했지. 급해지면 나도 한두 놈쯤 거꾸러 뜨릴 수 있지 않겠어. 마지막 남은 총알은 우리 몫이고…" 이승만 대통령은 이때부터 3년 동안 권총을 침대 머리 시트 밑에 숨겨놓고 잠자리에 들었다.61)

　전시 대통령의 사생관(死生觀)을 알 수 있게 하는 부분이다. 이승만 대통령은 6월 27일 저녁부터 대전에서 전쟁을 지휘한 후 7월 1일 다시 부산으로 이동을 시작했다. 이 같은 처절한 상황에서 국가를 이끈 경험을 해 본 지도자가 세계 역사에서 몇 명이나 될까? 한국 전쟁은 그야말로 완전 군장을 갖춘 북한 공산군이 소련과 중국의 적극적인 지원을 받아 일으킨, 국제 공산주의의 확장을 위한 침략전쟁이었다. 대한민국은 이에 맞서 6·25 노래의 가사처럼 '맨 주먹 붉은 피로' 적들에 대항해 싸웠다. 6·25 한국 전쟁은 3년 1개월 2일 동안 지속된, 인명 피해 사상 세계 7대 전쟁에 포함되는 대 전쟁이었다.

국가존망 및 자신의 목숨까지도 위태로운 상황에서 전쟁을 이끈 이승만 대통령은 결국 대한민국을 지키는데 성공했다. 대한민국을 건국했고, 건국하자마자 채 2년도 되기 전에 대한민국을 소멸시키고 말겠다는 적국의 침략을 받아 3년 이상 전쟁을 치르고 그 전쟁에서 나라를 구한 지도자는 과연 그 이후 나라에 대해 어떤 생각을 갖게 되었을까? 이승만 대통령이 전쟁 기간 동안 보여준 행동에 일부 비민주적인 측면이 있었던 것은 사실이지만 전쟁을 치르는 지도자가 피난지 임시 수도인 부산에서 국회를 열도록 했다는 사실을 보면, 이승만 대통령은 역시 민주주의에 투철한 지도자였음을 부인할 수 없을 것이다.

전쟁 기간 동안 한국군은 정말 용감했다. 프랑스 기자는 당시 '미국군의 물자, 영국군의 근엄성, 한국군의 용맹함'을 보고 이 전쟁은 대한민국의 승리로 끝날 것이라고 예측했다고 회고하고 있다.[62]

한국군이 용맹했다는 사실은 군 통수권자에 대한 충성심에서 유래하는 바가 대단히 컸을 것이다. 신생 대한민국 국민들은 이승만 대통령을 믿었고 그의 지도하에 전쟁의 고난을 감내했던 것이다.

이승만 대통령의 노력, 그리고 국제정치적 위기에 대응하는 트루먼 대통령의 결정으로 미국은 비교적 신속하게 한국 전쟁 참전 결정을 내렸다. 전쟁 발발 단 5일 후인 6월 30일 미국은 한국 전쟁에 미국 지상군을 참전시키기로 결정했다.[63]

이승만 대통령,
맥아더 장군에게 작전지휘권을 넘기다

국가의 죽음은 국제정치의 일상

미국군이 한국 전쟁에 참전하기로 결정한 날, 대한민국은 죽음의 문턱에서 살아난 것이나 마찬가지다. 미국의 여성 국제정치학자인 타니샤 파잘 교수가 저술한 『국가의 죽음』[64]이라는 책이 있다. 근대 국제체제가 형성된 1816년부터 서기 2000년에 이르는 동안 국제체제에 존재했던 국가들이 어떻게 사멸(死滅)되었는가에 관한 탁월한 연구서다. 파잘 교수는 이 기간 동안 국제체제에서 존재했던 나라의 숫자가 모두 207개 국가였는데 그 중 30%에 해당하는 72개 국가들이 각종 이유로 멸망했다는 사실을 밝혀냈다. 멸망한 72개 나라 중 75%에 해당되는 50개국이 이웃나라에 의해 죽음을 당한 것도 발견했다. 국제정치의 세상은 참으로 잔인하다는 것을 증명하는 책이다.

1910년 이씨 조선도 이웃 국가의 폭력에 의해 죽은 나라의 통계에 포함된다. 만약 1950년 7월 1일 미국이 한국을 도와주러 오지 않았다면 파잘 교수의 목록에 이웃 국가의 공격 때문에 죽은 나라가 한 나라 더 추가되었을 것이 100% 확실하다. 역사는 만약이없다지만 그래도 만약 그때 대한민국이 사멸했다면 지금 우리는 어떻게 되었을까?

미국을 떨떠름하게 생각했으며, 사실상 반미주의 입장을 견지했던 노무현 대통령이 2003년 5월 미국을 방문했을 당시 "한국 전쟁 당시 미국이 한국을 구하러 오지 않았다면 나는 이 자리에 있을 수 없었을 것입니다."라고 말했다.

한미 양국군 합동작전의 필요성

한국 전쟁에 미군이 개입한 이후 양국군 간에는 긴밀한 합의 하에 작전이 이루어져야 할 필요가 있었다. 한미 양국군은 1950년 7월 1일 연합작전을 수행하기 위한 주요 합의를 했다. 이날 합의 내용은 '한국군은 가능한 오래 한강 전선을 지탱한다 한국군은 경부 국도 연변에서 적을 저지하면서 미 24사단의 진출을 엄호한다.' 등이었다.[65]

한국군은 후퇴하는 중에도 신속한 부대 재편성을 시작했고 한국군 병력은 신속하게 증원되었다. 이승만 대통령의 계획대로 국민들의 총력전 태세도 만족스럽게 이루어졌다.

전쟁 발발 약 3주 동안 국군과 UN군은 지연전을 전개했다. 7월 7

일 개최된 UN안전보장이사회는 UN군 사령부 설치에 대한 결의안 84호를 채택했다. 이 결의안은 UN안보리를 대신, 한국에서의 침략자와 전쟁을 수행하는 권한을 미국 대통령에게 위임하고, 회원국들이 파견한 군대는 미국의 통일된 지휘체제 아래 둔다는 것이었다.

이 같은 상황이 진행되자 이승만 정부는 국군의 작전지휘권 이양 문제를 검토하게 되었다. 7월 14일 한국군 육군본부는 대구로 이전, 미8군 사령부 인접지역에 개소하여 합동회의를 가졌다. 사실상 이때부터 한국군은 UN군의 각 구성군과 통합 작전에 들어간 상황이었다. 이 같은 여건을 감안한 이승만 대통령은 이날 전쟁을 승리로 이끌기 위한 전시하의 정책적 조치로서 우선 정일권 참모총장에게 UN군 사령부의 지휘를 받으라는 명령을 구두로 하달한 후,[66] 주한 미국 대사를 통해 맥아더 원수에게 정식으로 국군의 작전지휘권을 현 작전 상태가 지속되는 동안 이양한다는 서한을 전달했다.

서한의 내용은 "대한민국이 UN의 공동 군사 노력에 있어, 한국 내 혹은 한국 근해에서 작전 중인 UN 군의 모든 부대가 귀하에게 통솔되고 귀하가 그 최고 사령관에 임명되어 있는 사실을 감안하여, 본 직은 현재의 작전 상태가 계속되는 동안, 일체의 지휘권을 위촉함을 기쁘게 생각함과 동시에, 이 같은 지휘권은 귀하 자신 또는 귀하가 한국 내 또는 한국 근해에서 행사하도록 위임한 여러 사령관이 행사함이 옳다고 생각합니다."[67]라고 되어 있었다.

이승만 대통령이 작전지휘권을 UN 군 사령관인 맥아더 장군에게 위임한 것은 미국군을 한국 전쟁에 불러들인 것과 같은 맥락에서 해석할 수 있는 일이다. 사실상 미국군에게 한국 전쟁 수행의 책임을 맡겨 놓는 방법이 가장 안전한 전쟁 수행 방법일 수 있을 것이다. 전투의 현장에 있는 사령관은 그 전쟁에서 '승리'한다는 것 이외에 다른 목적을 추구하지 않는다는 것이 정통적인 군사 이론의 기본이다. 특히 맥아더 장군은 "전쟁에서 승리 이외의 대안은 없다(In war there is no substitute for victory)."**68)**라는 금언을 남겼을 정도로 전쟁에서의 군사적인 승리에 집착하는 인물이었다. 이승만 대통령은 한국군의 작전지휘권을 맥아더 장군에게 이양함으로서 미국에 한국 전쟁 수행 책임을 전적으로 맡기려는 의도를 가지고 있었다.

물론 군 통수권자가 자신의 군사 지휘권을 외국 군 지휘관에게 이양하는 경우 이는 고도의 전략적 판단 없이는 이루어질 수 없는 일이다. 이승만 대통령은 작전권 이양에 관한 서한을 우선 신성모 국방장관과 정일권 참모총장에게 보여주고 그들의 견해를 구했다.

정일권 참모총장은 몇 가지 문제가 있을 것이라는 점을 지적했다. 이에 이승만 대통령은 "문제가 왜 없겠는가 나도 그 점을 생각하고 있다."고 말했다. 정일권 장군은 "우리 국군의 자체 편제라든지 인사 문제는 절대로 보장되어야 합니다. 우리 국군이 꼭 필요하다고 생각되는 작전을 우리 뜻대로 할 수 없는 불편도 각오하지 않을 수 없게 됩니다."**69)**라고 말했다. 이승만 대통령은 "그렇지만 이 중대한 때에 우리는 미군을 비롯한 참전군의 힘을 빌릴 수밖에 없는 처지요. 그러니 그러한 불편을 겪더라도 그들과 작전을 원만히 해 나가는 것이 더 중요한 것이므로 이 결정을 내린 것입니다."

이 대통령은 잠시 말을 끊었다가 "나는 필요하다고 생각할 때는 언제라도 작전지휘권을 되찾아 올 것입니다. 이점을 유의해서 앞으로 미군과 잘 협조하여 이 난국을 헤쳐 나가기 바랍니다."[70] 라고 말했다.

정일권 장군과 이승만 대통령의 대화는 이승만 대통령이 작전지휘권을 이양하는 것이 전쟁의 성공적인 수행을 위한 조치일 뿐이며 언제라도 자신의 의지에 의해 다시 찾아 올 수 있다는 결의를 보여준다.

이승만 대통령은 "대한민국을 위한 UN의 공동군사 노력에 있어 한국 내 또는 한국 근해에서 작전 중인 육·해·공군 모든 부대는 귀하(맥아더 장군)의 통솔 하에 있으며 또한 귀하는 그 최고 사령관으로 임명되어 있음에 비추어 본인은 현 적대행위 상태가 계속되는 동안 대한민국 육·해·공군의 모든 지휘권을 이양하게 된 것을 기쁘게 여기는 바이다."[71]는 내용의 편지를 보냈다. 그리하여 1950년 7월 14일 부로 국군의 작전지휘권을 맥아더 사령관에게 이양했다.

이승만 대통령의 편지를 읽은 맥아더 장군은 7월 18일 무쵸 대사를 통해 이승만 대통령의 결정을 영광으로 생각하는 바이며 UN군의 종국적인 승리를 확신한다는 요지의 답신을 보냈다. 이승만 대통령의 서한과 맥아더 장군의 회답은 7월 25일 UN 사무총장에게 전달되어 안보리에 제출됨으로서 공식화되었다.

총참모장 정일권 장군은 즉시 육군본부 참모회의를 소집하여 제1 군단장 김홍일 장군과 제2 군단장 김백일 장군에게 작전지휘권 이양은 UN군과의 연합 작전을 위한 불가피한 결정이었음을 강조하고, 이를 각 사단장들에게 일제히 하달했다.[72]

한국 전쟁이 발발한 직후 딱 한 달 사이에 이승만 대통령의 전쟁 목표인 미군의 한국전 참전, 미군 주도의 전쟁 수행이라는 두 가지 목표가 이루어졌다. 6월 30일 미국의 한국 전쟁 참전 결정이 있었으며 한국 전쟁에 참전한 미군 사령관이 한국군 전 병력을 공식적으로 지휘하게 된 것이 7월 25일의 일이었으니, 단 한 달만에 한국군과 미군은 융합 상태가 되었다. 이제 한국군은 UN군의 일원임은 물론 미군 사령관의 명령을 받아 전쟁하는 군대로 탈바꿈했다. 전쟁 승리를 위한 결정적인 장치가 전쟁 발발 1개월 만에 완성되었다고 말해도 되는 상황이 전개되기 시작한 것이다.

이처럼 한국 전쟁 초기 절박한 상황에서 한국군의 작전지휘권은 UN군 사령관에게 이양되었고, 한국 전쟁은 비록 완전한 승리를 이룩하지는 못했지만, 북한 공산군을 격퇴하고 38선 획정 당시보다 대한민국의 영토가 더 넓어진 상황에서 휴전을 맞이하게 된다. 한국 전쟁이 끝난 이후 UN군 사령관은 전시 및 평시 한국군에 대한 작전 통제권을 지속적으로 행사하고 있었다.

1970년대 제 3세계 및 공산 세력이 확장됨에 따라 UN은 한국문제를 제대로 처리하는 국제기구로서의 기능을 제대로 할 수 없게 되었다. 이 같은 상황을 반영하여, 1978년 한미 양국은 한미연합사를 만들어 변화하는 한반도 안보 상황에 대처하고자 했다.

한미연합사 체제 아래 미군 사령관은 전시와 평시 한국군의 작전 통제권을 행사했다. 그러다가 미군 측은 평시의 작전 통제는 한국군이 행사할 것을 요구하기 시작했고 1994년 12월 1일, 평시작전 통제권은 한국군으로 이양되었다. 그 이후 평시에는 한미 양국군 사령관이 각각 자국의 군대를 지휘하다가 전쟁이 발발하면 주한 미군 사령관이 한국군을 작전 지휘하기로 되어있는 구조가 지금까지 지속되고 있는 중이다.

2012년 4월 17일 전시작전 통제권을 찾아오기로 한 노무현 정부의 감상주의

노무현 정부 당시 한국은 전시작전 통제권을 미국으로부터 받아온다는 졸속 결정을 내린 바 있었다. 한국의 안보상황이 불안정함에도 불구하고 내려졌던 이 결정은 이명박 정부에 의해 2015년 12월 1일로 연기되었다. 노무현 정부가 찾아오기로 했던 전시작전 통제권을 한국군이 단독 행사하기로 예정되었던 날, 그리고 한미연합사가 해체되기로 예정되었던 날은 2012년 4월 17일이었다. 필자는 4월 17일이라는 특이한 날짜를 택한 것이 비정상이라고 생각하고 있었다. 한국군이 전시작전 통제권을 행사하기 위해서는 엄청난 국방 예산이 더 들어갈 일이며 예산 집행 등 제반 사안을 고려할 때 도무지 4월 17일이라는 특정 날짜가 선택된 이유를 이해할 수 없었다. 필자는 전시작전 통제권을 한국군이 행사하겠다며 미국으로부터 이를 받아낸 사람들이 혹시 이승만 대통령이 작전권 이양 편지를 보낸 7월 14일을 거꾸로 읽어서 4월 17일이라는 날짜를 찾아낸 것이 아닌가 생각하고 있다. 물론 필자는 이런 결정을 한 사람들에게 "왜 하필 그 날짜냐?"고 물어볼 기회는 없었다.

만약 필자의 상상이 사실이라면 이들은 국가 안보라는 중대한 문제를 감정적 차원에서 졸속 처리한 책임을 지지 않을 수 없을 것이다. 마치 국권이라도 되찾아 오는 듯 생각했을지도 모른다. 그러나 국가 안보는 감정으로 처리할 수 있는 문제가 아니다. 죽고 사는 일이 걸려있는 사안이기 때문이다.

또 하나 전시작전 통제권을 '환수'한다는 말을 쓰곤 하는데 이 말역시 옳은 것은 아니다. 미국군은 전시작전 통제권을 가져간 적도 행사한 적도 없기 때문이다. 실제로 미국 측은 노무현 정부가 작전권을 돌려 달라고 하자 '우리가 전시 작전권을 가져간 적이 없다'는 식으로 대꾸했다.

한국 전쟁 이후 한반도에 전쟁이 다시 발발한 적이 없기 때문에 미국군은 '전시작전 통제권'을 행사한 적이 없다. 전시작전 통제권을 미국군에게 귀속시킨 전략적 이유가 바로 여기에 있다. 전쟁이 발발하는 순간 한국군 전체가 미국군이 되는 것이나 마찬가지인 장치를 만듦으로서, 사전에 북한의 전쟁도발 야욕을 억제하는 것, 그래서 전쟁이 없게 하는 것 이것이 바로 전시작전 통제권을 미국군이 행사하도록 한 전략적 의미인 것이다.

이승만 대통령의 국군 작전지휘권 이양의 심오한 의미

현재 사용되는 용어는 '전시작전 통제권(Wartime Operational Con-trol)'이지만 이승만 대통령이 맥아더 장군에게 이양한 것은 '전시작전 지휘권(Wartime Command Authority)'이라고 불렸다. 이 두 가지가 본질적인 차이가 있는 개념들은 아니다.

그렇다면 왜 이승만 대통령은 국군의 작전지휘권을 UN군 사령관에게 이양했을까? 이승만 대통령이 직접 그 이유를 밝힌 기록을 남기지 않았지만 당시 국제상황, 한반도 상황을 살펴보면 이승만 대통령이 결단을 내린 이유를 추론할 수 있다. 이승만 대통령은 대한민국 최초의 미국 국제정치학 박사라는 그의 타이틀이 증명하듯 국제정세 판단에 탁월한 식견을 가지고 있는 전문가였다.

이승만 대통령은 이미 북한이 전쟁을 일으킬 것을 예견하고 있었고, 북한이 전쟁을 일으킬 경우 이 기회를 통일의 기회로 만들겠다고 마음먹고 있었다. 이승만 대통령은 이 같은 견해를 미국과 UN에 알렸고 이들을 설득, 한국 전쟁이 발발하자마자 신속한 지원을 얻어내는데 성공하였다.

UN 안전보장이사회는 한국에 파견될 UN 회원국 군대를 지휘할 UN군 사령부를 설치했고 UN의 위임을 받은 미국은 1950년 7월 8일 이승만 대통령의 친한 친구인 맥아더 원수를 UN군 사령관에 임명했다. 이승만 대통령은 이때부터 기지를 발휘한다. 비록 UN에 가입하지는 않았지만 한국군을 UN군 사령관인 맥아더 장군의 지휘아래 둠으로써, 한국군을 UN군의 일원으로 만들고 한국을 UN의 일원으로 만드는 효과를 발휘하고자 한 것이다.

UN에 의해 정식 승인을 받기는 했지만 소련의 지속적인 거부권 행사로 UN 회원국이 되지 못하고 있던 한국의 처지를 잘 알고 있던 이승만 대통령은 한국에서 UN군 지상군 부대를 통합 지휘할 미8군 사령부가 대구로 이동한 다음날인 1950년 7월 14일 무츄 미국 대사를 통해 UN군 사령관 맥아더 장군에게 국군의 작전지휘권을 이양하는 서한을 보냈던 것이다. 이승만 대통령은 서한에서 "현재의 적대 행위가 계속되는 동안 한국의 육·해·공군에 대한 작전지휘권을 UN군 사령관에게 위임한다"는 조건부로 작전지휘권을 맥아더 장군에게 넘긴 것이다. 맥아더 장군은 7월 18일 이를 수락하는 답신을 보냈다. 맥아더는 "한국군의 작전지휘권 이양에 관한 대통령의 결정을 영광으로 생각하며, UN군의 최종 승리를 확신한다"고 답했다.

7월 25일 UN사무총장을 경유한 이 대통령과 맥아더 장군의 서한은 UN 안보리에 제출되어 공식적인 승인을 받았다. 이승만 대통령 연구의 권위자인 남정욱 박사는 "이렇듯 이승만 대통령의 작전지휘권 이양은 주권의 포기가 아니라 UN 회원국이 아닌 한국에게 UN 회원국의 자격을 줬고, UN군이 아닌 국군에게 UN군의 일부로 싸울 수 있는 여건을 제공함과 동시에, 미국 주도의 UN군에게 전쟁에 대한 무한 책임을 지우려는 이 대통령의 심모원려(深謀遠慮, 깊은 꾀와 먼 장래를 내다보는 생각)에서 나온 조치"라고 평가하고 있다.[73]

미국이라는 나라의 속성을 잘 알고 있고 맥아더 장군의 전쟁 철학을 잘 이해하고 있는 이승만 대통령은 미국을 잘 활용하면 전쟁에서 승리할 수 있을 뿐 아니라 한반도 통일을 이룩할 수 있으리라고 생각했다. 그러기 위해서 우선 한국 전쟁에 개입한 미국을 확실하게 한반도에 묶어 놓을 필요가 있었다.

미국은 최대 32만 명의 병력을 한국의 전쟁터에 파병했지만 한국 전쟁에 참여했던 우리 측의 최대 병력은 역시 한국군이었다. 한국군은 맥아더 장군의 지휘를 받게 됨으로써 UN군이자 미군이 된 것이나 마찬가지였었다. 수십만 명의 한국군 대병력의 지휘를 책임지게 된 맥아더 장군의 한국 전쟁 수행 목표는 그의 전쟁 철학처럼 '승리 이외의 대안은 없다'는 것이었다.

▲ 한국전쟁 당시 5형제 모두가 한국전쟁에 참전했던 미국인 가족사진
　저자가 하와이에서 사진 전시 중인 것을 촬영한 것이다.

이승만 대통령,
국군의 38선 돌파를 명령하다

이승만의 38선 돌파명령과 작전통제권

한국 전쟁이 발발 한 지 1개월이 채 지나지 않은 시점에서 이승만 대통령의 결정에 의해 한국군의 작전지휘권이 미군에게 귀속되는 조치가 취해졌지만, 이 조치를 위반한 첫 번째 사례가 나타날 때까지는 불과 3개월도 걸리지 않았다. 이승만 대통령은 작전권 이양을 결심한지 2개월 보름 만인 1950년 10월, 미국군 사령관의 명령과 관계없이 대한민국 국군에게 38선을 돌파해서 북진하라는 명령을 내린 것이었다. 전시에서 발발한 이 같은 사실이 군사법적인 문제점이 되지 않은 채 넘어갔지만 이는 엄밀한 의미에서 지휘 계통을 문란케 한 사건이라고 보아도 될 엄중한 일이었다.

물론 이승만 대통령은 7월 10일 미군과 한국군이 지속적으로 패퇴하며 지연작전을 벌이고 있는 상황에서 "이제 38선은 자연 해소 되었다."[74] 고 선언한바 있었다. 1950년 10월 1일 이승만 대통

▲ 부모를 잃고 울고 있는 전쟁고아
북한이 도발한 6·25 한국전쟁의 피해는 이처럼 참담했다. 이 아이는 지금
70대 후반이 되었을 것이다.

령은 38선을 존재하는 선이라고 인식하지 않았다. 이승만 대통령
은 7월 13일에도 "북한의 공격으로 과거의 경계는 완전히 사라졌
으며, 분단된 한국에서 평화와 질서가 유지될 수 없다."[75]고 말한
바 있었다.

　미군 사령관인 맥아더 장군도 38선을 넘어 공격할 의향이 있다
는 사실을 밝힌 적이 있었고, 트루먼 대통령도 이미 7월 17일 국가
안전보장 회의에 "UN군이 38선에 도달할 경우 어떻게 할지에 대해
연구하라"는 지시를 내린바 있었다.[76]

　1950년 8월 부산 방어선을 사수하는데 성공한 UN군은 1945년 9
월 15일 맥아더 장군의 대전략에 힘입어 인천상륙작전에 성공함으

로서 한국 전쟁의 전세를 대역전시키는데 성공한다. 그렇지 않아도 남한 깊숙이 진격한 북한 인민군은 그 보급로가 너무 길어짐에 따라 작전에 곤란을 느끼던 상황이었는데 인천상륙작전의 성공은 인민군의 보급로를 아예 허리 부분에서 차단해 버리는 결과를 얻은 적전 상의 대성공이었다. 전라남북도 지방을 장악하고 있던 인민군들은 결국 산으로 들어가서 빨치산이 되었고, 대구 인근 지역까지 진출한 인민군은 궤멸될 처지에 놓이게 되었다.

한국군은 9월 28일 서울을 탈환하고 일로 북진 공격을 개시한다. 한국군은 곧 바로 38선에 도달하게 되었고 38선에 도달함으로서 한국 전쟁은 다시 기로에 도달한다. 38선을 다시 회복하는 것이 UN이 공식적으로 선언한 전쟁 목표가 되어야 할 것인지 38선 이북으로 전쟁을 확대할 것인지는 이미 순수한 군사적 고려를 넘는 정치 문제로 비화했다. 이 순간 이승만 대통령이 발휘한 기지는 단순이 전시 외교의 성격을 넘어 전쟁 지도자, 군사 지도자로서 이승만 대통령의 역량을 말해주는 계기가 된다.

38선 돌파는 이미 이승만 대통령의 외교업무 목록에 올라 있었다. 미국이 참전하자마자 이승만 대통령은 기다렸다는 듯이 38선 폐지론, 무용론을 주장했는데 이승만 대통령은 혹시 38선이 한국군과 UN군의 북진에 장애 요소가 될지도 모른다고 생각했었다. 그래서 이승만 대통령은 아직도 패퇴 중이던 7월 19일 트루먼 대통령에게 편지를 보내 38선 돌파의 당위성을 피력했다. 이승만 대통령은 "소련의 후원으로 수립된 북한 정권이 무력으로 38선을 파괴하면서 남침한 이상 이제는 38선이 더 이상 존속할 이유가 완전히 없어졌다. 전쟁 이전의 상태로 돌아간다는 것은 도저히 있을 수 없는 일이다."고 주장, 38선 돌파의 당위성을 강조했다.[77]

트루먼 대통령이 1950년 9월 1일 정책연설에서 한국은 그들이 원하는 만큼 자유롭고, 독립적이며 통일할 권리를 보유하고 있다고 화답했는데 이승만 대통령의 외교적 노력이 성과를 거둔 것이라고 말할 수 있을 것이다. 이승만 대통령은 인천상륙작전이 성공한 뒤인 9월 20일 열린 인천상륙작전 경축대회에서 다시 38도선이 무의미해졌다고 주장했다. "지금 세계 각국 사람들이 38도선에 대하여 여러 가지 말들을 하고 있으나 이것은 다 수포로 돌아갈 것이다.… 우리가 38도선에 가서 정지할 리도 없고 또 정지할 수도 없는 것이니, 지금부터 이북 공산도당을 다 소탕하고 38도선을 압록강 두만강까지 밀고 가서 철의 장막을 쳐 부술 것이다."[78]

이승만 대통령의 일관성 있는 38도선 무시 주장은 전투가 벌어지고 있는 현장에서 상황의 논리에도 영향을 받지 않을 수 없었을 것이다. 미국도 결국 "소련이나 중공이 북한으로 그들의 군대를 투입하지 않거나 그렇게 하려는 의도를 발표하지 않는다면"이라는 조건아래 "UN군 사령관에게 그러한 작전(38선 돌파)을 실시하도록 인가해야 한다"라고 밝혔다.[79] 미국과 UN의 38도선 돌파는 조건부 승인이었다.

이승만 대통령은 서울 수복을 기념하기 위해 9월 29일 오전 중앙청에서 거행된 서울 환도식이 끝난 후 맥아더 장군에게 "지체 없이 북진을 해야 한다"고 말했다. 맥아더 장군은 "UN이 38도선 돌파 권한을 부여하지 않았다"며 반대의사를 표명했다. 그러자 이승만 대통령은 "UN이 문제를 결정할 때까지 장군은 휘하 부대를 데리고 기다릴 수 있지만, 국군이 밀고 올라가는 것을 막을 사람은 아무도 없을 것 아니요. 여기는 그들의 나라요. 내가 명령을 내리지 않아도 우리 국군은 북진할 것이요"라고 말했다.[80]

이승만 대통령은 이 같은 명쾌한 논리와 벼랑 끝 전술로서 맥아더 장군을 협박하기도 하고 설득하기도 했다. 이승만 대통령은 9월 29일 오후 육군본부에 들러 정일권 참모총장 이하 참모 장군들에게 38선의 존재 여부를 물었다. 이들은 모두 38선의 존재를 인정치 않는다고 답을 했고 대통령은 기뻐하면서 정일권 참모총장에게 북진 명령을 내렸다.

다음날인 9월 30일 이승만 대통령은 부산의 경무대로 장군들을 호출했다. 이 대통령은 간밤에 38선에 도달한 부대가 어떤 부대인가를 묻고 이 부대를 표창하라고 했다. 그런데 갑자기 이승만 대통령은 "그런데 정 총장, 정 총장은 어느 쪽인가, 미군 쪽인가?"라고 질문했다. 이승만 대통령은 "38선에 도달한 우리 국군에게 어찌해서 북진하라는 명령을 하지 않소? 38선 때문인가 아니면 다른 이유 때문인가?" 이 질문에 정일권 장군은 "38선 때문입니다."라고 대답했다. 이승만 대통령은 격노하여 "38선이 어찌 됐다는 것인가? 무슨 철조망이라도 쳐 있다는 말인가?"라며 장군들을 꾸중했다. 정일권 장군은 그때처럼 이 대통령이 노여워하는 것을 본 적은 그 전에도 그 후에도 없었다.[81]고 회고했다.

군수 국장인 양국진 대령이 "각하, 좀 더 신중히 검토한 다음에 결정해야 할 문제라고 생각합니다."라고 말하자 이승만 대통령은 얼굴이 굳어졌다. 대통령은 마지막으로 정일권 장군의 견해를 물었다. 정일권 참모총장은 "저희들은 대한민국 국군입니다. UN군과의 지휘권 문제가 있습니다만 각하의 명령을 따라야 할 사명과 각오를 가지고 있습니다…"고 대답했다.[82]

이승만 대통령은 잠시 후 결론을 내렸다. 이승만 대통령은 작전권을 맥아더 장군에게 위임한 이유를 다시 설명한다. "나는 맥아더 장군에게 우리 국군의 지휘권을 맡기기는 했으나 내가 자진해서 한 것입니다. 따라서 되찾아 올 때도 내 뜻대로 할 것이요. 지휘권을 가지고 이러쿵저러쿵 따질 일이 없습니다. 그러한즉 대한민국 국군인 여러분은 대한민국 대통령의 명령만 충실히 지켜주면 되는 것이요."[83]

물론 이승만 대통령의 이 같은 입장을 어떻게 해석해야 할 것이냐에 대해 논란이 발생할 수 있다. 이승만 대통령이 국제법, 국제정치 전문가인데 자신과 한국 전쟁을 총지휘하는 UN군 사령관의 약속이 이처럼 막무가내로 무시되어도 된다고 생각하지는 않았을 것이다. 그러나 이승만 대통령의 행동이나 언급은 국제법, 국가 간의 약속에 대한 기본적인 상식을 위반하는 처사라고 보아도 될 정도로 막무가내 측면이 있었다.

한 번 위임했던 작전권을 자신이 원한다고 그냥 되찾아 올 수는 없는 일이다. 다만 이승만 대통령이 이 같은 막무가내의 수법을 사용한 것은 전쟁이 진행되는 절박한 상황에서 작전권 문제들은 상황의 논리에 의해 지배받게 될 것이라는 확신과 전쟁을 수행하는 과정에서 확고부동한 목표가 존재했기에 가능한 것이었다. 이승만 대통령이 보유하고 있던 확고부동의 목표는 한국 전쟁은 대한민국이 주도하는 통일로 귀결되어야 한다는 것이었다. 또한 38선은 이미 법적으로 무효라는 신념을 가지고 있었고 이 같은 입장을 여러 차례 미국 측 정책 결정자들에게 강조했다. 즉 미국 고위 정책 결정자들 중에서 이승만 대통령이 38선을 돌파하지 않을 것으로 믿는 사람은 하나도 없는 상황을 이승만 대통령은 스스로 만들어 놓았다.

이승만 대통령은 한국군 장성들의 견해를 들었고 그들의 대한민국에 대한 그리고 이승만 대통령 자신에 대한 충성심을 확인했다. 대한민국 국군이 자기 땅에서 38선을 돌파하는 것을 미국 사령관이 어떻게 할 수 없으며, 한국군이 38선을 돌파하는 경우 그것은 전쟁의 기정사실이 될 것이며, 결국 미군과 다른 나라의 UN군도 38선을 넘지 않을 수 없을 것이라고 이승만 대통령은 확신했던 것이다.

10월 1일 맥아더 장군은 북한군에게 항복을 권고할 계획이었다. 북한이 이에 불응하는 경우 10월 2일자로 38선 돌파를 명령할 예정이었다. 맥아더 장군은 계획대로 10월 1일 북한에게 항복을 권고, 즉시 무기를 버리고 전투행위를 중지하라고 요청했다.[84] 북한은 물론 이에 응하지 않았다.

통일전쟁의 시작

한국군이 먼저 38선을 돌파했다. 1950년 10월 1일 오전 11시 25

분의 일이었다. 정일권 참모총장은 김백일 장군에게 38선 돌파 명령을 내렸다. 김백일 군단장은 23연대 김종순 대령에게 명령을 내렸다. "23연대장 제 3사단을 대신하여 귀 연대에 북진 명령을 내린다. 38선을 돌파하라. 38선은 이 순간부터 없어진다."[85] 한국군 3사단 26연대는 이렇게 38선을 돌파한 최초의 부대가 되었다.

　미국 측 장성들은 38선 돌파 문제에 대해 복잡한 마음이었다. 38선을 넘게 될 경우 소련과 중공이 개입할 가능성이 높아지고 그것은 3차 대전으로 비화될지도 모를 일이었기 때문이었다. 특히 영국을 포함한 영연방 국가들은 이 같은 주장을 강하게 제기했다. 미국 내의 의견은 38선 돌파에 관한 견해가 심각하게 대립되는 상황이었다. 다만 맥아더 장군을 비롯한 미 극동군사령부는 북진론을 내세웠다. 맥아더 장군이 선호하던 바는 무력을 사용해서 한국을 통일시키는 것이었다. 미국 트루먼 대통령은 9월 21일 기자회견에서 38선 돌파는 UN의 결정사항이지 자신의 결정 사항은 아니라고 언급했다.[86]

　이처럼 미국 측이 38선 돌파에 관한 정확한 결정을 내리지 못하고 있는 상황에서 이승만 대통령은 9월 29일 이미 한국군 지휘부에게 38선을 즉각 돌파하라고 명령내렸고 한국군 수뇌부는 이승만 대통령의 명령에 복종했다. 결국 1950년 10월 7일 저녁 미군 제1 기병사단 정찰대가 개성 북방 숙영지에서 38선을 넘었고 10월 9일 오전 미 제1 기병사단의 예하 각 연대는 38선을 전면적으로 돌파했다.[87]

　UN 총회에서도 10월 7일 연합군의 38도선 돌파를 승인하는 결의안을 가결하여 본격적인 북한 수복작전이 가능토록 했다. 한국 전쟁은 이제 본격적으로, 그리고 합법적으로 이승만 대통령이 목표로 삼았던 통일전쟁의 단계로 접어들게 되었다.

6·25 전쟁 초기 미국의 전쟁 목표는 전쟁 이전 상태의 회복이었다. 당시 미국 합참의장 브래들리 장군은 맥아더 청문회에서 미국의 군사목표는 침략을 격퇴하고 북한을 38선 이북으로 몰아내는 것이라고 증언했다.

그러나 한반도에서 군사 상황은 38선의 유지가 사실상 무의미한 방향으로 전개되고 있었다. 맥아더 장군이 북진명령을 내린 날 한국 전쟁의 주력군인 한국군은 이미 38선을 넘어 북으로 진격하기 시작한 지 8일째가 되고 있었다.

▲ 끝이 보이지 않는 피난민들

이승만 대통령의 강력한 통일 의지는 한국군의 38선 선제 돌파 명령의 견인차였다. 이승만 대통령의 과감한 38선 돌파 행위는 6·25 전쟁이 휴전으로 종식된 이후에도 북한에 대한 잠재적인 전쟁 억지 요인이 되었다. 북한이 전쟁을 다시 일으킬 경우 그 전쟁은 통일 전쟁이 되고 말 것이라는 대한민국 측의 각오를 북한에게 정확하게 전달한 계기가 바로 이승만 대통령의 38선 돌파 명령이었다.

작전지휘권이 UN군 사령관의 수중에 들어가 있던 상황에서도 한국군은 한국 대통령의 명령을 따라 38선을 돌파했다는 사실 역시 북한의 재 남침을 억제하는 요인이 되었다. 한국군은 한국 전쟁의 전쟁터에서, 궁극적인 순간 스스로 결정하고 행동할 수 있다는 사례를 남긴 것이다.

▶ 38선은 2차 세계대전 끝무렵 소련이 한반도 전체를 차지하는 것을 막기 위한 미국의 고육책이었다.

제 5 장

이승만 대통령, 미국을 한국에 묶어 두다:
한미 동맹의 형성

▲ 한미 양국군의 합동군사 훈련: 미국군은 한국군을 세계 최고의 능력을 가
진 믿음직한 동맹군이라 생각한다.

이승만 대통령, 미국으로 하여금 한국 방위의 책임을 지게하다

한미 동맹은 이승만 외교의 최대 업적

동맹(alliance)에 관해 한국인들이 잘못가지고 있는 인식 중 하나는 '동맹이란 친한 나라들이 맺는 것'이라는 생각이다. 동맹은 친한 나라가 체결하는 것이 아니라 '공동의 적'을 가진 나라가 체결하는 것이다. 심지어 서로 사이가 나쁜 나라들일지라도 '공동의 적'을 가진 나라는 동맹을 맺을 수 있다. 2차 대전 당시 미국과 소련은 전혀 친한 나라가 아니었지만 나치 독일, 군국주의 일본이라는 '공동의 적'이 있었기에 전혀 체제가 다른 미국과 소련조차 동맹 관계를 맺을 수 있었던 것이다. 미국은 독일과 싸우는 소련에게 대대적인 군사 및 전략 물자를 지원했고, 소련을 일본과의 전쟁에도 끌어들였다.

이미 앞에서 살펴본 바와 같이 소련은 일본이 무조건 항복하기 단 6일전인 8월 9일 새벽 0시를 기해 일본에 대해 선전포고를 단행하는 치밀함을 보였다. 겨우 6일 동안 진행된 그다지 치열하지 않은 전투만으로도 소련은 한반도의 절반을 차지하는 횡재를 하게 된다.

동맹이란 '공동의 적을 가진 나라들이 공동의 적에 대해 함께 군사작전을 하자는 약속'이다. 동맹이란 본질적으로 '군사적'인 성격을 가지는 것이다. 앞으로 자세히 설명할 것이지만 미국은 한국과 동맹을 맺음으로써 한국을 공격하는 나라에 대항해서 전쟁을 해야할 임무를 지게된 것이다. 한미 동맹이 거의 70년 동안 지속되다 보니 한미 동맹이 얼마나 중요한 것인지에 대해 감각이 무뎌졌지만 한미 동맹의 형성은 사실상 외교적으로 불가능한 일을 성취한 것이나 마찬가지였다.

약한 나라가 강대국과 동맹을 맺는다는 것은 정말 어려운 일이다. 일본과 영국이 동맹을 맺었을 당시 재미있는 일화가 있다. 1902년 영국은 오랫동안의 '영광스런 고립(splendid isolation)' 정책을 포기하고 동양의 신흥 강대국 일본과 동맹을 맺게 된다. 영국은 유럽 대륙의 균형을 통해 자국의 안보를 보장받고, 유럽 대륙 국가들이 상호 간 힘의 균형을 유지하는 범위 내에서 경쟁을 벌이도록 함으로써 유럽 강대국들의 관심을 유럽 대륙에 묶어놓는 한편, 자신은 세계로 진출한다는 전통적인 외교정책을 가지고 있었다. 이 같은 고립정책은 대단히 유연한 외교술을 요구하며 영국의 행동을 제약할지도 모르는 어떤 동맹도 맺지 않아야 할 것을 요구한다.

다른 나라들과 동맹을 맺는다는 것은 사실은 더 쉽고 편리한 외교정책이다. 어려운 정책인 고립을 택했다는 의미에서 영국인들은 자신의 고립정책(사실은 유럽 대륙에 대한 유연한 간섭정책)을 '영광스런 고립(splendid isolation)'이라 부른다.

당시 일본은 동양의 신흥 강대국이었지만 구미 열강의 입장에서 보기에는 아직도 후진 약소국일 뿐이었다. 그러나 영국이 일본과 동맹을 체결할 수밖에 없었던 국제상황이 도래했다. 점차 동쪽으로 영향력을 증대시켜 태평양에까지 도달한 러시아를 영국 스스로의 힘으로 제압하기에는 한계가 있었다. 일본을 지원해서 러시아의 태평양 진출을 막겠다는 영국의 정책은 영일 동맹을 체결하는 근거가 되었다.

영일 동맹을 체결한 영국은 일본 제국 해군에게 영국제 군함을 제공했다. 미국으로부터 강제 개국을 당한 이후 명치유신을 통해 국력이 날로 증강하고 있던 일본은 이미 청나라를 제압했고 러시아만 제압하면 아시아의 패자(覇者)가 될 수 있는 상황이었다. 영국제 군함으로 무장한 일본 제국 해군은 러시아와 일전의 날을 준비하고 있었다.

그런 일본은 영일 동맹의 체결을 무한한 영광으로 생각했다. 당시 일본의 수준으로 영국과 동맹을 맺는다는 것은 꿈같은 일이었다. 세계 제일의 강대국인 영국과 군사동맹을 체결한 일본은 영국의 지원을 받아 1904년 러일전쟁에서 러시아를 격파하는 기염을 토한다. 일본은 청나라, 러시아를 차례로 격파한 후 아시아의 맹주가 되었다. 국제 정치학자들은 일본이 러일전쟁에서 러시아를 완전 제압한 1905년 이후의 일본을 세계 정치의 강대국 중 하나로 간주한다.

영국과 동맹 체결에 성공한 후 일본의 논평가들은 영일 동맹을 '두꺼비(일본)가 달님(영국)과 결혼한 것'에 비유했다.[88] 도무지 가능하지 않을 것 같았던 일이 이루어진 것이었다. 일본인들을 영일 동맹 체결을 자축하며 즐거워했다. 영국과 동맹을 체결한 일본이 아시아의 패권을 차지하는 것은 따 논 당상이나 마찬가지 일이었다.

한미 동맹은 영일 동맹에 비교해도 동맹 체결 당사자의 실력이 상대가 되지 않을 정도로 일방적인 동맹이었다. 세계 최고의 막강한 강대국과 세계 최하위권의 허약하고 빈곤한 나라가 체결한 방위조약이었다. 물론 미국이 한국과의 방위조약을 기분 좋게 흔쾌히 맺어준 것은 결코 아니다. 한미 동맹 체결은 이승만 대통령이 혼신의 노력을 퍼부은 벼랑끝 외교정책을 통해 이루어낸, 한국 외교 사상 가장 위대한 업적이라고 보아야 할 일이다. 이승만 대통령은 한미 동맹이 체결되는 날 감격에 겨워 대한민국 국민들에게 '여러분들은 이 조약을 통해 두고두고 이득을 보게 될 것이다.'라고 공언했다.

한미 동맹은 이승만 대통령이 공언한 대로 한국 국민들에게 두고두고 이득이 되었다. 우선 북한이 한국을 다시 침략할 엄두를 내지 못했다. 미국이 지켜주겠다고 약속하고 그 약속을 지키기 위해 한국에 미국 군대를 주둔시키고 있는 상황에서 북한이 도발한다면 이는 자살이나 마찬가지였기 때문이다. 1970년대 초반까지는 미군이 휴전선의 일부를 직접지키고 있었다. 1970년대 초 주한 미군의 일부 철수가 있었지만 미군은 지금 이 순간까지도 서울 이북

지역에 주둔함으로써 북한의 공격 루트를 정면에서 차단하고 있는 중이다.

　노무현 정부 당시 서울 이북의 미군은 물론 서울에 주둔하고 있는 모든 미군을 평택 이남 지역의 기지들로 내 보내려는 시도가 있었고, 지금 그 계획들이 비록 원래 계획한 속도대로 이루어지지 않는 상황이지만, 서서히 진행 중에 있다.

　그러나 2012년 6월, 주한 미군 사령관 서먼 장군이 한미연합사의 해체 및 서울 이북의 주한 미군 철군 계획이 수정될 수 있음을 암시한 발언을 했다. 대한민국의 국가 안보를 위해 대단히 고무적인 일이 아닐 수 없다.

　오늘 이 순간에도 우리는 한미 동맹의 덕을 보고 있다. 가장 눈에 띄는 덕은 경제적인 것이다. 대한민국은 비슷한 안보 상황에 있는 국가들 중에서 GDP 대비 국방비 지출이 가장 적은 나라 중 하나다. 한국의 GDP 대비 국방비 지출이 2.7% 정도로 세계 평균 수준이라는 사실은 놀라운 일이지만, 이 같은 놀라운 일을 가능케 해 준 것이 바로 한미 동맹이다. 주한 미군이 한국의 방위를 위해 지출하는 돈은 한국의 국방비와 거의 맞먹는 돈이다. 한미 동맹은 지금 이 순간에도 한국 국민들에게 수백억 달러의 경제적인 도움을 주고 있다고 볼 수 있는 것이다.[89]

동맹이론으로 본 한미 동맹

동맹 관계는 일반적인 국제협력 관계와는 본질적으로 다르다. 어떤 국가들의 관계가 동맹 관계라고 말해질 수 있기 위해서는 동맹국들 사이에서 다음과 같은 조건을 만족시키는 국제 상황이 존재해야 한다. 첫째, 실제적이든 인식에 의한 것이든 '공동의 적국'을 가지고 있어야 한다. 둘째, 동맹국들은 군사적인 행동, 또는 전쟁을 치를 수도 있다는 위기를 생각하고 있어야 한다. 셋째, 동맹국들은 영토, 인구, 전략적인 자원 등에 대한 현상의 유지 또는 현상의 타파에 관해 공통의 이익을 가지고 있어야 한다.[90]

상기 조건들은 '전쟁' 과 관련되는 것이며, 동맹 관계의 본질이란 동맹 형성의 목적이 공격적인 것이든 방어적인 것이든 '함께 전쟁을 치를 수도 있다'는 잠재적인 상황이 상정된 관계인 것이다. 국제정치의 역사상 수많은 동맹 관계를 분석한 후, 학자들은 동맹에 관한 일반 이론들을 추론해 내었다. 동맹의 성질에 관한 이론에 입각하여 한미 동맹 관계의 이론적 성격을 분석해 본다면 아래와 같을 것이다.

국제 정치학자들의 동맹 분류 방법은 첫째, 동맹의 체결에 관한 배경 및 형성 과정, 둘째, 동맹 관계의 통합 정도, 지속 및 종료, 양식 등을 기준으로 삼는다. 러셋 교수는 여러 가지 분류방법을 종합, 국제 체계와의 관련성, 개입의 본질, 조약의 예정된 유효기간, 동맹국의 동등성 정도, 동맹 이전의 관계, 협력과 통합의 종류 및 정도, 동맹의 지속 기간, 동맹 종료의 형태, 미래의 전쟁과 동맹의 형태 등

에 따른 동맹 분류방법을 제시하였다.[91]

미국은 전통적으로 어느 나라와도 동맹 관계를 체결하지 않는다는 정책을 견지해 왔지만 제 2차 세계 대전 이후, 트루먼 독트린을 통해 전 세계적인 개입정책을 전개하기 시작했으며, 그 이후 많은 나라들과 동맹을 체결했다. 공산주의 대제국 소련과 냉전을 수행하는 미국의 목표는 소련이 주도하는 국제공산주의 세력이 더 이상 확장됨을 저지, 즉 봉쇄(Containment) 한다는 것이었고, 이 같은 목표를 위해 미국은 소련 주변에 위치하여 소련의 공산주의 팽창의 위협 아래 놓여있던 수많은 국가들과 동맹을 체결함으로써 이들을 소련의 위협으로부터 지키려 했다. 소련은 유럽과 아시아에 걸쳐 있는 대제국이었기 때문에 미국의 동맹은 유럽, 중동, 남아시아, 동아시아 등 전 지구에 걸치는 세계적인 것이었다.

미국은 중국과 소련의 분규로 인해 공산권의 분열이 가시화되고 미중, 미소 간 데탕트 정책이 전개되기 이전인 1960년대 말엽까지 48개국과 동맹 관계를 체결했으며 1,517,000명의 미군 및 부수 인원이 세계 119개 국가에 주둔한, 그야말로 전 세계적 범위의 동맹 체제를 구축했었다.[92]

미국은 유럽에 대해서는 NATO를 중심으로 하는 집단방위 동맹 체제, 동아시아 지역에 대해서는 미일 안보조약, 한미 안전보장 조약 등 양자적 동맹 관계를 구축하였고, 태평양, 동남아시아, 서남아시아 등에 대해서는 ANZUS, SEATO, CENTO 등 느슨한 양식의 집단 안보조약을 체결했었다. 이러한 동맹을 맺지 않은 나라들의 경우 미국은 그 나라들에게 군사원조를 제공함으로써 미국의 안보 이

익을 지키고자 하였다.[93]

한미 동맹은 미국의 군사기지를 직접 한국의 영토에 설치하고 '당사국 중 어느 일국의 정치적 독립 또는 안전이 외부로부터의 무력공격에 의하여 위협받고 있다고 어느 당사국이든 인정할 때에는 언제든지 당사국은 서로 협의한다.'[94]고 분명하게 명기하지는 않았으나 북한을 잠재적 적국으로 상정하였다.

미국은 냉전 당시 군사동맹의 체결을 통해 미군의 해외기지를 획득했으며,[95] 군사동맹을 기지 확보 수단으로 보는 것은 지금도 마찬가지인 것이다. 냉전이 최고조에 이른 1960년대 말엽 미국이 보유했던 해외 기지의 숫자는 동아시아 지역만도 50곳이 넘었고 한반도는 냉전의 최첨단 지역에서 미국에 군사기지를 제공하는 중요한 역할을 담당하였다.

동맹 관계의 유형에는 협상, 방위 동맹, 중립, 불가침 조약이 있다. 한미 동맹은 "당사국은 단독적으로나 공동으로나 자조와 상호 협조에 의하여 무력공격을 방지하기 위한 적절한 수단을 지속 강화시킬 것이며…"라고 언급함으로서 한미 동맹은 이름 그대로 방위동맹의 성격을 가진다. 즉 공격 전략을 가정하지 않으며 외부의 선제공격에 의해서만 실질적으로 작동되는 동맹인 것이다.

대부분의 경우 동맹의 지속기간이 한정적으로 명기되는데,[96] 한미상호방위조약은 어느 당사국이든지 종료를 원할 경우 1년 전에 통지하게 되어있다. 통지가 없을 경우 무기한 유효하다.

동맹지속기간을 분명하게 표시 했느냐의 여부가 동맹의 강도와 직접 관련이 있는 것은 아니다. 다만 약소국의 경우 급변하는 국제

질서 하에서 상당 정도 지속 기간이 표시되어 있는 동맹의 경우가 충격 완화를 위해서 더 유리할 수 있을 것이다.

한미 동맹은 조약상 쌍무적이며 상호적이다. 그러나 실제적으로 한미 관계는 한국이 미국에 압도적으로 의존하는 관계이며 미국은 실질적인 안보의 보증인(guarantor) 역할을 담당하였다. 즉 한국의 경우 한미 동맹은 사활(死活)의 이익이 걸린 문제였고, 미국의 경우는 중요하기는 하나 사활적인 수준에는 미치지 않는 이익 관계였던 것이다.

한미 동맹은 그 통합정도가 아주 높은 동맹 중 하나이다. 동맹의 지속을 위한 지속적인 군사적 정치적 행위들이 이루어지고 있으며[97] 특히 작전권이 통합되어 있다는 사실, 한국 영토 내에 북한의 가상 침입로 상에 미군부대가 직접 주둔하고 있다는 사실은 한미 동맹이 얼마나 끈끈한 관계인지를 말해주는 것이다. 특히 냉전 기간 동안 한국은 세계 2위의 미국 원조 수혜국이었다는 사실은 한미 동맹 관계의 통합성이 대단히 높은 것이었음을 말해 주는 증거가 된다.[98]

한미 동맹의 축, 주한 미군

한미 동맹은 주한 미군이라는 미국의 실질적인 군사개입과 한미상호방위조약이라는 법적인 차원 등 두 가지 측면으로 구성된다. 1945년 일본군을 무장해제 시키기 위해 한국에 진주(進駐)했다가 1949년 완전 철수했던 미군은 한국 전쟁의 발발과 더불어 다시 한국에 주둔하게 되었다. 한국 전쟁 당시 주한 미군의 병력은 최대 32만 5천 명에 이르는 대규모였다.

한국 전쟁 이후 미군은 한국과 공식적인 동맹 관계에 의거, 합법적으로 대한민국에 주둔하기 시작한다. 한미상호방위조약은 1953년 10월 1일 미국의 수도 워싱턴에서 조인된 후 1954년 11월 18일자로 발효되기 시작하여 오늘에 이르고 있다. 동 조약은 한미 동맹의 기본적 성격을 문자로서 규정하고 있다.

한미상호 방위조약 제 2조는 한미 방위조약이 작동하게 될 전쟁의 성격을 규정하고 있고 제3조는 양국이 군사력을 동원하는 과정, 제4조는 미군의 한국 주둔, 제5조와 제6조는 조약의 유효기간 등에 관해 규정하고 있다.[99]

조약 제2조는 "당사국 중 어느 1국의 정치적 독립 또는 안전이 외부로부터의 무력공격에 의해 위협을 받고 있다고 어느 당사국이든지 인정할 때에는 언제든지 당사국은 서로 협의한다. 당사국은 단독으로나 공동으로 자조와 상호원조에 의하여 무력공격을 방지하기 위한 적절한 수단을 지속하여 강화시킬 것이며…"라고 규정하였다.

제 3조는 "각 당사국은 타 당사국의 행정 지배 하에 있는 영토와 각 당사국이 타 당사국의 행정 지배 하에 합법적으로 들어갔다고 인정하는 금후의 영토에 있어서, 타 당사국에 대한 태평양 지역에서의 무력 공격을 자국의 평화와 안전을 위태롭게 하는 것이라고 인정하고, 공통한 위협에 대처하기 위하여 각자의 헌법 상의 수속

에 따라 행동할 것을 선언한다"고 규정하였다.

그러나 바로 위에서 인용한 제3조는 한미 동맹 관계의 맹점으로 작동할 소지가 있는 조항이다. 미국이 나토 동맹국들과 맺은 '자동적으로 개입 한다'는 내용은 아닌 것이다.[100]

미국은 한국에서 전쟁이 발발할 시 미국의 헌법적 절차에 의해 전쟁에 개입한다고 언급한 것이다. 순수히 법적 조문만 가지고 해석한다면 미국의 헌법적 절차, 즉 국회의 동의가 없을 경우 미국은 한국 전쟁에 즉각 개입할 수 없게 되어 있다.

물론 이러한 법적인 문제점을 해소하는 장치가 존재하고 있기는 하다. 미국 대통령이 보유하고 있는 전쟁 권한법(War Power Act)은 국회의 동의가 있기 전 미국 대통령이 긴급사태에 대처하여 군사력을 사용할 수 있는 권한을 부여하고 있는 것이다.

한국의 경우, 미군이 존재하고 있다는 사실은 동맹 조약에 나타나는 문제점을 충분히 상쇄한다. 주한 미군은 한미상호방위조약의 내용과 관계없이 전쟁이 발발하는 순간 즉시 북한군과 교전을 벌일 수 있도록 배치되어 있기 때문이다. 주한 미군이 인계철선(Trip Wire)의 역할을 한다고 말하는 것은 주한 미군이 북한의 도발과 동시에 전쟁에 참전하도록 되어 있어 미군 전체를 동원하는 역할을 한다는 의미다.

제2조에 대해서도 해석이 분분할 수 있다. 당사국 중 어느 한편이 외부의 무력공격을 받아 위협을 받고 있다고 어느 당사국이든 인정할 경우 상호 협의한다고 되어 있다. 사실 1960년대 후반 북한에 의해 대규모로 자행된 무장 게릴라 침투사건은 한미 동맹이 작

용되어야 하느냐에 대해 여러 가지 문제점을 제공해 주는 사건이었다. 미국은 게릴라 전에 대해서는 개입을 하지 않았다. 1996년 강릉에서의 북한 잠수함 침투사건 이후 한국군에 의한 대규모 군사작전이 전개되고 있었을 동안에도 미군은 작전에 참여하지 않았다.

이상과 같은 약간의 문제점이 있음에도 불구하고 한미 동맹은 역사상 나타나는 수많은 군사 동맹 중 최고의 양호한, 신뢰성 있는 군사동맹 중 하나라고 평가되는데 문제가 없다. 홀스티(K. J. Holsti) 교수가 제시한 군사동맹 분석 기준인 상호개입이 작동하는 상황의 본질, 조약 체결국에 의해 행해지는 개입의 형태, 군사동맹국 간의 군사통합 및 협력의 정도, 조약의 지리적 범위101) 그리고 모겐소(Hans J. Morgenthau) 교수가 제시하는 군사동맹의 유형 분류 기준인 상호적인가 일방적인가? 일시적인가 영속적인가? 작동적(operative) 혹은 비작동적(inoperative)인가? 이익의 배분이 일반적인가 혹은 제한적인가? 이익의 범위가 상호보완적(complementary)인가? 일체적(identical)인가? 혹은 이념적인가?102)

또는 부르스 러셋 교수가 제시하는 국제 체계와의 관련성, 개입의 본질, 조약의 예정된 유효 기간, 동맹국 간의 동등성 정도, 동맹국의 이전 동맹 관계, 협력과 통합의 종류 및 정도, 동맹의 지속 기간, 동맹 종료의 형태, 미래의 전쟁과 동맹의 행태 등 제 요인103)을 종합적으로 고려할 때 한미 동맹은 가히 최고의 동맹이라고 말하는데 문제가 없다. 한미 동맹은 동맹국의 밀착도와 적대국에 대한 의식, 군사 통합의 정도 등의 측면에서 상당히 응집성이 높았던 세계 역사상 최고 수준의 군사 동맹으로 존재하고 있다.

이승만 대통령의 휴전 조건

미국의 한국 전쟁 휴전 구상

한국 전쟁은 1950년 6월 25일 발발했지만 휴전회담이 시작된 것은 전쟁이 시작된 지 약 1년이 지난 1951년 7월 8일부터의 일이었다. 이미 미국과 소련은 교착 상태에 빠진 한국 전쟁을 휴전시킬 생각을 가지고 있었다. 1951년 5월 31일 미국 뉴욕의 롱아일랜드주 UN 소련 대사 별장에서 냉전시대 미국 외교 전략인 봉쇄정책(containment policy)을 구축한 장본인인 조지 케난(George Kennan)과 소련의 UN 대사인 말리크 사이에 회담이 열렸다. 미국 측의 휴전 제안에 소련은 신중히 고려해 보겠다고 대답했다. 전형적인 소련식 외교 수사였다. 미국은 중공군의 개입으로 한국 전쟁의 양상이 달라지자 곧 휴전의 가능성을 모색하고 있었던 시점이었다.

소련 역시 한국 전쟁에서 김일성의 북한이 이길 수 없다는 사실을 알고 있었다. 1951년 6월 23일 말리크는 '평화의 대가'라는 UN 연설을 통해 한국 전쟁을 휴전시키자는 공산권 측 최초의 제의를 내 비쳤다. 그는 "소련 정부는 교전쌍방이 정전의 가능성과 38선으로부터 군대의 상호 철수를 규정하는 휴전을 위한 회담을 개시해야 할 것으로 믿는다. … 만약 쌍방이 한국에서의 전투행위를 중지시키기 위한 진지한 욕구가 있다면 이것은 평화를 위한 대가로서는 결코 비싸지 않다고 생각한다."[104]고 언급했던 것이다.

이 같은 제안이 나온 시점은 중공군의 춘계 대공세도 수포로 돌아가고 한국 전쟁의 전선이 전쟁 이전의 38선 무렵에서 교착 상태에 빠져 있던 무렵이었다. 만주폭격을 주장했던 강경론자인 맥아더 장군도 해임된(1951년 4월 12일) 후였다. 시기적으로 대 공산권 유화론자들이 휴전을 제안하기에 유리한 방향으로 상황이 전개되고 있던 시점이었다.

맥아더 장군 등 강경론자들이 해임당한 후 그의 후임 리지웨이 장군은 전임자인 맥아더의 전철을 밟지 않으려고 워싱턴의 지시를 고분고분 따르는 형편이었다. 워싱턴은 비로소 한국 전쟁을 스스로 컨트롤 할 수 있게 되었다. 미국은 1951년 6월 26일, 전쟁이 시작된 지 꼭 1년이 지난 날 이승만 대통령에게도 미국이 한국 전쟁의 휴전을 추구하고 있다는 사실을 통보한다.

아이젠하워의 한국 방문과 이승만 대통령의 분노

북한의 전쟁 도발을 통일의 기회로 삼고자 했던 이승만 대통령에게 미국 측의 휴전 제안 통고는 청천벽력과 같은 일이 아닐 수 없었다. 미국 측의 통보를 받은 이승만 대통령은 즉시 임시 각의를 소집했다. 이 회의에서 이승만 대통령은 "소련이 휴전을 논의하자고 하는 것은 그들이 패배를 자인하는 것이며, 무력으로 안 되자 외교로 하자는 것은 실로 가소롭기 그지없는 간계에 불과하다." "그런 소련의 제안은 평화 안이 아닌 만큼 나는 그런 것을 평화 안으로 인정할 수 없으며 인정하지도 않을 것이다."[105]고 단언했다.

이승만 대통령은 곧 휴전회담을 반대하는 장문의 강경한 성명을 발표했고 대한민국 국회도 이를 지지하는 결의안을 채택했다. 은퇴 중인 맥아더 장군 역시 휴전안을 생각하는 트루먼을 통렬히 비난하는 연설을 했다. 한국 주재 주한미국 대사 무쵸는 미 국무성에 이승만 대통령은 '어떤 휴전안에도 반대할 것이며 휴전 협정에 큰 장애가 될 것'이라고 보고했다.

1952년 미국은 대통령을 뽑는 선거의 해였다. 한국 전쟁을 질질 끌고 있던 트루먼은 인기가 최악으로 떨어졌다. 미국이 중국, 북한 등 3류 국가의 군사력과 싸우면서 결정적인 승리를 이끌어 내지 못하는 답답함은 미국 국민들로 하여금 전쟁을 빨리 끝내는 게 상책이라는 생각을 하게 했다. 이 같은 상황에 부응하는 정책을 제시한 후보는 공화당의 아이젠하워였다. 2차 대전의 영웅이며 5성 장군인 아이젠하워는 전쟁에서 승리를 능가하는 것은 없다. 대통령에 당선되면 한국을 가겠다는 등의 구호로 대통령에 무난히 당선되었다.

1952년 12월 당선자 신분의 아이젠하워는 한국을 방문한다. 미국 국민들은 그가 한국 전쟁을 시원하게 해결해 줄 수 있는 사람으로 생각했지만 그는 당선 이후 태도를 바꾼다. 한국을 비밀리에 방문했을 당시 이미 그의 태도는 바뀌어 있었다. 아무리 전쟁 중인 위험 지역이라 해도, 그리고 대통령 당선자의 신변 안전 문제가 중요하다고 해도 그의 방한은 너무나 비밀에 싸여 있었기 때문에 방문 사실도 며칠 후에야 보도되었고 그가 한국의 어느 공항으로 오는지 몰라 마중을 나간 사람도 없을 지경이었다.

사실 이승만 대통령은 클라크 장군의 귀띔을 받아 아이젠하워의 방한을 미리 알고 있었고 대대적인 환영을 해주려 했었다. 그러나 클라크 장군은 아이젠하워 대통령 당선자를 난처하게 하지 말 것을 요청했다. 그리고 아이젠하워의 도착 일시와 장소를 이승만 대통령에게도 비밀로 부쳤다. 아이젠하워는 현재 대학로가 있는 동숭동의 8군 사령부에 들러 한국 전쟁에 참전 중인 자신의 아들 행방을 물었다. 클라크 장군은 전쟁을 승리로 이끌기 위한 계획과 한국군 증강 문제를 거론하고 싶었지만 아이젠하워의 관심은 온통 휴전에 쏠려 있었다. 아이젠하워는 이튿날 전황을 보고 받고 자신의 아들인 존 소령을 만났다. 그리고 오후에는 전선 시찰을 다녀왔다.

이승만 대통령은 기다리다 지쳤지만 전선에서 오후 4시경 돌아온 아이젠하워를 만나러 갔다. 이승만 대통령은 환영행사를 마련했다며 초청했지만 아이젠하워는 시간이 없다며 참석할 수 없다는 뜻을 표시했다. 그 다음날 이 대통령은 수도사단에 가서 아이젠하워를 만나고 브리핑을 들었다. 그리고 각각 서울로 돌아왔다. 그날 오후 한국을 떠나게 되어 있는 아이젠하워는 이승만 대통령을 답방할 생각을 하지 않고 있었다.

클라크 대장은 혹시 거만한 아이젠하워가 이승만 대통령에게 작별인사도 없이 떠날까 걱정되었다. 이만저만한 결례가 아닐 수 없는 일이기 때문이다. 결국 경무대에 대기하고 있던 이승만 대통령에게 전갈이 왔다. 시간이 없어서 고별인사를 하지 못하고 떠난다는 것이었다. 이승만 대통령은 약소국의 대통령으로서의 처지가 비참했을 것이다. 이승만 대통령은 즉각 아이젠하워에게 메시지를 보냈다. 귀하가 이곳(경무대)에 오지 않는다면 본인은 곧 국무위원들을 집무실에 불러들여 직접 성명을 발표하겠다. 본인은 성명서

▲ 전선을 방문한 이승만 대통령

를 통해 미국 대통령으로 당선된 귀하가 한국을 방문하고 돌아가면서 한국 국가원수에 대한 고별의 예를 하지 않고 떠난다는 사실을 전 세계에 공표할 것이다.106)

한표욱 대사는 회고록에서 결국 김포공항으로 가던 아이젠하워가 발걸음을 돌려 경무대를 방문, 이승만 대통령을 만났다는 사실을 전해주고 있다. 약간 다른 이야기들이 전해지지만 아이젠하워는 이승만 대통령의 호기에 놀라 경무대를 방문, 자신의 생각보다 훨씬 긴 시간 동안 경무대에서 머물렀다.

이승만 대통령의 휴전 조건

이승만 대통령은 전쟁이 휴전으로 종결된다는 사실이 분했지만, 휴전을 방해하기 위한 각종 요구들을 제시했다. 현실과 타협이었지만 가능한 많은 것을 얻어내는 것이 그의 전략이었다. 이승만 대통령은 중공군의 완전 철수와 북괴군 무장해제 등을 요구했다. 한반도에 관한 국제회의에 한국 참석 조건은 애초부터 원하던 것이었는데 여기에 몇 가지를 더 추가했다. 한미 군사동맹을 체결해 줄 것, 전후 경제를 부흥시킬 것, 한국군 증강, 미국의 해·공군 지속적 주둔이 그것이었다.

이승만 대통령은 휴전을 하는 경우라도 미군을 한국 방위에 묶어 놓는 전략을 취한 것이다.

앞에서 이미 설명했듯이 국제정치학적으로 상당히 당돌한 발상이었다. 세계 최빈국과 세계 최강국의 방위동맹을 휴전의 조건으로 내놓은 이승만 대통령은 미국이 지금 가장 시급한 것(명예로운 휴전)이 무엇인지를 잘 알고 있었고 그것을 통해 큰 것(한미 동맹)을 얻어 내고자 했다. 그러기 위해 이승만 대통령은 목숨을 걸어야 가능한 모험(반공포로 석방)까지 단행할 각오가 되어 있었다. 이승만 대통령의 전략과 담력은 우리의 처지와 능력으로 볼때 도무지 흥정조차 할 것 같지 못했던 한미 동맹을 만들어 내었다.

이승만 대통령,
반공 포로 석방으로 세계를 놀라게 하다

1953년 5월, 거의 2년 동안 지루하게 지속되던 휴전 협정은 조인만 남겨 놓고 있었다. 그러나 당시 한국의 도시들은 휴전에 반대하는 국민들의 데모로 뒤덮여 있었다. 상이군인들조차 휴전에 반대하는 데모를 벌였으며 이들이 데모를 벌이는 사진은 미국 신문에도 보도되었다. 한국 국민들은 전쟁의 지속이 자신들의 목숨을 앗아갈 수도 있는 무서운 것이지만, 그럼에도 불구하고 통일을 이루지 못한 채 전쟁이 끝나는 사실이 원통했다. 국민들의 휴전 반대 시위는 진지한 것이었다. 이에 힘입은 한국 정부는 보다 강경한 휴전 반대 입장을 취할 수 있었다. 차선의 조건이라도 확보한 후 전쟁을 휴전하는 일이 무엇보다도 중요했다.

당시 한국 정부는 요구사항이 관철되지 않을 경우 '필요하다면 전 한국군을 UN군 산하에서 탈퇴시키겠다'고 위협했다. 영국 여왕 대관식에 참석했던 백두진 국무총리는 워싱턴을 방문, 아이젠하워를 만나 "인천 상륙작전 성공 후 군사적 승리를 통해 통일을 이루겠다는 미국이 왜 태도를 바꾸고 있는가… 한국 단독이라도 통일의 과업을 성취하겠다."고 호소했다. 아이젠하워는 "미국이 도와주지 않으면 어떻게 하겠느냐?"고 되물었다. "우리는 모두 죽을 것이다. 백만 명의 중공군이 주둔한 채 휴전이 된다면 결국은 죽게 될 것이니 그럴 바에야 싸우다 죽겠다는 것이 한국의 입장이다."라고 설명했다.

이승만 대통령도 이제는 마지막 카드를 써야할 때가 되었다고 결론 내렸을 것이다. 1953년 6월 18일 새벽 이승만 대통령은 부산, 대구, 광주, 마산, 영천, 논산, 부평에 있는 포로수용소에서 반공포로 27,000명을 석방해 버린 것이다. 17일 자정부터 새벽 사이에 일어난 일이다. 이것은 극도의 보안을 유지하며 단행된 최고의 군사적전략이라고 볼 수 있다. 공산권이 이 같은 사실을 알고 휴전협정에 조인하기 어려웠을 것이다. 이승만 대통령은 휴전협정을 파탄내고 싶었고, 문자 그대로 아이젠하워를 엿 먹이는 거사를 단행한 것이다.

반공포로들 중 탈출하지 못한 사람들도 있었다. 이들을 위해 이승만 대통령은 한국 국민들이 석방된 반공포로들에게 은신처와 음식을 제공할 수 있도록 치밀하게 준비했다. 이승만 대통령의 포로석방 작전은 대성공이었다. 공산주의 국가로 돌아가기를 거부하는 포로를 석방한 것은 인도주의적인 측면에서도 옳은 일이었다. 그러나 이 거사는 한국군의 38선 단독 돌파에 버금가는 군기 문란 사건이 될 수 있었을 것이다. 어쨌든 한국 전쟁을 총지휘하던 사람은 UN군 사령관인 미군 대장이었기 때문이다.

▲ 석방된 반공포로들

이승만 대통령은 반공포로 석방은 정당한 조치이며 석방은 자신의 명령에 의한 것이라는 성명을 발표했다.

이승만의 벼랑 끝 외교

이승만 대통령의 한미 동맹 체결 요구에 미국이 순순히 응할 리가 없었다. 이승만 대통령은 미국에게 자신이 할 수 있는 일이 미국을 얼마나 황당하게 만들 수 있는지 보여줄 필요가 있었다. 반공포로 석방은 자신이 할 수 있는 일이 무엇인지를 미국에 경고한 것이다. 사실 미국은 반공포로 소식에 경악했다. 미국 국무장관 덜레스는 이승만의 조치가 "등 뒤에서 칼을 찌르는 격"이라며 비난했고 "최악의 경우 전면전이 될 것 같다. 전쟁이 확대될 경우 원자무기를 사용해야 할지도 모른다."고 말했다 한다. 이승만은 클라크 장군에게 편지를 썼다.

"한국 국민들은 우리나라 사람들(반공포로)을 죽음으로 인도하는 UN의 결정에 따라야 할 것인지 그렇지 않으면 우리 본래의 목적을 달성하기 위해 맹방과 결렬하고 우리의 단독 결심을 이행하는 길 중 하나를 택해야 했다. 여기서 우리 한국국민은 우리의 본래 목적인 인간의 자유를 끝까지 수호하는데 충실하기로 결정했다."

미국의 여론은 이승만 대통령을 격하게 비난했다. 그러나 이승만은 그런 비난을 감내할 수 있었다. 그는 이번 일을 계기로 한미상호방위조약의 약속을 받아낼 수 있다면 그만한 비난쯤 견딜 수 있다고 생각했다. 이승만이 휴전에 반대하기로 행동을 취할 경우 UN군과 공산군 측이 어떤 협정을 체결하더라도 그것을 파탄낼 수 있다는 사실을 보여 주려 했다. UN 측은 실제로 이때부터 휴전협정의 체결을 위해 이승만의 동의가 필요하다는 사실을 절실하게 깨닫게 되었다.

외교의 신 이승만,
미국으로부터 상호방위조약을 받아내다

휴전협정과 한미상호방위조약을 맞바꾸다

이승만은 휴전협정이 마무리되기 이전 미국과의 상호방위조약을 얻어내는 것을 목표로 매진했다. 이미 이승만은 1953년 4월 30일 클라크 장군에게 보내는 서한에서 '미국은 한국의 휴전협정 체결에 협조할 것을 희망하고 있는데 휴전협정 선행조건으로 미국은 한미방위조약을 수락하면 좋겠다'는 언급을 했다. 클라크 장군은 한국의 휴전 협정 반대를 완화하는 유일한 길이 한미방위조약이라고 생각했고 이를 워싱턴에 전했다. 그러나 미국은 한국군을 20개 사단으로 증강하며, 10억 달러의 경제원조를 주겠다는 말을 하면서도 방위조약에 대해서는 언급이 없었다.

이승만 대통령은 대한민국의 안보에 대해 가벼이 생각하는 미국에 대해 분노했다. 5월 30일 아이젠하워 대통령에게 서한을 보냈다. "상호방위조약을 맺는다는 조건 아래 공산군과 UN군의 동시 철군을 제안합니다.··· 한국은 공산도당의 이러한 일련의 군사적 야합의 가공할 충격에 대응할 만한 것이 아무것도 없습니다." 이 대통령은 이어 6월 6일 성명을 발표, 방위조약에는 첫째, 미국은 한국이 침략을 받을 때 다른 나라와 상의 없이 즉각 군사 원조와 개입을 해야 하며, 둘째, 미국은 한국군의 증강을 돕고, 셋째, 한국이 자체 방위할 수 있도록 미국은 적절한 무기, 탄약, 군수지원을 한다는 내용이 포함되어야 한다고 공개적으로 요구했다.

드디어 6월 8일 아이젠하워 대통령은 "본인은 휴전협정이 종결되어 각하가 이를 수락하는 대로 곧 미국이 필리핀, 호주, 뉴질랜드와 맺은 방위협정의 선에 따라 귀국과 조약 체결을 위해 협상할 용의가 있습니다."는 답장을 보냈다. 그러면서 이승만 대통령을 미국에 초청했다. 이승만 대통령은 중요한 시기에 한국을 떠날 수 없다고 거절하고 대신 덜레스 국무장관을 한국으로 보내라고 요청했다.

미국은 덜레스가 바쁘기 때문에 월터 로버트슨 국무성 차관보를 보내겠다고 했고 이승만은 이를 수락했다. 그 다음날 이승만은 반공포로를 석방하는 조치를 단행한 것이다. 이승만 대통령은 미국에게 한국의 의사를 충분히 존중해 주어야 할 것임을 행동으로 보인 것이다. 로버트슨 국무차관보는 공화당 계열의 반공주의자로 경험과 능력을 갖춘 인물이었다. 그는 6월 25일 서울에 도착했으며 아이젠하워와 덜레스의 친서를 가지고 왔다.

이 대통령은 공산주의자들과의 대화가 효과적인 결과를 산출하지 못할 것이라는 점을 잘 알고 있었고 휴전협정 회의장 역시 공산주의자들의 선전무대로 작동하고 있다는 점을 잘 알고 있었다. 그리고 합의가 없을 경우 전쟁을 재개, 군사적 승리를 통해 통일을 완수해야 한다는 생각을 갖고 있었다.

로버트슨 특사의 방한과 관련 이승만 대통령의 기본입장도 마련되었다. 일단 미국이 한국의 입장을 받아들이면 한국군은 UN군 사령부에 잔류할 것이라는 점과 휴전이 협정되기 이전(以前)에 한미상호방위조약을 체결해야 한다는 내용이 포함되었다. 이 내용은 1953년 6월 25일 이 대통령과 로버트슨간 1차 회담에서 전달되었다. 회담이 지속되었지만 미국은 좀처럼 기왕에 밝힌 내용 이상의 카드를 내밀지 않았다. 이 대통령은 한미관계의 해박한 역사를 들어가면서 미국이 한국을 배반했다고 몰아쳤다. 1905년의 카츠라 태프트 조약, 38도선 획정 등을 비난했다.

이승만 대통령은 미국 측의 요구를 완전히 거부할 수는 없음을 알고 있었고 일부 양보를 하기로 했다. 그래서 덜레스 장관에게 보낸 편지에서 '우리는 휴전협정에 조인하지 않겠으나 휴전협정 준수에는 협조할 것이며, UN이 정치회의를 통해 해결책을 모색하는 것을 방해하지 않을 것이다. 우리나라에 대한 내 걱정이 근거없는 걱정이기를 하나님께 기도한다.'고 썼다. 이승만 대통령은 휴전협정에 찬성하지는 않지만 협력한다는 약속을 했다.

로버트슨은 한국 방문 18일 동안 매일 이승만 대통령을 만났다. 거리에는 북진을 요구하며 휴전을 반대하는 시민들의 절규가 가득 찼었다. 로버트슨은 이승만 대통령이 휴전을 반대하지 않는다는 다짐을 받는 대신 이승만 대통령의 염원이던 휴전 후 한미방위

▲ 전국에서 일어난 휴전 반대 시위

조약을 체결한다는 약속을 했다. 1953년 7월 11일 이승만-로버트
슨 공동 성명이 발표되었다. 공동 성명에는 '양국정부는 현재 협상
이 진행 중인 상호방위조약을 체결할 것을 합의했다'는 항목이 포
함되었다.

　이승만 대통령은 휴전협정을 반대하지 않겠다는 약속이 담긴,
아이젠하워 대통령에게 보내는 친서를 써서 로버트슨에게 건넸다.

7월 23일 아이젠하워는 한국 부흥 6개년 계획에 동의했고, 덜레스 국무장관은 휴전 조인 후 한미 수뇌 회담 개최를 제의했다. 7월 27일 휴전협정이 체결되었다.

"한미상호방위조약이 체결됨으로써 우리는 앞으로 여러 세대에 걸쳐 많은 혜택을 받게 될것"

약속대로 53년 8월, 휴전협정 조인 1주일 만에 덜레스 장관은 서울을 방문했다. 한국 정부는 그를 열렬히 환영해 주었다. 이승만-덜레스 회담에서 한국 측은 정치회담 기간 중 독자행동을 취하지 않을 것을 약속했고 미국은 준비해온 상호방위조약안을 제시했다. 근본적으로 한국의 요구를 반영한 것이었다. 이승만-덜레스 회담의 공동성명이 발표되었고 문안을 조정한 한미상호방위조약이 8월 9일 가조인 되었다. 이 대통령은 방위조약이 맺어진 것에 크게 만족했다. 그리고 이 대통령은 만족감을 성명서로 발표했다. "한미상호방위조약이 체결됨으로써 우리는 앞으로 여러 세대에 걸쳐 많은 혜택을 받게될 것이다. 이 조약이 있기 때문에 우리는 앞으로 번영을 누릴 것이다. 한국과 미국의 이번 공동조치는 외부침략으로부터 우리를 보호함으로써 우리의 안보를 확보해 줄 것이다."

한미방위조약은 1953년 10월 1일 워싱턴에서 변영태 외무장관과 덜레스 장관에 의해 정식 조인되고 1954년 1월 양국 의회에서 비준되었다. 한국 측이 조약 6조 말미의 '어느 당사국이든지 타 당

▲ 이승만의 고단수 외교 "아이젠하워도, 스탈린도, 마오쩌둥도 이승만을 두려워했다
경무대에서 열린 한미상호방위조약 가조인식을 지켜보는 이승만 대통령 (뒷줄 가운데). 한미동맹은 이승만 대통령이 반공포로석방 등 벼랑끝 외교를 펼쳐 얻어낸 결과물이다.

사국에 통고한 1년 후 본 조약을 중지 시킬 수 있다'는 조약에 불만을 품어 비준서 교환을 미루는 바람에 동 조약은 1954년 11월 18일에야 발효되었다.

이승만 대통령이 감격에 겨워 말한 것처럼 한미 동맹은 두고두고 한국 국민에게 혜택을 주고 있다. 이제까지 전쟁을 성공적으로 억지해 온 한미 동맹은 한국의 경제발전에도 기여했다. 작금 진행 중인 미중 패권갈등 시대에서 한미 동맹의 중요성은 오히려 더욱 높아질 것이다.

미국에게 너무나 불편한 이승만

수년전, 한미 관계에 관해 아주 좋은 책이 한 권 출간되었다. 문화일보 미국특파원, 논설위원을 역임한 최형두 기자의 『아메리카 트라우마: 어느 외교 전문기자가 탐색한 한미 관계 뒤편의 진실』[108]이라는 책이다.

이 책의 논지는 '미국이 제국적 야욕을 가지고 한국 문제를 대한 적은 없다. 오히려 한국은 미국의 계획 속에 없던 나라였다' 라고 요약할 수 있을 것이다. 책의 표지에는 '한국은 버림받을까 무서워했고 미국은 잘못 엮일까 두려워했다!'라는 말이 쓰여 있는데 한미 관계의 정치외교사(政治外交史)를 정말 적절히 표현한 말이라고 할 수 있겠다.

최 기자의 책 중에 "미국에게 너무나 불편한 이승만: 미국의 남자 이승만이 미국을 이용하다"라는 장이 있다. 이승만 대통령에 대한 너무나 적절한 표현이 아닐 수 없다. 그래서 나는 최 기자가 사용한 제목을 그대로 쓰기로 했다. 나는 애초에 이 장을 '아이젠하워에게 맞장 뜬 이승만 대통령'이라고 정하고 집필하고 있던 중 더 적절한 제목을 최 기자의 책에서 찾은 것이다.

1945년 8월, 미국은 한국에 대한 아무런 정치적 계획도 없었다

미국 뉴욕의 마천루 사이의 대로를 오픈카를 타고 지나가며, 높은 건물에서 수많은 꽃종이들이 휘날리며 떨어지는 가운데 손을 휘저으며 가로에 도열해 있는 시민들에게 답례하는 영웅의 행렬 사

▲ 1954년 이승만 대통령 미국 방문, 영웅의 행진

진을 본 독자들이 있을 것이다. 전쟁에 승리하고 돌아온 미국 군인들, 미국의 위대한 장군들이 그런 시가행진의 주인공이 되곤 한다. 이 같은 행진들은 저마다 오늘 미국이 세계에 우뚝 선 강대국이 되는데 기여한 영웅들의 장엄한 행진이었다. 우리나라 사람 중에서 이 같은 영광스런 영웅의 행진 대접을 받은 유일한 사람이 이승만 대통령이다.

미국은 한국을 분단한 나라지만 미국의 한반도 분단은 이미 앞에서 설명했던 것처럼 정말 일본과의 전쟁을 어떻게 해서라도 빨리 끝내야 한다는 일념, 그리고 엉뚱하게도 일본에 대해 과대평가 함으로써 야기된 만주에 있던 일본 관동군에 대한 두려움 등이 합쳐져서 일어난 일이다. 일본과 싸우는데 거의 1년 반 이상이 더 걸릴 것이라 예상한 미국은 소련의 대일전쟁 참전을 종용했고 소련은 일본이 거의 멸망한 순간인 8월 8일 밤 12시를 기해서 일본에 대해 선전포고했다. 국제정치는 이처럼 야비한 것이다. 사실 소련은 일본과 불가침 조약을 맺은 상태였다.

사실상 파죽지세로 한반도로 진입하는 소련군을 본 후 미국은 걱정이 생겼다. 일본과 싸운 것은 자신들인데 한반도(일본의 식민지) 전체를 소련이 점령할 지도 모른다는 불안감은 38선이라는 개념을 급조하게 만들었다. 일단 소련군의 전진을 막아보려는 속셈이었다. 그 38선이 한국을 분단하고 이제까지 70여년이 지나도록 한반도가 남북한 두 나라로 쪼개진 채 이렇게 살게 될 것이라고는 전혀 상상하지도 못했다. 미국은 정말 편의주의에 입각해서 일본과의 전쟁을 빨리 끝내고 싶었다. 그리고 미국은 순진하게도, 소련과 잘 합의해서 2차 대전 이후의 세계를 평화로운 세계로 만들어 갈수 있을 것이라고 믿었다. 미국인들은 소련이 일본군국주의나 독일의 나치스보다 훨씬 양순한 나라일 것이라고 믿었었다.

이승만 대통령의 미국 방문 – 1954년

미국은 대한민국을 자유민주주의 국가로 건설하는데 가장 큰 후원 세력이 되었고, 1950년 국제 공산주의의 지원을 받은 북한 공산군이 남침했을 때 대한민국을 살려야 한다고 제일 먼저 달려왔던 나라다. 비록 이승만 대통령과 대한민국의 온 국민들이 원했던 통일을 이룩해 주지는 못했지만 미국은 대한민국을 구했고, 대한민국을 군사력으로 지켜줄 것이라고 약속했다. 미국은 소련이라는 공산주의 대 제국과 대결하기 위해서라는 명분이 있었지만 아무튼 미국의 지원 때문에 한국은 국제사회의 일원으로 남아 있을 수 있게 되었다.

한국 전쟁은 이승만 대통령을 반공 세계의 영웅으로 만드는 계기가 되었다. 이승만 대통령은 어려운 전쟁을 성공적으로 주도한 군사 지도자의 반열에도 오르게 되었고 미국이 초청해서 영웅의 행진을 벌여줄 정도의 인물이 되어 있었다. 그러나 이제 소련과 본격적으로 대결을 시작한 미국은 한국이 일본과 국교를 정상화함으로써 미국의 대소 견제 전략에 동참해 줄 것을 요구했다. 미국은 평생 일본을 원수로 삼고 독립운동을 벌인 이승만 대통령이 도무지 받아들일 수 없는 한일 협력을 원하고 있었던 것이다. 한일 협력체제를 구축하기 위해서는 우선 한일 국교정상화부터 해결해야 할 일이었다. 미국은 이승만 대통령을 초청했다.

1954년 7월 25일 오후 5시, 이승만 대통령 내외는 김포공항에서 환송식을 마치고 미국 정부가 제공한 군용기편으로 미국으로 향했다. 일본에는 절대 들르지 않겠다는 이 대통령의 고집으로 알류샨 군도의 에이댁(Adak) 섬과 시애틀을 경유해 7월 26일 오후 4시(미국 동부시간) 워싱턴 공항에 도착했다. 오늘 우리나라 대통령이 대한민국이라는 선명한 글자와 태극기가 그려진 최고급 보잉747 전용기를 타고 미국을 방문하는 것과 비교하면 그동안 우리가 성취한 것에 대해 마음 흐뭇해야 할 일이다. 일본 땅은 밟지도 않겠다는 이승만 대통령의 고집은 국제정치학 분석에서 개인적인 요인을 고려하지 않을 수 없다는 주장의 타당성을 다시 확인하게 한다.

미국의 워싱턴 공항에는 사열대와 환영식장이 마련됐고 미국 정부를 대표해 닉슨 부통령 내외, 덜레스 국무장관 내외 등 정부 고위인사, 래드포드 합참의장 내외, 리지웨이 육군참모총장 내외 등 군 장성들이 도열해 있었다. 재미동포 100여 명도 한복에 태극기를 들고 이승만 대통령 내외와 일행을 환영했다. 이승만 대통령은 79세의 노인답지 않게 당당한 걸음으로 트랩을 밟고 내려왔다. 이때 동포들은 태극기를 흔들고 만세를 외치기 시작했다. 이 대통령은 닉슨 부통령 내외 등 미국 측 환영인사들과 악수를 나누고, 다정하게 동포들의 손도 잡아줬다. 21발의 예포가 울리고 미군 군악대가 애국가와 미국 국가를 연주했다. 모두가 차렷 자세로 서 있었다.

이승만 대통령의 워싱턴 공항 연설

이승만 대통령은 닉슨의 간단한 환영사에 대한 답사 형식으로 도착 인사를 하기로 했다. 당초 짤막하게 인사를 할 것으로 예정됐으나 무려 15분 동안 즉흥 연설을 했다. 연설 중에는 이승만 대통령의 미국에 대한 불만이 포함되어 있었다. 미국이 겁쟁이처럼 행동했기 때문에 한반도는 통일의 기회를 잃게 되었다는 말이다. "미국의 겁쟁이 같은 태도는 6·25전쟁에서 한반도의 통일을 막았지만, 전지전능한 신은 우리의 계획이 기필코 성취되도록 해 주실 것"이라는 언급이었다. 이승만 대통령의 외교 고문이었던 올리버(Robert T. Oliver) 박사는 이승만 대통령이 작심하고 미국과 싸우러 왔다고 해석했다.109) 닉슨은 이승만 대통령의 이 같은 언급에 당황하지 않을 수 없었다.

본래 국가원수가 외국을 방문할 때 외교적인 어투와 사랑의 밀어를 말해야 한다. 이승만 대통령도 애초에는 그럴 생각이었으나, 마이크를 잡은 이승만 대통령은 마음 속에 있는 말들을 쏟아냈다. 그는 미국인들이 한국을 어떻게 구해줬는지, 공산주의자들의 남침 야욕이 어떻게 좌절됐는지를 우선 설명했다. 그리고 다음과 같이 말했다.

'만약에 우리가 조금만 더 용기가 있었다면 압록강까지 차지할 수 있었습니다. 적어도 우리는 한반도의 통일에 대해서 걱정할 필요가 없었습니다. 그러나 일부 사람들이 조금 겁을 먹어(a little cold feet) 우리는 다 차려 놓은 밥상을 차지할 수 없었습니다. 그때가 한국, 미국과 UN, 그리고 모든 자유국가들에게 최상의 기회였는데 놓친 것입니다. 전지전능하신 하나님은 확실한 승리를 위한 우리의 계획이 기필코 성취되도록 보살펴 주실 것입니다.'110)

이 대통령은 기대했던 것보다 상당히 오랫동안 연설했기 때문에 백악관 도착이 늦어질 수밖에 없었다. 이승만 대통령은 겁을 먹어 한반도의 통일을 막았던 바로 그 사람들과 싸움을 하겠다고 선언한 것이다.

이승만 대통령은 미국 정부의 환심을 사러 미국을 방문한 것이 아니었다. 당시 미국 정부는 이승만 대통령이 휴전에 반대하고, 어떻게든 한반도 통일을 이루겠다고 주장하며, 전후 복구를 위해 더 많은 경제 지원을 요청한 데 대해 골치 아파하고 거부감을 갖고 있었다.

이 대통령은 미국 정부의 이런 분위기에 굴복하거나 화해하려 하지 않았다. 그는 도착하자마자 공산주의의 전략에 말려든 아이젠하워 행정부의 세계 정책에 대해 공개적으로 신랄한 공격을 퍼부은 것이다.

◀ 이승만 대통령의 미국 공식 방문

역사상 최초의 한미 정상회담

　미국 백악관의 링컨 대통령 침실에서 1박을 한 이승만 대통령 내외는 1954년 7월 27일 아침 10시, 역사상 최초의 한미 정상회담을 개시했다. 이승만 대통령은 이미 전날 만찬에서 한국은 기어코 통일을 이룩하고야 말 것이라고 연설했고 아이젠하워 대통령은 '평화'를 역설했다. 아이젠하워 대통령은 2차 대전의 전쟁 영웅이지만 상당히 '소심한' 외교정책을 펼친 미국 대통령으로 기억되는 사람이다. 아이젠하워가 군인 출신의 정치인 답지 않게 인기에 영합하는 유화주의자라는 사실을 이승만은 간파하고 있었다.

　이승만 대통령은 역사적인 정상회담을 한다는 흐뭇한 감회를 가졌지만, 또 한편으로는 자신과 스타일이 너무 다르며 인상이 별로 좋지 않은 미국 대통령과 대좌해야 하는 불편한 심기를 감출 수 없었다.111)

　이승만 대통령이 먼저 말문을 열었다. "제네바 회의가 예상대로 실패로 돌아갔습니다. 앞으로 어떤 수를 써서라도 북한에 주둔하고 있는 100만 중공군을 철수시켜야 합니다. 늦기는 했지만, 미국의 유럽 중심 세계 전략을 이제라도 수정하는 것이 현명합니다. 지금은 아시아의 안보에 대한 배려가 절실한 시점입니다."

　아이젠하워 대통령은 이승만 대통령의 발언에 대해 구체적인 답변을 피한 채, "모든 문제는 평화적으로 해결하는 것이 좋습니다."라는 말을 여러 차례 반복함으로써 이 대통령의 입장에 대해 유보적인 태도를 취했다.

이어 한일 국교정상화 문제로 넘어갔다. 아이젠하워는 한국이 일본과 국교를 다시 수립할 것을 종용했다. 이승만 대통령은 크게 화를 내며 언성을 높였다.

"한일회담의 일본 수석대표 구보다가 일본의 한국 통치가 유익했다는 말을 하고 있는데, 당신네는 알고 있는가? 이런 성의 없는 자들과 어떻게 국교를 정상화하라는 말인가?"라고 소리쳤다.

구보다라는 자는 소위 '구보다 망언'으로 온 한국 국민을 분노하게 만든 장본인이었다. 구보다는 "한국 측에서 대일청구권을 주장한다면, 일본으로서도 대한청구권을 주장할 수 있다. 일본은 조선의 철도나 항만을 만들고 농지를 조성했으며, 대장성이 당시 매년 많은 돈을 들였는데 많게는 2천만 엔을 내놓은 해도 있었다. 이것들을 돌려달라고 주장해서 일본 측의 대한청구권과 한국 측의 대일청구권과 상쇄하면 되지 않겠는가? 개인적인 의견이지만, 내가 외교사 연구를 한 바에 따르면 당시 일본이 한국에 가지 않았다면 중국이나 러시아가 들어갔을지도 모른다고 생각한다." 최악의 식민 통치를 단행했던 일본의 궤변이 아닐 수 없다.

결국 미국과 한국 최초의 정상회담은 1시간 만에 별 결과 없이 폐회되고 말았다. 미국이 한국 정도는 미국의 세계 전략에 고분고분 따라줄 것으로 생각했는지 모르지만 이승만 대통령이 통치하는 대한민국은 가난하기는 했지만 허약한 나라는 아니었다. 더군다나 대단한 애국심을 가진 나라였다.

이승만 대통령과 덜레스 국무장관

　미국의 수도 워싱턴에는 두 개의 큰 공항이 있다. 하나는 미국 국내선 위주의 로널드 레이건 내셔널 에어포트(Ronald Reagan National Airport), 다른 하나는 워싱턴 외곽에 있는 국제선 공항인 덜레스 국제공항이다. 덜레스라는 이름은 아이젠하워 대통령 당시 미국 국무장관 덜레스의 이름을 따서 만든 공항이다. 냉전시대 미국의 전략적 기초를 닦은 반공정책으로 유명한 장관의 이름인데 이승만 대통령과 재미있는 일화가 있다. 덜레스 역시 이승만 못지않은 반공주의자였는데 그가 아시아 집단안보체제를 이야기 하다 이승만 대통령의 심기를 불편하게 만들었다. 1954년 7월 27일 오전 11시 30분 이승만-아이젠하워 정상회담을 마친 후 이승만 대통령은 국무장관 덜레스와도 회합을 가졌는데 거기서 덜레스가 한 말이다.

　'아시아 집단 안보체제에는 물론 일본도 포함될 것인데 이 박사는 이것은 절대 안 된다고 생각했다. 한국을 수십 년 동안 식민 통치한 일본이 다시 한국에 발을 디딜 수 있는 어떤 근거도 불가하다는 게 이승만 대통령의 지론이었다. 여러 번 지적했지만 국제정치의 구도를 정확히 알고 있는 이승만 대통령이지만 그의 반일 감정은 현실주의적 국제정치를 초월하는 것이었다.'

　이날 저녁 8시, 덜레스 국무장관 내외는 이승만 대통령 내외를 비롯한 우리 공식 수행원들을 위한 만찬을 베풀었다. 덜레스는 그날 오후 회의에서 서먹했던 이승만 대통령과의 관계를 만찬회에서 화해의 분위기로 일신하고자 나름대로 노력했다. 덜레스는 이승만

대통령을 참석자들에게 소개하면서, 다음과 같이 말했다.[112]

'연로하신 이 대통령께서 미국을 방문하시게 되면 어떻게 기쁘게 해 드릴까 나름대로 궁리를 했습니다. 좋은 방법이 없던 차에 문득 지난해 이 대통령께서 저희에게 보내 주신 반달곰 한 쌍을 떠올렸습니다. 현재 워싱턴 국립동물원에 있는 반달곰 2마리를 백악관에 데려다가 대통령님께 보여 드리면 좋겠다는 아이디어가 떠올랐습니다. 즉시 동물원에 확인해 봤으나 그간 너무 크게 자라서 데려올 수 없다는 말을 들었습니다. 아무튼, 대통령님께서 이 곰들처럼 노경에 들어 더욱 원기 왕성하시니 기쁩니다.'

이 말을 들은 이 대통령은 즉석에서 응수했다. "내가 기증한 곰들을 기억해 주니 고맙습니다. 그런데 어떡하죠? 나도 지금 동물원의 우리 안에 들어 있는 곰과 같이 행동의 자유가 없는 것을 느낄 때가 자주 있답니다."

이 대통령의 발언으로 장내에는 폭소가 터졌다. 이승만은 대한민국 대통령으로서 자신의 방식대로 통일을 이루지 못하는 답답하고 안타까운 심정을 이렇게 즉각 화답하는 기발한 지혜의 소유자였다. 이어서 이 대통령은 따끔한 말을 덧붙였다.

"미국 정부와 정치 지도자들에게는 공산 침략자들에 대해 더욱 단호하고 적극적인 방침과 전략이 필요합니다."[113]

이승만 대통령의 당당함

　이승만 대통령은 40년 간을 미국에서 망명생활을 했던 분이다. 외교를 통한 그의 독립운동은 미국이라는 비교적 개방적인 나라에서도 쉬운 일이 결코 아니었다. 미국 대통령을 비롯해 여야 지도자와 미 국무부 등의 인사들을 만나기가 힘들었고, 이승만 대통령은 나라도 없는 나라의 국민으로서 푸대접을 받을 만큼 받았다. 광복 이후, 정부수립, 6·25전쟁과 휴전에 이르기까지, 이 대통령에 대한 미국의 괄시는 심각했었다. 괄시 정도가 아니라 미국은 직접 이승만 대통령을 제거하려는 계획을 시도한 적도 있었다.

　이승만 대통령은 그런데에 주눅이들 위인이 아니었다. 비록 미국에 불가피하게 신세를 지고 원조는 받더라도 할 말은 하고 할 일은 해 버리는 인물이었다. 이승만 대통령의 과감한 행동들의 예로서 한국 전쟁 중의 반공포로 석방과 같은 행동은 죽음을 각오하지 않고는 할 수 없는 엄청난 일이었다. 그러나 이승만의 행동은 막가파식의 만용이 아니었다. 철저히 계산된 외교와 홍보활동이었다. 그의 말과 행동은 동양과 서양의 학문 및 교양을 두루 갖춘 당대 최고 지성인으로서의 자존심과 당당함을 바탕에 깔고 있는 것이었다.[114]

　건국 초기 이승만 같은 지도자가 있었다는 것은 오늘의 대한민국을 위해 감사한 일이 아닐 수 없다.

　당시 이승만 대통령 뿐 아니라 대한민국의 국부들에 해당하는 사람들도 용감하고 애국적이었다. UN 회원국이 되지 못해 옵서버 자격으로 참석해서 UN 총회를 참관하던 조병옥 박사(대한민국 초대 외무장관)를 본 UN 주재 소련 대사 말리크가 "저기 이승만의 개가 앉아 있다."고 소리쳤다. 이에 조병옥 박사는 "저기 스탈린의 개가 짖고 있다."며 되받아쳤다.

가난했지만 허약하지 않았던 초기 대한민국을 끌어간 사람들의 면면이다. 우리나라는 오늘 그런 호기가 없다. 점잖해져서인가 허약해져서인가? 우리는 지금 부자는 되었지만 강해지지는 못한 것 아닌가?

선견지명의 국제 전략가 이승만 박사

한국 최초의 국제 정치학자 이승만 박사

한국의 초대 대통령이 국제정치를 정확히 이해할 수 있었던 사람이라는 것은 신생 대한민국을 위해서는 정말 다행스러운 일이 아닐 수 없었다. 이승만 대통령은 한국 국민들이 박사라는 칭호로 불러 주기를 더 좋아했던 정치인이었지만 이승만은 진짜 박사였다. 미국의 명문 조지 워싱턴 대학에서 학사를 받았고, 하버드 대학에서 석사를 그리고 프린스턴 대학에서 국제정치를 연구해서 박사학위를 받은 인물이었다. 이승만 박사는 그의 학력은 물론 경력으로도 국제정세의 본질을 잘 이해하고 있던 사람이었다. 이승만 박사는 미국인들이 일본의 본질을 잘 이해하지 못하고 있는 사람이라며 답답해했고, 미국인들을 설득하려고 노력했다. 물론 이승만 박사의 경고를 미국인들은 별로 귀담아 듣지 않았다. 이승만 박사는 미국인들을 깨우치겠다는 일념으로 책을 저술했는데 그가 책을 저술한 본래의 목적이 '한국의 독립'을 위한 것이었음은 말할 필요도 없다.

이승만 박사는 1940년 거의 1년 동안의 시간을 『일본의 내막』 *Japan Inside Out*115)이라는 책을 저술하는데 바쳤다고 한다. 1941년 초 뉴욕에서 간행된 이 책에서 이 박사는 '일본 정치는 군사력에 의한 군국주의적 정복과 영토 확장이라는 기본 이념에 의거해 움직이고 있으므로 한국을 독립시켜야만 일본의 야심을 제어할 수 있다'고 역설했다. 또한 이승만 박사는 '미국은 일본과의 최종 대결을 방지하기 위해 경제, 도덕, 군사 등 모든 힘을 동원해 일본에 제재를 가해야 한다.'고 주장했다.

이승만은 미국이 자유 민주주의의 신념체계를 가진 나라라 하면서 당시 국제사회를 전체주의의 바다에 미국의 자유주의가 섬처럼 떠있는 것처럼 묘사했다. 그러나 평화주의를 앞세우면서 고립주의를 취하는 미국을 비판했다. 이승만은 '목적 여하를 불문하고 전쟁을 반대하는 자는 간첩처럼 위험하다'고 미국의 평화주의자들을 비난했다. 미국은 자유주의의 고귀한 이상을 실현해야 할 나라이며 세계가 미국의 리더십을 요구하는데 미국의 평화주의자들이 그 같은 일을 못하게 막고 있다는 입장에서였다.

이승만은 일본의 내막에서 미국이 잘못할 경우 일본은 미국을 침략할 것이며 더 나아가 공산화된 중국은 미국을 위협할 것이라고 예측했다. 이승만 박사의 예측은 단 1년 만에(일본의 진주만 공격) 그리고 10년도 채 되기 전에 현실(중국의 공산화 1949년)로 나타났다. 이승만 박사의 국제정치적 식견에 놀라지 않을 수 없다.

미국인들은 이승만 박사가 일본의 내막에서 주장한 내용들을 오히려 '전쟁을 도발하는 망언'이라고 혹평했다. 그러나 소설가 펄벅 여사는 아시아 매거진에 기고한 서평에서 '이 책은 진실이다'며 이 박사의 논리를 극찬했다고 한다.[116]

이승만 박사의 경고를 무시했던 미국은 결국 책이 출간된 해 12월 7일 진주만을 기습 공격당해 해군 병사를 비롯한 2,400여 명의 미국 군인이 사망하고 진주만에 정박하고 있던 미국 해군 전함 여러 척이 격침 당하는 치욕의 날을 맞이하게 된다. 루스벨트 대통령은 국회연설에서 12월 7일 진주만 공격의 날을 Day of Infamy, 즉 치욕의 날이라고 명명했는데 이승만 박사의 경고를 경청하고 대비했다면 상황은 달라졌을지도 모른다.

역사의 교훈은 '오로지 전쟁을 피하려고만 노력하는 나라 결국 전쟁을 하게 된다'는 역설적 교훈을 주고 있는데, 1939년 영국 체임벌린 수상이 벌렸던 행태와 1941년 미국 사회가 보였던 행태는 대단히 비슷하다. 영국은 독일의 비위를 맞춤으로써, 그리고 미국은 일본의 비위를 맞춤으로서 다가오는 전쟁을 피할 수 있다고 확신했지만, 군국주의 국가들인 독일과 일본은 영국과 미국의 유화적 태도를 '나약함의 반영'이라고 생각했을 뿐이다. 이승만은 일본의 내막에서 '크리스천은 깡패와 같은 국가에 대항하여 하나님으로부터 그들에게 부여받은 모든 것을 지키기 위해 칼을 빼 들어야 한다.'고 주장했다. 이승만 박사는 당시 더 이상 미국과의 외교만으로 (한국) 민족의 문제를 풀 수 없다고 인식했었던 것이다.

미국의 정치인들은 진주만 습격을 당한 후 이승만 박사의 혜안에 감탄했다. 미국은 곧바로 일본에 대해 선전포고하며, 태평양 전쟁이 시작되었다. 진주만 공격이 있던 다음 날 독일은 미국에 대해 먼저 선전포고를 단행, 전쟁은 5대양 6대주로 확대되었다. 본격적인 제2차 세계대전이 시작되었던 것이다. 그동안 관망만 하고 있던 세계최대의 경제 대국인 미국이 전쟁에 개입하게 되었다는 사실은 연합국 측이 궁극적으로 승리할 것이라는 믿음을 갖게 했다.

일본 제국주의의 운명은 미국과의 전쟁 결과에 따라 판가름 나게 될 것이지만 일본이 미국을 이기고 승리할 가능성은 사실상 별로 없었다. 당시 미국에 거주하고 있던 한국인들은 일본의 진주만 침공이 한국의 독립에 어떤 영향을 미칠 것인지에 대해 생각했다. 이승만 박사는 미국과 일본 사이의 전쟁 개시는 여태껏 한국이 싸웠던 일본과의 전쟁을 미국이 맡아주는 일이므로 환영할 만한 일이라고 생각했다.

이승만 박사는 일본 군국주의가 결국 미국에 의해 붕괴될 것이지만 한국이 일본과의 전쟁에 적극적인 참전국이 되지 못할 경우 해방이 한국이 원하는 대로 이루어지지 않을지도 모른다는 사실을 우려했다. 그래서 이승만 박사는 미국을 비롯한 서방국가들에 의해 임시정부가 승인을 받는 일이 대단히 중요하다는 사실을 강조했다. 이승만 박사는 무엇보다도 재미 한국인들은 일치단결하여 연합군의 일부로 대일 전쟁에서 피를 흘려야만 한다고 역설했다. 전쟁에서 피를 흘리지 않은 나라가 전쟁 승리의 대가를 배분하는 과정에서 제외될 것이라는 사실은 동서고금의 진리가 아닐 수 없다.

1991년 쿠웨이트를 점령한 이라크 군을 쫓아내는 걸프전쟁에서 그토록 많은 돈을 제공하고도 피를 흘리지 않았다는 이유 때문에 일본은 전쟁의 배당을 받는데 뒤로 밀릴 수밖에 없었다. 노무현 정부는 소수나마 전투병을 파견해 주기를 간곡히 원하는 미국의 요구를 거부하고 건설 부대를 3,000명 정도 이라크에 파병했다. 파견된 병력의 숫자로는 영국 다음의 대규모 병력이었지만 역시 미국은 한국을 미국의 반테러 전쟁을 도와준 나라의 서열에서 그다지 높이 쳐주지 않았다.

이승만 박사는 전쟁의 논리를 알고 있었던 사람이다. 물론 이승만 박사의 노력에도 불구하고 한국은 미국과 서방국가에 의해 대일전쟁 참전국의 일원으로 승인받지 못했다. 그러나 이승만 박사의 노력을 통해 법적으로는 '일본인'이었던 재미 한국인들은 우호적인 외국인(friendly alien) 대우를 받게 되었다. 미국 법무성은 한국인이 가지고 있던 일본 여권을 걷어가고 새로운 신분증을 발급해 주었다.

또한 한국인으로 구성된 군부대도 조직되었다. 재미 한국인 100명이 선발되어 군사훈련을 받은 후 미국의 특수부대 OSS 요원이 되어 일본의 후방으로 침투하도록 되어 있었다. 비록 전쟁이 예상보다 빨리 끝나는 바람에 한국인이 직접 전쟁에 참전하지는 못했지만, 일본이 항복한 후 미국이 일본을 점령하던 시기 한국인 부대는 극동에 배치되어 여러 임무를 수행했다.[117]

이승만 박사는 공산주의의 전략을 꿰뚫어보는 혜안이 있었다. 북한의 단독 공산정권 수립을 미리 예견했고, 한국 전쟁 발발에 대해서도 미국 측에 우려를 전달했다. 그는 외교관이자 군인이었고 전략가이자 정치가였다. 세계 최하위 극빈 국가의 지도자로서 미국의 정치인들과 힘겨운 싸움을 벌였다. 때로는 어르기도 하고 때로는 맞장을 떴다. 그는 대한민국을 건국했고 국가를 멸망의 위기에서 구해냈다. 이승만은 두고두고 한국 국민들이 혜택을 받을 수 있는 한미 동맹을 체결하기 위해 목숨을 각오한 전략적 행동(반공포로 석방)을 단행하기도 했다.

비록 노년의 과욕은 그로 하여금 정치권력에 눈 어두운 사람이 되게 했지만 이승만의 평가는 역사가들이 할 일이다. 이미 이승만 대통령은 국부(國父)의 반열에 올랐다. 이승만 때문에 목적을 달성하지 못한 북한과 그 추종 세력 때문에 이승만의 공(功)은 축소되고 과(過)는 부풀려지고 있지만 이승만 대통령은 가히 외교의 신이라 불릴 만큼 탁월한 능력으로 대한민국을 건국하고 지킨 인물임을 부정할 사람은 없을 것이라 확신한다.

PART 2
박정희의 외교전략

▲ 1961년 워싱턴 한·미 정상회담에서 케네디 대통령과 마주앉은 박정희 당
시 국가재건최고회의 의장이 선글라스를 쓴 채 담배를 피우고 있다. 두 사
람은 1917년생 동갑. 회담에서 케네디는 한국의 5개년 경제개발계획 지원
을 약속했고, 박 의장은 베트남 파병을 제의했다.

제 6 장

박정희 장군의 5·16 쿠데타와 미국

▲ 박정희와 케네디는 1917년생 동갑이었다. 미국은 박정희 장군을 한국의 국가발전 및 국가안보를 위해 도움이 될 인물이라고 긍정적으로 평가하고 지지했다.

"올 것이 왔다." 박정희 장군의 5·16 쿠데타

한국 사회의 혼란과 무능한 정부

1961년 5월 16일, 대한민국에 군사 쿠데타가 발발했다. 그러나 이것이 우리 민족의 역사에서 처음 야기된 '군사 정변'은 아니다. 고려 말기 무신 정권의 등장이 있었다. 1961년의 5·16 쿠데타 역시 세계사의 비정상은 아니었다. 당시 새로 수립된 신생 국가들에서 군사 쿠데타는 흔히 볼 수 있는 정치적 현상이었다. 군부 쿠데타가 제3세계 국가들에게서 흔히 보이는 정치 현상이 된 데에는 그럴만한 이유들이 충분히 존재했다.

우선 제3 세계 국가들 중에서 가장 현대화된 조직이 군부였고, 제3세계 국가들 대부분은 그 나라에서 가장 교육을 잘 받아 학력이 제일 높았던 집단들이 바로 그 나라의 장교단이었다. 이는 1960년대 대한민국의 경우에도 마찬가지 현상이었다. 한국 전쟁을 통해 그 규모가 대폭 증강된 이후 무시할 수 없는 한국 사회의 중추세력이 된 당시 대한민국의 군부는 어떤 조직보다도 가장 현대화된 조직이었고 동시에 가장 학력도 높은 조직이었다. 지금 대한민국이 세계의 선진국 반열에 오른 이 시점에서도 대한민국의 장교단은 이 같은 속성을 대체로 유지하고 있다. 대한민국의 장교가 되기 위해서는 이제 4년제 대학 이상을 졸업하지 않으면 안 되는데 구성원 전원이 대졸 이상인 조직이 대한민국 장교단 외에 어디 있겠는가?

지식인들이 말하듯 '무식한 군인 놈들'이라는 말은 상황에 대한 올바른 표현은 아니다. 특히 1960년대 초반 대한민국 장교단은 가장 '유식한' 사람들이었다. 서구를 대표하는 미국을 가장 잘 알고, 미국의 전략을 가장 잘 인식하고 있던 사람들이 당시 대한민국 장교단의 구성원들이었다. 미국의 각종 군사학교를 졸업하고 온 젊은이들이 많이 소속되어 있었던 한국의 장교단은 1960년대 초반 한국 사회 이떤 집단보다 현대화, 조직회, 고학력화되어 있었다. 게다가 정치권력의 핵심인 '폭력'마저 장악하고 있던 군부가 정치에 개입할 개연성은 사실 상존(常存)하고 있던 상황이었다.

1960년 4월 19일 발발한 학생의거는 4월 26일 이승만 대통령의 하야선언으로 인해 정권 교체에 성공했지만, 자신의 힘으로 정권을 잡지 못한 제2 공화국은 그야말로 혼란과 무질서의 연속이었다.

당시 대한민국의 수준에서 '자유방임적 정부'란 사실은 개발도상국 정치발전의 기본인 '질서'조차 제공해 주지 못하는 '무능한 정부'라는 말과 동의어였다.

세계적 명성을 날린 미국의 정치학자 사무엘 헌팅턴(Samuel P. Huntington) 교수는 정치 발전의 기초를 '질서'에서 찾았다. 민주당 정부의 제2 공화국은 대한민국 사회에 '질서'를 제공할 수 없었다.

북한으로부터 언제라도 공격받을 수 있는 위험한 상황 아래 놓여 있는 대한민국에 기본적인 질서가 없었다는 사실은 군사 쿠데타를 정당화시킬 수 있는 원인 제공 요인이 되었다. 초등학생들이 담임선생님 바꿔 달라고 길거리에 나와 시위를 할 정도였고, 대학생들이 당시 세계 정치구조를 완벽하게 무시한 채, 북한과 협상을 통해 통일국가를 건설하겠다고 설쳤던 제2 공화국은 민주주의 정부이기 이전에 무능한 정부였다.

특히 북한과의 통일 협상을 주장하는 학생들은 민족통일연맹(민통련)이라는 좌익 성향의 조직에 소속된 이들이 많았으며 이들은 민족분단을 해결하고 경제발전을 이룩하는 방법은 외세 즉 미국의 배제라고 주장했다. 이들의 주장은 너무 과격해서 동조하는 사람은 극소수에 불과했고 많은 국민들의 우려를 자아냈다.

이처럼 사회질서는 국체(國體)는 물론 정체(政體)[118]마저 흔들리는 상황에서 한국 국민들은 당시 국정을 책임지고 있던 장면 정부를 믿고 따를 수 없었다. 국민 중 겨우 3.7%만이 장면 정부를 지지한다고 대답했고, 51.5%는 두고 보겠다고 응답했을 정도다.[119]

4·19 혁명을 지지했고, 장면 민주 정부를 지지했던 미국은 '한국 국민 전체가 믿고 따를 수 있는 국가적 이상과 목표, 정책을 상상력과 비전, 에너지를 가지고 이를 제시할 만한 지도자와 집단을 발견할 수 없었다. 강력한 지도자가 국가적 이상과 정책을 제시해야만 한국 사회의 정신적, 사회적 혼란이 끝날 것…'이라고 생각했다.[120]

당시 매카나기 주한 미국대사는 본국에 발송한 전문에서 장면 정부의 인사정책에서 정직하고 청렴한 젊은 관료를 외면한 것에 실망을 표시하며 장면 행정부 내에서는 유능하고 장래가 촉망되는 인재들이 중용되기 어렵다고 평가했다.[121]

5·16 군사 쿠데타의 발발: 올 것이 왔다

　미국은 한국에서 어떤 형태든 1961년 3~4월 무렵 정변이 발생할 수 있는 상황이라며 장면 정부를 비관적으로 보고 있었다. 미국이 예상했던 정변은 5·16 군사 쿠데타로 나타났다. 250여 명의 장교, 3,500명의 병력이 주도한 무혈 쿠데타였다. 이 쿠데타를 주도한 사람은 41세의 육군 소장 박정희였다. 박정희는 4·19 혁명을 지지했지만, 4·19 이후 정권을 잡은 정치인들을 비판했고 무능한 정치인에 대한 실망과 좌절은 박정희가 쿠데타를 결심한 가장 중요한 원인이었다.

　아무런 저항도 받지 않은 채 쿠데타에 성공한 박정희 장군의 혁명군은 특별방송을 통해 혁명세력이 행정부, 사법부, 입법부를 모두 장악했다고 발표하고 '한국 사회에 만연한 부정부패를 척결하고 국가가 처한 어려운 상황을 극복하기 위해서 혁명을 단행했다고 발표했다. 박정희의 혁명군은 3일 후 혁명위원회를 '국가재건 최고회의'라고 이름을 바꾼 후 본격적인 정치 개혁에 착수했다. 거사 이후 단 6일 만에 장면을 포함한 2,000여 명의 정치인을 체포했다. 그리고 여름이 끝날 무렵까지 약 17,000명의 공무원, 2,000명의 장교가 체포되어 해임을 당하거나 전역당했다. 민통련의 학생 지도자들이 검거되었고, 사회정화를 위해 약 13,000명의 불량배들을 체포했다.

이처럼 정치 개혁 과정이 극단적이었음에도 불구하고 한국 국민들의 반응은 나쁘지 않았다. 특히 혁명세력이 불량 폭력배를 대거 검거하자 국민들은 환호를 보냈다. 민주정권의 불법적인 붕괴에 우려를 표시했던 미국도 박정희의 쿠데타를 지지했다.

물론 미국이 박정희의 쿠데타를 제압하려고 마음 먹었다면 이를 충분히 제압할 수 있었다. 사실 쿠데타 직후 주한 미군 지휘관들과 주한 미국 대사관은 쿠데타 세력에 대해 불쾌감을 나타냈고, 이들을 제압하고 장면 정부를 복원해야 한다고 주장하기도 했다. 당시 주한 미군 총사령관 맥구르더 대장은 쿠데타 군을 제압하기 위한 군사적 조치를 명령했고 미국 대사관도 이를 지지했다. 물론 본국의 국방부와 국무부는 관망하자는 입장을 취했다.

미군 사령관의 쿠데타 군 진압에 관해 당시 명목상 국가통치자였던 윤보선 대통령은 미군이 쿠데타 군과 전투를 벌이는 것에 반대한다는 입장을 밝혔다. 차라리 '올 것이 왔다.'고 생각했었다. 박정희의 군사 쿠데타가 아직도 논란의 대상이 되고 있지만 당시 상황은 군사 쿠데타가 발발해도 정당화될 수 있는 모든 조건을 다 갖춘 상황이었다는 사실이 간과되어서는 안 된다.

당시 미국의 케네디 행정부는 신속히 박정희 혁명세력을 지지하기 시작했다. 혁명세력의 부정부패 척결의지, 경제발전에 대한 비전, 국가발전을 추진하는 과정에서 보여준 능력 등을 긍정적으로 평가한 결과다.

케네디 정부는 1961년 11월 박정희를 초청했는데 이는 박정희 군사정부의 정당성을 인정해 주는 것이었고 박정희는 자신의 정권을 안정화시키고 입지를 강화하는 계기로 이를 활용했다.

미국 군부의 5·16 지지

박정희 장군의 쿠데타는 미국 국방부에 의해 특히 강력한 지지를 받았다. 국가 안보가 더욱 중요한 관점일 수밖에 없는 미국 국방부가 한국에 강한 반공 정부가 출현하는 것을 지지한다는 것은 자연스런 일이기도 했다. 미국의 외무부는 미국 국방부가 박정희의 쿠데타를 지지하는데 대해 불만이 있었다. 박정희가 능력이 있다는 점과 의도와 방법이 올바른 것인지에 대해서는 충분히 의문을 제기할 수 있었다.

한국에서 근무했던 경험이 있었던 미군 장교들이 혁명정부에 대한 미국의 지지를 이끌어내는데 중요한 역할을 했다. 한국 전쟁 당시 한국군의 성장과 증강에 기여했던 제임스 밴플리트 장군은 1962년 7월 한국을 방문, 박정희와 혁명 주도 세력을 만났다. 이후 밴플리트 장군은 국무부 관료들을 만나는 기회가 있을 때마다 한국의 혁명 지도자를 지지하고 옹호했다. 박정희 정권에 대한 밴플리트 장군 같은 저명한 지휘관의 지지는 케네디 행정부가 박정희의 쿠데타에 대한 입장을 우호적인 것으로 바꾸는데 결정적으로 기여했다.

▲ 1961년 5월 16일 쿠데타를 단행한 박정희 장군

경제발전 단계설로 유명한 로스토우(Walter Rostow) 교수는 개발도상국에서 사회·경제 개혁을 추진할 수 있는 가장 믿을 만한 잠재세력은 군부라고 주장했다. 케네디 행정부가 출범한 직후 로스토우 교수는 제3세계 국가에서 군대를 자극하고 지원하여 이들이 경제 발전과 근대화를 주도하는 과정에서 빨리 좋은 성과를 낼 수 있도록 지원하자고 주장했다.

밴플리트 장군과 같은 저명한 군사 지도자의 국제 안보적 관점, 로스토우 같이 저명한 경제발전 이론가의 우호적인 해석은 박정희의 군사 쿠데타가 성공하는데 결정적으로 중요한 국제 환경, 즉 미국의 지지를 얻어내는데 기여했다.

물론 당시 내각책임제 정부의 허수아비 지도자의 입장이기는 했지만 윤보선 대통령의 '올 것이 왔다'는 관점은 박정희 쿠데타의 거사 배경과 성공을 설명해 주는 용어가 아닐 수 없었다.

반공을 국시로, 미국과의 우의를 더욱 돈독히⋯ 박정희의 혁명 공약

　1961년 5월 16일 군사 쿠데타를 일으킨 박정희 육군 소장은 쿠데타와 함께 혁명 공약을 발표했다. 여기서 쿠데타와 혁명에 관한 개념상의 설명이 필요할 것 같다. 많은 한국인들이 혁명은 무엇인가 좋은 것, 쿠데타는 무엇인가 나쁜 것으로 생각하는 경향이 있기 때문이다. 그러나 두 개념은 사회 및 정치 변동을 설명하는 학술 용어로서 어느 개념은 좋은 것이고 어느 개념은 나쁜 것이라고 말할 수 있는 것이 아니다. 혁명이란, 사회 전반의 급진적 대 변혁이 초래된 현상을 통칭하는 것이고, 쿠데타란, 급격하고 폭력적인 수단(주로 군사적)에 의해 기존 정권의 기능을 종식시키는 행위를 의미한다.

　예로써 1917년 러시아 제정을 무너뜨린 러시아 혁명, 프랑스 왕정을 종식시킨 프랑스 혁명, 그리고 세계 최초로 민주주의 국가를 건설한 미국의 독립 등을 혁명이라고 부른다. 쿠데타(Coup d'etat)란 문자 그대로 국가에 일격을 가한다는 의미로 기존 정권을 폭력적 수단에 의해 급격히 붕괴시키는 것을 의미하는데, 상황에 따라 좋은 혁명, 나쁜 혁명, 좋은 쿠데타, 나쁜 쿠데타가 가능할 것이다.

　박정희 장군은 제2 공화국을 일거에 종식시킨 군사 쿠데타를 일으킨 것이고 5·16은 역사상 성공한 쿠데타로 남는다. 쿠데타였지만 당시 사회 정치 경제의 전반적인 변화를 희구했다는 점에서 쿠데타를 일으킨 주역들은 자신들의 거사를 '혁명'으로 부르고 싶어 했다. 그러나 5·16 주도 세력들이 대한민국의 국체(國體)와 정체(政體)인 자유민주주의 체제, 공화 체제, 자본주의 체제에 대 변혁을 추구한 것은 아니기 때문에 5·16을 정치학 교과서에서 의미하는 혁명이라고 말하기 어렵다. 물론 같은 의미에서 4·19도 혁명의 범주에 들어가지 않는다.

　박정희 장군은 혁명 직후 5개 항의 혁명 공약을 발표했는데 그 내용은 대한민국을 변혁하겠다는 것이 아니라 대한민국이 지향하는 이념과 가치를 더욱 강화시키겠다는 것이었다. 박정희 장군의 혁명 공약 5개 항은 다음과 같다.

① 반공을 국시의 제1로 삼고 지금까지 형식과 구호에만 그쳤던 반공의 태세를 재정비 강화함으로써 외침의 위기에 대비하고,

② 국련(UN)헌장을 충실히 준수하고 국제협약을 이행하며 미국을 위시한 자유 우방과의 유대를 강화함으로써 국제적인 고립에서 벗어나야 하고,

③ 구정권 하에 있었던 모든 사회적 부패와 정치적인 구악을 일소하고 청신한 기풍의 진작과 퇴폐한 국민 도의와 민족정기를 바로 잡음으로써 민족·민주정신을 함양하며,

④ 국가 자립경제 재건에 총력을 경주하여 기아선상에서 방황하는

민생고를 해결함으로써 국민의 희망을 제고시키고,
⑤ 북한 공산세력을 뒤엎을 수 있는 국가의 실력을 배양함으로써 민족적 숙원인 국토통일을 이룩한다.

혁명 공약 제1항은 국가 안보에 관한 것이다. 당시나 지금이나 대한민국의 국가 안보에 대한 가장 큰 위협은 북한이다. 이제 북한은 주체사상이라는 사이비 공산주의 국가이지만 60년대 초반, 국제 공산주의 세력이 기세 등등할 당시 박정희가 지적한 반공 태세 강화야 말로 국가 안보태세 강화와 동의어였다. 특히 당시 한국 사회의 이념적 혼란이 극에 달했던 상황에서 내부의 적을 소탕함으로써 북한의 침략을 막겠다는 의지의 표현은 바로 국가 안보 문제를 해결하는 첩경이었다.

혁명공약 제2항은 특별하다. 박정희는 '국제연합헌장을 충실히 준수하고 국제 협약을 이행하며, 미국을 위시한 자유 우방과의 유대를 강화함으로써, 국제적인 고립에서 벗어나겠다.'고 선언했다.

당시 전 세계적으로 제3 세계 국가들에서 민족주의에 입각한 군인들의 쿠데타가 빈번히 발생하던 시절이었고 한국의 쿠데타도 그런 맥락에서 볼 수 있었을 것이다. 제3 세계의 민족주의란 반제국주의를 의미했으며, 반미라는 개념이 서서히 자라나고 있던 무렵이었다. 1960년대 제3 세계에서 군사 쿠데타가 성행했던 본질적인 이유가 제3세계 국가들에서 가장 교육을 잘 받았고 근대화된 집단이 바로 군부였다는 점은 이미 지적한 바 있다.

대한민국의 경우도 당시 가장 잘 교육되고 조직된 집단이 군부였다. 그러나 박정희는 한국에서 보다 확실한 자유민주주의의 국가를 건설하겠다는 사실을 강조하고 이를 위해서 특히 미국 등 우방국과의 '우호와 협력'이 절실하다고 강조했던 것이다.

박정희 장군은 조국의 빈곤함이 혁명거사의 이유였다고 주장한다. 그는 1960년대 초반 대한민국의 경제 상황에 한탄하며 혁명을 꿈꾸었는데 그가 제시한 자료는 대한민국의 국가 예산 중 무려 52%가 미국의 원조로 충당되고 있다는 처절한 현실이었다.

박정희는 혁명의 소회를 밝힌 책『국가와 혁명과 나』에서 '…이같이, 국가 운영의 기본 살림인 나라의 예산마저도 절반이 넘도록 미국에 의존하고 있었던 것이다.'[122] 라며 한탄하고 있다.

'독립된 국가이면서도, 통계상으로 보는 한국의 실 가치는 48%에 불과했다. 달리 말을 바꾸어 본다면, 한국에 대한 미국의 발언권은 52%를 차지하고 우리는 그만큼 의존할 수밖에 없다는 의미도 된다. 동시에 그것은 한국에 대한 미국의 관심도라고 말할 수 있을 것이다. 미국의 원조가 없으면 우리 정부는 당장에 문을 닫게 된다는 것을 극적으로 표현하는 것이기도 하다'[123]고 말하고 있다.

여기까지 읽으면 우리는 박정희 장군이 상당한 반미감정을 가진 민족주의자일 것이라고 생각할 수 있을 것이다. 그러나 박정희는 현실주의자였고 미국을 감정적으로 미워하는 사람이 아니었다. 박정희는 혹시 자신의 언급이 오해를 불러일으킬지 모른다는 생각에 자신이 생각하는 미국을 구체적으로 표현했다.

'물론 우리는 이러한 사정을 들추어서 촌호(寸毫)도 의식적인 곡해를 일으킨다거나 감사하는 마음에 검은 보자기를 씌우려는 것은 아니다. 고마운 것은 어디까지나 감사해야 하는 것이다. 왜냐하면

이것은 어디까지나 예의에 관한 문제이기 때문이다.'

미국이라는 국가에 반대하는 것이 마치 지식인의 당연한 태도인 것처럼 생각하는 것이 현 세태다. 학생들에게 "미국의 지원을 고마워해야 된다"고 말하면 "미국이 자신을 위해 한국을 도와준 것 아니냐"며 반문하는 청년들이 많다. 박정희의 '고마운 것은 어디까지나 감사해야 하는 것이다.'라는 말은 아무리 삭막한 국제정치의 세상이라 할지라도 반드시 존재해야 하는 최소한의 국제 예의라고 말할 수 있겠다. 미국이 자국의 이익이 있기 때문에 도와준 것이 사실이겠지만, 미국의 도움으로 대한민국은 살아났고 번영할 수 있었다는 사실마저 깡그리 무시할 수는 없는 일이다. 박정희의 말대로 고마운 것은 감사해야 하는 것이다.

미국의 지식인으로 자처하는 사람들 중에는 미국이 이웃 캐나다, 멕시코 등 전혀 미국에 도전하는 국가가 없는데 무엇 때문에 그렇게 많은 국방비를 쓰는지 모르겠다며 불평을 늘어놓는 이들도 있다. 미국이 이들의 관점대로 정책을 만들고 집행해 왔다면 지금 대한민국 국민들은 모두 김일성 왕조의 폭압적 지배체제 아래 신음하는 조선의 신민(臣民)들이 되어 있을 것이 분명하지 않겠나?

동시에 박정희의 친미는 개념없는 무조건적인 친미가 아니었다. 미국의 고마움을 알지만 스스로의 생활 능력을 갖추지 않으면 안 된다는 절박함이 포함되어 있는 친미였던 것이다.

"내일이라도 미국의 원조와 관심이 끊어진다면 우리는 무슨 대비를 강구할 것인가? 하루라도 빨리 자주경제를 확립하고 내 살림을 내가 맡아 해 나가는 숙원을 이룩해야 한다. 자주! 그것은 오직 자주경제 이외에 잡을 그물이 없는 것이다."[124)

　박정희는 미국이 엄청난 금액의 원조를 해 주었지만 그 원조가 우리가 원하는 것이 아니었음을 지적한다. 박정희는 "… 이 무렵 미국의 원조가 우리가 요망하는 공업생산 시설에 대해 얼마나 인색하고, 되레 원하지도 않는 소비재 분야에만 적극적이었다는 것을 알 수 있다."[125)고 분명한 어조로 미국을 비판한다. 미국의 원조가 우리가 절실히 필요로 하는 내용과 거리가 먼 방식을 취했다는 것이다.

　그러나 이것이 전적으로 미국의 잘못인가? 아니다. 박정희는 '우리 한국 측의 정책 부족과 노력의 부족 그리고 구 정권의 부패'를 함께 비판하고 있다. 박정희는 "조국과 민족의 위기가 경제에 오직 달려 있다는 것을 통감하고, 혁명 이전에 틈틈이 힌 조촐한 경제 학도로서 이 방면을 더듬어 보았고 정치에 얼마간의 관심을 기울여 본데 지나지 않는다"라며 자신의 학구열과 지식을 겸손하게 표현하고 있다. 그러나 그의 글을 보면 후진국의 청년 장교로서 국가와 민족의 장래를 진정으로 걱정하고 동시에 공부하고 있었음을 잘 느낄 수 있다.

　박정희는 경제개발이라는 국가의 사명을 달성하는 방안이 어디 있는지를 알고 있었다. 그는 "우리의 경제문제 해결은 솔직히 미국의 원조를 떠나서는 상상조차 할 수 없는게 현실이다. 그러므로 이 문제의 조속한 해결은 어디까지나 미국의 새로운 이해와 적극적인 협력 여하에 달려 있다.[126) 그리고 꾸준하고 성실한 우리의 피나는 노력 여부에 매여 있다." 라고 말하고 있는 것이다.

미국의 경제원조 정책이 우리나라의 진정한 발전에 기여하지 못한 것임을 비판하는 박정희는 미국이 사악한 의도를 가지고 대한민국의 경제 발전을 억지하기 위해서 그리한 것이 아님을 이해하고 설명한다. 우리가 불균형하게 많은 군사력을 유지하고 있는 이유를 "언제 어디에서 어떤 사태가 발발할지도 모르는 휴전상태 하에서나 또는 국토통일의 과업, 나아가서 미국을 중심으로 한 자유 태평양 지역에 있어서 아시아 대륙에 구축된 유일한 교두보라는 점에서 60만의 군대는 오히려 소규모라 할 것이다. 그러기에 미국도 그 대부분이 여기 군사력 유지에 사용되는 원조를 계속할 수 없고, 따라서 우리로서도 이 엄청난 불균형 상태를 마다 할 수 없는 것이다."127)

박정희의 균형 잡힌 미국에 대한 관점은 그가 대한민국의 최고 권력자로 재직하는 기간 동안 그의 대미 외교안보 정책의 근간을 이루는 것이었다. 혁명을 일으킨 직후 그의 미국에 대한 관점은 '고마운 후원자'라는 것이다. "…미국에 대한 원조가 한국의 경제면에 어쨌든 크게 기여하였음을 인정한다. 그러나 이와 같은 미국 측의 성의에도 불구하고 그 원조정책에 묘를 득하지 못한 것은 한국 정부의 정책 부재 및 부패 등의 요소로 국가경제의 중추 분야가 파탄 직전에 허덕이게 되었다."128)

미국을 우리가 적절히 이용함으로써 우리나라를 더욱 발전시키는 계기로 삼아야 한다는 발상이 바로 주체적인 발상 아니겠는가? 박정희는 '누구 때문에?' 라고 평계를 대기보다 우리가 잘하면 할 수 있다는 철학으로 나라를 끌어갔다. 자신의 모든 잘못은 덮어 둔 채 미국 때문에 이 모양이 되었다고 목청 높이는 북한, 그리고 이 같은 입장을 추종하는 이 땅의 종북주의 세력들은 자신의 문제부터 겸허하게 되돌아보아야 할 것이다.

▲ 1976년 5월 포철제2고로 화입식에서 직접 불을 댕기는 박정희 대통령. 박 대통령은 수출주도경제와 중화학공업화 노선을 통해 경제발전에 성공했다

▲ 박정희 대통령이 1978년 안흥시험장에서 최초의 국산미사일 백곰의 발사
  장면을 지켜보고 있다.

© 국방과학연구소

제 7 장

박정희의 부국강병과 미국

▲ 박정희 대통령이 국내에서 생산된 무기를 살펴보고 있다.
박정희는 강병의 원천은 부국에 있다고 생각하고 경제발전에 더욱 매진
했다.

박정희 시대의 대한민국: 격동적 안보상황

박정희 정권 18년 5개월 10일은 국제정치 상으로는 굵직굵직한 대사건과 위기(Crisis)의 연속이었고, 박정희는 이 위기 상황들을 모두 성공적으로 돌파해 내었다.

박정희는 한반도에서 전쟁을 피할 수 있었고 열악한 안보 상황에도 불구하고 기적의 경제 발전을 이룩했기 때문이다. 우선 박정희의 대미 외교 정책을 분석하기 위해서는 박정희 시대의 안보환경을 이해할 필요가 있다. 역대 대한민국 어느 대통령보다 안보가 불안정한 시대가 박정희 집권기였다.

박정희 정권은 한국 역사상 가장 오래 지속된 정권이었다. 1948년 8월 15일 한국 정부가 수립된 이후 2022년 4월까지 총 7,837개월 중 박정희 시대는 대한민국 역사의 28% 이상에 해당되는 $221\frac{1}{3}$개월이었다. 가장 오랜 기간 동안 대통령직을 수행했고, 외교 및 국방에 관한 상황 변화도 가장 격렬한 시대였다.

냉전이 한창 피크에 올랐던 시절, 냉전의 최전선에 위치한 나라의 지도자였던 박정희는 무엇보다도 국가 안보에 신경을 쓰지 않을 수 없는 안보 대통령일 수밖에 없었다. 박정희 대통령이 당면했던 안보 환경을 이슈와 시대별로 분석해보자.

미국의 전략이 변화한 60년대:
대량 보복 전략으로부터 유연 반응 전략으로

박정희가 쿠데타를 일으켜 권력을 장악했던 무렵의 국제정치 환경의 특징은 첨예한 냉전체제(Tight Bipolar System)가 진행되던 시대였다. 1961년 1월 미국 대통령으로 취임한 케네디는 소련의 위협에 적극적으로 대처하고 소련과의 경쟁에서 승자가 되겠다는 야심찬 계획을 구체화시키고 있었다. 진임 아이젠하워 대통령 재임 중인 1960년 봄, 미국 정찰기 U-2기가 소련 상공에서 격추된 이후, 미소 관계는 더욱 악화되었고 소련은 제3 세계의 '민족 해방운동'의 후원에 박차를 가하고 있던 시점이었다.

소련과의 갈등이 장기화될 것을 인식한 케네디 대통령은 국방 전략으로 '유연 반응 전략(Flexible Response Strategy)'을 채택하였다.[129]

전임 아이젠하워 대통령이 소련의 도발에 대해 대량 보복(Massive Retaliation) 전략으로 대응하겠다던 전략을 대폭 수정한 것이었다. 대량 보복 전략이란, 한국 전쟁에서 교훈을 얻은 미국이 앞으로 소련의 지원을 받는 도발이 또 다시 발생할 경우, 미국은 미국이 선택한 지역에서, 미국이 선택한 방법으로(즉 핵을 동원하여) 대량 보복하겠다는 전략이었다. 그러나 소련은 미국의 핵전쟁 협박에도 굴하지 않고 세계 도처에서 좌파 게릴라 전쟁을 계속 지원하고 있었다. 특히 월남전이 점차 확전되고 있던 중이었다.

케네디 대통령은 소련과 중국 공산주의자들이 지원하는 월남의 게릴라를 핵폭격 할 수는 없는 노릇이었다. 그렇다고 월남을 수수방관한 채 놓아둘 수도 없었다. 미국은 게릴라 전쟁에는 게릴라 전쟁방식으로 대응하겠다는 새로운 전략 개념을 발전시켰다. 미국은 소련이 지원하는 제3 세계의 어떤 종류의 도발에도 적극 대응하겠다는 의지를 표명한 것이다.

케네디 대통령은 1961년 게릴라 전을 전문적으로 담당하는 특수부대인 그린베레(Green Beret)의 공식 창설을 지시했고, 점차 확전되고 있는 베트남의 게릴라 전쟁에 점진적이지만 개입하기 시작했다. 1960년대 초반의 월남 전쟁이라는 국제정치 상황은 한반도에 불리하게 투영될 수밖에 없었다.

즉 소련의 보다 적극적인 '민족 해방 전쟁' 지원은 정규전(6·25 한국 전쟁)에서 실패한 북한이 6·25 한국 전쟁 이후 줄기차게 시도한 대남 전략과 정확히 일치하는 것이라는 점에서 한국에게는 큰 안보 위협이 되었다. 동시에 미국의 관심은 보다 다급해 보이는 월남으로 집중되고 있는 상황이었다. 한국에 대한 미국의 적극적인 지원이 줄어들 가능성이 있다는 점에서 우려스러운 상황이었다.

이 같은 상황에서 박정희 정권은 한국의 안보에서 미국이 차지하는 중요성을 정확하게 인식하고 있었고, 미국과 양호한 관계를 유지하기 위해 노력했다. '반공을 국시의 제1로 한다.'와 'UN헌장을 준수하고 국제협약을 충실히 이행할 것이며 미국을 위시한 자유 우방과의 유대를 더욱 공고히 한다.'는 혁명공약은 쿠데타 정권의 성격을 분명히 밝힌 것이며 한국의 쿠데타를 인정하지 않으려던 미국의 분위기를 바꾸게 만든 요인이었다.

1960년대는 냉전이 심화되던 시기였기 때문에 국제정치 상황은 비교적 단순했다. 첨예한 미소 냉전 체제 아래서 대부분의 국가들은 미국 혹은 소련 진영 중 한편에 가담할 수밖에 없는 상황이었고, 같은 진영 국가들 사이에서는 긴밀한 결속(Intra Bloc Cohesion) 그리고 다른 진영에 속하는 국가들과는 첨예한 대립(Inter Bloc Hostility)이 특징적으로 나타났다.130)

그 결과 한국과 같은 냉전의 첨단 지역에 놓인 국가는 한국이 속한 냉진 진영의 맹주인 미국과의 관계를 잘 유지할 수 있느냐가 외교 및 안보 정책의 관건이었다.

냉전시대 국제 정치의 규율 중 하나였던 '진영 내부의 결속'은 사실 한국 외교의 고뇌 중 하나였다. 같은 진영에 속하는 일본과 한국이 결속력을 갖춘 국가로 상호 협력하지 못하고 있다는 사실은 전 지구적 차원에서 소련과 냉전을 벌이고 있는 미국이 보기에 대단히 불편한 일이었다. 동북아시아에서의 대 소련 반공 전열에 균열이 간 것과 마찬가지 상황이었기 때문이다. 그래서 박정희 정권이 당면했던 외교 현안 중 하나가 한일 국교정상화 문제였던 것이다. 한국 국민의 일본에 대한 반감 수준은 그때나 지금이나 다름없었다. 어떤 정부라 할지라도 일본과 관계 정상화를 하기 위해서는 국내 정치적 모험을 감수하지 않으면 안 되었다. 박정희 정권은 국제

정치로는 반드시 해야 할 일이지만 국내 정치적으로는 대단한 모험이 아닐 수 없는 한일 국교정상화를 단행할 수 있는 정권이었다.

월남전쟁의 확전

1960년대 박정희 정권이 당면했던 또 다른 안보 도전은 점차 확전일로에 놓인 월남전쟁이었다. 1963년 11월 케네디 대통령이 암살 당한 후 새 미국 대통령이 된 존슨 대통령도 강력한 반공주의자였으며 공산주의 세력의 확장에 대해 케네디 이상의 강경 정책을 추구했다. 1964년 중국이 핵무기 개발에 성공한 후 미국은 베트남에 대한 군사적 개입을 더욱 확대하고자 했다. 1960년대 미국의 대아시아 정책의 기본은 베트남에서 '중국의 팽창주의'를 근원적으로 봉쇄한다는 것이었기 때문이다.[131]

박정희는 케네디를 방문했던 1961년 11월 당시 월남에 한국군의 파병을 제의했고[132] 미국은 1963년 여름, 한국 정부에 월남에 의료지원단 파견을 정식으로 요청하였다. 미국의 존슨 행정부는 월남의 공산화를 확실하게 저지할 수 있는 유일한 방법은 미국의 군사개입 뿐이라고 믿게 되었다. 미국은 월남에 고문관을 파견하기 시작했고 1964년 말 그 숫자가 23,000명에 이르렀다. 그러나 미국은 보다 많은 우방국의 지원을 얻는 것이 현실적으로 대단히 중요했다. 1964년 5월 존슨 행정부는 한국을 포함한 우방국 25개국에 월남 전쟁에 지원을 요청하는 서신을 보냈다. 이미 파병을 마음속으로 결정하고 있었지만, 박정희는 가까운 장래에 전투병의 파병이 현실로 닥쳐올 것이라고 생각하고 있었다.

북한 게릴라들의 준동

1960년대 말, 박정희 정권이 당면한 가장 위협적인 안보 불안은 북한의 군사적 준동과 도발들로 인한 것이었다. 1950~1953년 북한이 벌인 6·25 한국 전쟁은 '정규전'이었고 북한은 자신들의 목적인 대남 적화 통일에 실패했다. 북한은 한국을 전복할 기회를 지속적으로 노리고 있던 중 1960년대 중반 이후부터는 월남 및 다른 제 3세계에서 효과적 방법으로 증명된 게릴라 전쟁 방식을 통해 한국을

◀ 생포된 무장공비 김신조

전복하고자 시도했다.

1968년 1월 21일 특수훈련을 받은 수 십 명의 북한 무장공비가 청와대를 기습하기 위해 서울 한복판까지 침투한 사건이 발생했다. 바로 2일 뒤인 23일 오후에는 북한이 원산 앞바다에서 정보활동을 벌이던 미 해군 정보수집함 푸에블로(Pueblo)호를 나포하는 사건이 발생했다. 박정희는 북한에 대한 군사보복을 생각했지만 월남 사정이 악화일로에 있던 미국은 박정희를 자제시키려 노력했다. 박정희는 푸에블로호 사건을 1·21 사태 등과 연계시키려 했으나 미국은 단독으로 북한과 비밀협상을 통해 사건을 해결하려 하였다. 이 과정에서 노출된 한미 양국의 인식 차는 박정희로 하여금 자주국방에의 의지를 더욱 확실하게 다지게 하는 계기가 되었다. 1968년 11월 울진 삼척 지역에 약 60명의 무장공비가 또 다시 침투하는 등 북한은 월남의 사태에 고무되어 한국에서도 게릴라 전쟁을 본격적으로 시도하기 시작했다. 울진 삼척에서 출현한 무장공비 소탕 작업이 한창이던 당시 미국에서는 공화당의 닉슨이 대통령 선거에 당선되었다.

닉슨 독트린

미국 역대 어느 대통령 못지않은 반공 투사이며, 미국의 월남전 참전을 적극 지지했던 닉슨은 대통령에 당선된 직후부터 월남전의 조속한 종식을 모색하기 시작했다.[133]

1969년 닉슨 대통령은 괌(Guam) 섬 부근에 정착 중인 항공모함 호넷트호에서 달에 최초로 착륙한 후 지구로 귀환하는 우주인을 맞이했다. 닉슨과 미국으로서는 상당히 기분 좋은 날이었다. 미국이 우주 경쟁에서 소련을 완전히 제압한 전기가 되는 순간이었기 때문이다.

그 다음날인 1969년 7월 25일, 닉슨 대통령은 괌 섬의 장교클럽에서 비공식 기자 간담회를 가졌다. 한 기자가 베트남처럼 곤경에 빠진 아시아 동맹국이 있으면 미국은 어떠한 지원을 할 것인가를 물었다. 닉슨은 기자들이 예상하지 못한 대답을 했다. 닉슨은 분명한 어조로 "아시아 국가들이 우리에게 너무 의존하여 우리가 지금 베트남에서 겪고 있는 그런 전쟁에 또 다시 휘말리게 되는 정책은 반드시 피하려 할 것입니다."134) 라고 대답한 것이다. 후에 괌 독트린 혹은 닉슨 독트린이라고 불리게 된 닉슨의 대 아시아 정책이 천명되었던 것이다.

닉슨은 앞으로 아시아 지역에서 전쟁이 발발할 경우 미국은 전투부대를 파병하지 않으리라는 사실을 분명히 했다. 미군은 월남에서도 철수하기 시작했고, 박정희가 우려하던 상황이 현실로 나타난 것이었다. 이 같은 상황에서 박정희는 조국 근대화와 더불어 조속한 자주국방을 최우선 정책 과제로 등장시키지 않을 수 없었다. 주한 미군 철수마저 가시화되는 과정에서 박정희는 닉슨에게 한미 정상 회담의 개최를 요구, 1969년 8월 22일 샌프란시스코에서 닉슨과 회동했다. 당시 박정희는 주한 미군의 증강보다 한국의 전투력 강화를 요구했고, 한국군 장비의 현대화 및 방위산업의 육성지원을 요구했다.

1970년대 미소 데탕트와 한반도

1960년대의 국제정치를 경직된 양극 체제라고 말한다면, 1970년대는 경직된 양극 체제에 해빙의 무드가 감돌기 시작한 시점이었다. 데탕트(detente)라는 말로 표현되는 1970년대의 국제정치 체제는 한국과 같은 국제 구조의 하위에 위치한 국가들에게는 대단히 어려운 왜곡된 안보 구조를 제공하게 된다. 즉 미국과 소련 사이의 긴장은 완화되었는데 반해 미국과 소련의 대리전 성격을 띠고 있던 남북한 관계는 전혀 완화되지 않고 있는 상황이었다.

강대국 간의 화해는 한국과 같은 나라들이 기존에 택하고 있었던 대결정책을 그대로 지속할 수도, 수정할 수도 없는 난감한 상황을 창출하게 되었다. 소련과의 화해가 이루어진 상황에서 미국은 북한의 한국에 대한 공격을 소련이 미국을 공격한 것처럼 생각할 필요가 없게 되었다. 한국의 방위를 담당하려는 미국의 노력과 그 필요성은 약화될 수밖에 없는 상황이었다.

이 같은 국제정치 상황 변동의 전제가 바로 1969년 발표한 '아시아의 방위는 우선적으로 아시아 당사국이 담당할 것'을 주문하는 닉슨 독트린이었다. 자주국방의 능력을 채 가지지 못한 상황에서 북한이 공격할 경우 즉각적인 미국의 지지를 기대할 수 없게 된 박정희 정권은 안보문제로 인한 긴급 상황으로 빠져들게 되었다.

이제 미국과 소련의 관계, 한국과 북한의 관계는 동일한 맥락과 구조에서 작동하는 것이 아니게 되었다.

주한 미군 철수론의 대두

설상가상으로 닉슨 독트린은 한반도 주둔 미군의 일부 철수라는 실질적인 정책으로 나타났다. 미국은 한국에 주둔하던 미군 중에서 2만 명을 철수시키기로 결정했다.

1970년 7월 6일 윌리엄 포터 주한 미국 대사는 주한 미군 1개 보병사단 2만 명을 철수한다는 미국 정부의 결정을 한국 정부에 일방적으로 통고했다. 박정희는 한국 측과 사전에 충분한 협의 없이 일방적으로 결정된 주한 미군 감축 결정에 강한 불만을 표출했다.

박정희는 한반도 위기가 해소되지 않은 상황에서 주한 미군 철수는 재고되어야 한다며 주한 미군 철수에 강하게 반대했다.[135]

미국 측은 한국군 현대화를 위해 향후 5년간 15억 달러의 군사 원조와 F-4 팬텀기 1대, 전술 비행단을 한국에 배치하겠다고 약속했지만 닉슨 독트린은 아시아 모든 나라에 공평하게 적용된다는 점을 강조했다. 박정희는 자주국방 이외에 다른 대안이 없는 상황으로 급속히 빠져들고 있다고 느꼈다.

미국의 중국 승인

1970년대 한반도 안보에 대한 결정적인 충격 요인 중 하나는 미국이 중국을 승인한 일이었다. 키신저의 대전략(大戰略)에 입각해서 계획된 중국과 미국의 국교 재개는 한국에게는 국제정치 패러다임의 지각 변동을 의미하는 심각한 문제가 아닐 수 없었다. 한국은 그동안 중국을 '중공 오랑캐'라 부르며 대적(大敵)으로 인식하고 있었는데, 우리의 동맹국인 미국이 우리의 큰 적국인 중국을 외교의 파트너로 인정했다는 사실은 충격 그 이상이었다. 일본도 이를 '닉슨 쇼크(Nixon Shock)'라고 표현하고 있으며, 북한조차 중국이 미 제국주의와 수교했다는 사실에 좌절하지 않을 수 없었다. 결국 남한이나 북한이나 이 같은 상황에 대처하기 위해 대내적 안보 체제의 강화를 도모하지 않을 수 없었다. 남한의 유신체제와 북한의 사회주의 헌법 개정은 1970년대 초반 이루어진 미중 수교라는 충격적인 국제 상황 변화에 대한 남북한 양측의 국내 정치 대응책이었다.

카터 대통령의 주한 미군 전면 철군 정책

닉슨 대통령이 워터게이트 사건으로 물러나고, 포드 부통령이 짧은 기간 대통령으로 재임한 후, 1976년에 행해진 대통령 선거에서 주한 미군 '전면 철수'를 대선공약으로 제시한 지미 카터 후보가 당선되었다. 지미 카터 대통령은 박정희 정권의 독재정치를 주한 미군 철수의 이유로 제시하였다. 도덕적 이유를 군사정책의 근거로 적용하려 한 미국 역사상 최악의 대통령[136] 중 한 명인 카터의 주한 미군 철군 정책은 실패로 돌아가고 말았지만, 카터의 철군 정책이 한반도에 준 충격은 대단한 것이었다. 박정희의 핵 개발 계획도 이와 맞물리는 사건이다. 박정희의 핵 개발 계획은 미국의 군사정책에 대한 반동적 이유와 근거로 추진된 것이었다.[137]

이상에서 기술한 바와 같이 박정희 정권이 지속되는 18년 동안은 한국의 안보와 관련해서 충격적인 사건이 지속적으로 꼬리를 물며 야기되었던 시절이었다. 미국의 원조가 아니면 국가를 전혀 이끌어 나갈 수 없는 상황에서 박정희는 안보와 경제발전 두 가지 사이에 필연적으로 존재하는 딜레마 때문에 번뇌했었다. 박정희는 이 같은 고통스런 심정을 다음처럼 표현했다.

"군을 유지하려면 경제 재건을 제약해야 하고, 경제를 재건하려면 군을 감축하여야 한다. 국가의 사정은 진퇴유곡(進退維谷), 이러지도 못하고 저러지도 못하고 있는 형편이다. 어찌 난관이 이 한 가지에 그치랴."[138]

주한 미군은 한국 안전의 보장 장치

억제와 방어

대한민국 국가 안보의 핵심은 한국군과 더불어 한미 상호방위조약에 의거, 한국 땅에 주둔하고 있는 주한 미군이다. 미국은 한국전쟁 당시 32만 명의 미군을 한국에 파견, 공산주의자들로부터 한국을 지키는데 성공했다. 한국 전쟁 이후 규모가 줄어들기는 했지만 오늘에 이르기까지 한국에 주둔하고 있는 미군은 한반도의 전쟁을 방지하고 있는 최대의 억제력(抑制力, power to deter, deterrence)이라 말할 수 있다.

전쟁을 억제 한다는 것은 전쟁에서 승리한다는 말과 완전히 다른 말이다. 전쟁이 아예 일어나지도 못하게 막을 수 있는 힘을 억제력이라 한다. 전쟁이 일어난 후 적들을 물리치고 자신을 지킬 수 있는 힘을 방어력(防禦力, power to defend, defense)이라 말한다. 방어를 위해 필요한 군사력과 억제를 위해 필요한 군사력은 당연히 그 규모와 질이 다르다.

북한이 침략해 왔을 때 이를 격퇴하고 대한민국을 지킬 수 있는 힘이란 북한 군사력을 물리적으로 압도할 수 있는 우리 군사력, 그리고 전쟁의 수행을 가능하게 하는 우리의 경제력이 북한보다 막강할 경우에 확보될 수 있다. 군사전문가들은 공격과 방어의 비율 등을 계산해서 공격하려는 자가 방어하려는 자보다 약 3배의 군사력을 가지고 있을 때 공격이 성공할 가능성이 높다는 주장을 한 적이 있지만, 이는 국가 대전략의 차원에서가 아니라 전투의 현장, 즉 전술적 차원에서 적용될 수 있는 말이다. 공격하려는 나라의 전체 군사력이 방어하려는 나라가 보유한 전체 군사력의 3배가 되어야 공격할 수 있음을 말해 주는 것은 아니다. 한때 대한민국 학자들 중에 북한 군사력이 한국의 3배가 되지 못하기 때문에 공격하지 못할 것이라고 주장을 한 바 있는데 이는 '전쟁의 비대칭성'은 물론 '억제'의 논리를 이해하지 못한 결과 도출된 잘못된 분석이다.

전쟁의 비대칭성이란 전쟁을 도발하려는 나라가 자신의 군사력이 전체적으로는 방어자보다 약하다고 하더라도, 공격에 가장 유리한 전략과 전술을 택함으로써 상대방의 막강한 군사력도 제압할 수 있고, 전쟁을 승리로 이끌 수 있는 경우를 말한다. 미군의 군사력이 막강했지만 월남 전쟁에서 상대방의 게릴라 전술과 맞서 싸우기가 대단히 힘들었다. 미국이 아무리 막강하다고 해도 아프간, 이라크의 테러리스트들과 전쟁하기는 쉽지 않다. 바로 전쟁의 비대칭적 성격 때문에 군사적으로 약한 상대방이라도 막강한 국가와 대등한 수준의 전쟁을 벌일 수 있는 것이다.

그래서 국가들은 전쟁을 수행하는 것보다, 사전에 전쟁이 일어나지 못하게 막는 일, 즉 전쟁을 억제하는데 더 큰 신경을 쓴다. 대한민국과 미국의 한미 동맹의 1차 목표는 북한의 재 남침을 '억제 (deter)' 하는데 있다. 물론 억제가 실패하는 경우 한미 동맹은 대한민국을 방위한다는 두 번째 목표를 반드시 이룩해야 한다.

주한 미군은 한반도의 핵심적 억제력

미군은 막강하다. 현재도 그렇고 과거에도 그랬다. 필자는 90년대 중반, 수년 동안 전방 각 부대에서 장병들을 대상으로 하는 강의를 많이 했었다. 어느 날 서부전선 부대의 사단장과 강의 전 이야기 나눌 기회가 있었다.

"사단장님, 미군이 막강하다 말들 하는데 정말 어느 정도로 막강한가요?"라고 물었다. 사단장의 대답은 "걔네들 정말 강하지요. 미군 1개 여단이 우리나라 1개 군단보다 화력상 더 막강할 걸요."라고 말했다. 같은 규모라도 대략 9~10배 강하다는 의미이다.

이라크 전쟁(2003~2011)을 수행하는 미군은 걸프전쟁(1991년) 당시의 미군보다 약 6~10배 강하다고 자체 평가했다. 미군은 너무 막강하다 보니 군단 급의 부대 단위가 불필요하게 되었다. 미국은 사단조차 없애고자 전투조직 중에서 가장 큰 규모의 부대단위를 여단(brigade)으로 축소했을 정도다. 과거 군단 급 부대가 하던 작전을 이제는 여단급 부대가 할 수 있다는 말이다. 주한 미군은 옛날에도 막강했고, 오늘은 더욱 더 막강하다는 사실 때문에 한반도에서 전쟁을 '억지'하는 결정적 역할을 하고 있는 것이다.

주한 미군의 보다 중요한 기능인 억제기능은 주한 미군이 보유하고 있는 물리적인 힘에서만 나오는 것은 아니다. 주한 미군은 계속 줄어들어 현재 28,000명 수준을 유지하고 있다. 28,000명의 미군은 그들이 가지고 있는 물리적 힘보다 심리적인 측면에서 더욱 중요하다. 북한군이 기습공격을 해 올 경우, 28,000명의 주한 미군이 존재한다 해도 북한군이 서울을 점령할 수 있다는 전쟁게임(War Game) 결과도 있었다. 북한군은 미군을 압도할 수도 있다는 것이다. 그렇다면 북한은 왜 한국을 공격하지 못하는가?

북한이 한국을 향해 공격을 한다면 그것은 '주한 미군'하고 싸운다는 의미를 넘어 '미국과 전쟁을 벌인다.'는 의미가 된다. 미국이라는 초강대국과 직접 전쟁을 해야 한다는 부담은 북한으로서는 정말 감당하기 어려운 일이다. 북한이 한국을 향해 공격을 해 온다는 것은, 그 순간 스스로 도무지 감당이 되지 않는 미국과의 전쟁을 개시한다는 것과 마찬가지 일이다. 이처럼 주한 미군은 28,000명에 불과하지만 북한에게는 대단한 심리적 억제력이 되는 것이다. 한국군도 막강하지만 북한군은 한국군 보다 소수의 미군에게 더욱 심리적인 부담을 느끼고 있는 것이 현실이다. 그래서 숫자와 관계없이 주한 미군은 북한에 대한 보다 확실한 억제력이 되는 것이다. 이처럼 억제는 '심리적 과정(psychological process)'으로 이해해야 하는 것이다. 공격하려는 상대방이 어느 정도의 위험을 감수할 수 있는 의지를 가지고 있느냐가 전쟁 억제의 성패를 가르는 것이기 때문에 억제를 위한 충분한 군사력은 어느 수준이어야 하는가라는 문제에 정확한 기준을 정할 수 없는 것이다.

　미군은 몇만 명만 한국에 주둔한다 해도 북한에게는 엄청난 심리적 억제요인이 된다. 한국군은 얼마나 많아야 북한이 억제 당할 수 있을까? 이제까지의 북한 행태를 본다면 북한은 한국에 미군이 전혀 없는 경우 억제 당할 가능성이 거의 없다고 보인다. 물론 한국군은 북한이 전쟁을 일으키면 이것을 되받아치고 통일을 이룩할 수 있는 방위 능력이 있다. 그러나 북한이 전쟁을 일으키려는 의도 그 자체를 억제할 만큼 강하지는 못하다는 것이 현실이다. 한국군이 북한의 공격으로부터 나라를 지킬 수 있다. 그러나 북한의 공격 그 자체를 억제하기에는 역부족이다. 이 부분을 주한 미군이 보완해 주고 있는 것이다.

　박정희는 군사전략 및 안보 정책에는 그 누구보다도 탁월한 식견을 가지고 있었다. 주한 미군의 '억제기능'을 정확하게 이해하고 있었던 박정희는 주한 미군의 감축에 강력하게 반대했고, 주한 미군 감축을 저지하는 방편으로 한국군을 월남전쟁에 파견하기도 했던 것이다.

우리나라는 우리의 힘으로 지킨다:
박정희 정권의 안보전략- 자주국방

　박정희 정권은 역대 정권 중 가장 변동이 심한 안보 환경에서 국가를 이끌어간 정권이다. 주변 국제환경의 변화가 심각했고 북한의 도발은 대통령의 목숨을 직접 위협하는 것들이었다. 박성희 대통령 재임 당시 청와대에서 근무했던 관리들은 박정희를 살해하기 위해 파견된 북한의 특공대와 한국군이 벌이는 전투의 총성 소리를 들으면서 근무하기도 했었다. 이 세상 어느 나라의 대통령이 대통령 집무실에서 불과 몇 킬로미터도 떨어지지 않는 곳에서 들려오는 총성 소리를 들으면서 근무하는 경우가 있을까? 그리고 그런 상황에 처한 대통령 중 어떤 사람이 제퍼슨 식 민주주의 지도자로 행동할 수 있을까?

　그러나 박정희는 이 같은 혹독한 환경에서 대통령 직을 수행했음에도 불구하고 군사력보다는 외교를 강조했고, 강경책보다는 대화를 강조했다. 북한과 처음 대화의 창구를 연 것도, 북한과 남한의 협상단들이 상호 방문을 가능하게 한 것도, 그리고 밀사들이 파견되어 대화를 모색한 것도 모두 박정희 시대에 이루어진 일이다. 박정희 시대는 이처럼 북한과 접촉을 시도했지만 한 가지 원칙을 잃지 않았다. 대한한국은 자유민주주의 통일 국가가 되어야 한다는 사실과 그러기 위해서는 북한과의 경쟁에서 승리해야 한다는 것이었다. 박정희는 목적 없이 북한과 대화하지 않았다. 박정희는 비록 그 자신 자유주의를 실행하지 못했지만 한반도가 최종적으로 자유주의 국가로 통일될 것을 목표로 북한과 접촉했다. 박정희의 목표는 대한민국의 승리였다.

박정희의 외교

외교란 평화적인 방법으로 국가 안보를 지키고 동시에 다른 국가이익을 확보하는 수단이다. 한국의 경우 외교는 통일이라는 국가 목표에도 기여하는 것이어야 했다. 박정희 정권은 과거 이승만 정권이 무력에 의한 북진통일을 공식적인 정책으로 삼았던 것과는 달리 "무력에 의한 국토 통일을 원하지 않고 평화적 방법으로 통일을 추구하며 UN 감시 하의 남북한 총선거 실시를 강조한다."는 말로써 외교정책을 시작했다.[139]

군인들이 통치하는 군사정권이 전쟁보다 평화를 강조하는 것은 역설적인 것처럼 보이지만 세계 여러 곳에서 일반적으로 나타나는 사례이며 박정희 경우 특히 그러했다.[140]

민간인들이 공부하지 않은 채 군인들을 호전적이라 몰아가지만 실제로 민간인 국가원수들이 더 전쟁을 쉽게 결정한다는 것이 현대 국제정치학의 연구 결과다.

통일 외교와 더불어 박정희 정권이 주력했던 것은 경제 발전을 위한 외교였다. 박정희 시대 한국 외교는 1960년대의 경우는 친 서방 일변도의 외자 도입과 경제개발에 치중했지만 1970년대 이후부터는 비동맹 외교를 강조했고 수출 주도형의 경제 외교를 추구했다.

박정희 시대의 외교가 일반인들이 흔히 인식하는 것과 완전히 다른 부분은 박정희의 대북 정책이 경직된 대 북한 적대정책으로 일관된 시대가 결코 아니라는 점이다. 김대중 정권 이후 왜곡된 형태로 나타났지만 햇볕정책 혹은 대북 화해정책의 원형은 이미 박정희 시대에 시작된 것이었다.

박정희는 1970년 8월 15일 광복절 축사에서 5,000만 민족의 이익을 위해 '평화적 방법'으로 조국의 통일을 달성하자고 제의했다. 박정희 정부 주도하에 1972년 7월 4일 역사적인 남북공동성명이 발표되었고 남북 관계의 전기가 이룩되었다. 따라서 남북 대화의 공식적인 시작은 박정희가 시작한 것이다. 청와대 기습공격 등 북한에 의한 거의 끊임없는 무력 공격을 당했던 박정희 정부가 북한에 대해 평화적인 접근을 시도했다는 사실이 오히려 놀랍다. 그래서 그의 대북 화해정책은 국민들의 의심을 받지 않았다.

1973년 박정희는 6·23 선언을 통해 또 한번 외교정책의 전환을 시도했다. 통일에 장애가 되지 않는다는 조건하에 남북한의 UN 동시 초청과 동시 가입에 반대하지 않는다는 것과 그리고 호혜평등의

원칙하에 이념과 체제를 달리하는 국가와도 서로 문호를 개방한다고 선언했던 것이다.[141]

이는 그동안 고수해 왔던 북한과 수교한 나라들과는 수교하지 않는다는 소위 '할슈타인 독트린'을 거부하고 한국 외교의 영역을 한 차원 높인 것이었다. 미국과의 관계를 돈독히 하는 한편 제3세계와도 외교관계를 전개하는 박정희의 외교 철학은 한마디로 '실리외교', '거품 외교의 배격', '경제외교의 강조'라고 평가될 수 있겠다.[142]

국가재건을 위한 대미외교

미국을 통한 경제발전과 안보의 확보

박정희 정부의 국방정책은 첫째 한미 동맹의 유지 및 강화, 둘째 군사 장비의 현대화, 셋째 자주국방의 군사 안보 철학 제시 등으로 요약될 수 있을 것이다. 무엇보다도 박정희는 한미 동맹 강화 유지를 위해 각별히 노력했다. 대한민국 국가 안보를 가장 확실하게 보장하는 안전장치가 무엇인지 정확히 알고 있었기에 한미 동맹 유지 강화가 국방정책의 첫 번째가 될 수 있었던 것이다.

박정희 정권의 국방정책은 경제적인 국력의 충분한 기초를 확보함으로써 공산주의로부터 나라를 지키기 위한 기반을 구축한다는 목표를 두고 시행되었다. 즉 박정희는 경제력이 국가 안보의 기초가 된다는 사실을 강조했다. 군사력을 국가 안보의 요체라고 생각한 김일성과 다른 부분이 바로 이것이었다.

박정희 정권의 국방정책은 북한의 대남 활동을 견제함으로서 1962년부터 시작된 경제개발 5개년 계획을 측면 지원하는 것으로

나타났다.[143)]

국방력 강화를 토대로 미국으로부터의 의존도를 줄여나간다는 자주국방 목표도 박정희 시대에 처음 제시된 개념이었다. 그러나 박정희가 추구하던 자주국방은 독자노선을 의미하는 것이 아니라 한미 동맹에서 한국이 담당하는 비율을 올리는 수준으로, 과거 노무현 정부에서 논의되었던 자주국방론이 한미 동맹을 훼손했던 것과는 완전히 다른 것이었다.

예로서 1964년도 박정희 정부의 국방 기본시책의 첫 번째 항목은 '자유우방 특히 미국과의 군사적 유대에 의한 집단 안전보장체제의 강화'를 말하고 있었다.[144)]

이 외에도 박정희는 자신의 연설 및 저술 여러 곳에서 미국으로부터의 자주를 말하고 미국의 원조정책이 잘못된 것이었음을 질타하지만 항상 자신의 미국 비판은 한미 동맹 관계를 더욱 강화시키기 위한 것이며, 한국이 미국과의 친선 우호 관계를 조금이라도 훼손하는 것이 아님을 강조하고 있다. 월남에 전투부대를 파병한 것 역시 박정희 정권이 미국과의 동맹을 더욱 강화하기 위한 맥락에서 단행한 조치였다.

당당한 월남파병

이처럼 한미안보 협력을 강조했음에도 불구하고 박정희는 미군이 월남 파견 한국군의 작전지휘권을 행사하는 것을 막았다. 만약 미군이 한국군을 작전 통제할 경우, 한국군은 캄보디아 국경 등 취약지구에 배치될 가능성이 높았고, 이 경우 예상되는 많은 전투손실과 공산 측이 내세우는 이른 바 한국군은 용병이라는 그들의 선전을 합리화하게 된다는 점을 제시했다.

박정희는 군사적인 측면 뿐 아니라 정치적인 측면도 중요하다고 강조, 미국의 작전지휘권을 거절하고, 국군이 월남에서 자율적으로 작전권을 행사하게 하였다.[145]

박정희가 미국에 대해 보였던 자주적 태도는 1968년 1·21 사태와 미국 정보함 푸에블로 호가 피랍된 당시 상황에서도 잘 나타난다. 박정희는 미국 측이 청와대 습격 사건보다 푸에블로 호 피랍사건을 더 비중 있게 생각하고 한국 측의 보복을 억지한다는 사실에 분노했다.

박정희는 이 기회를 이용, 미국이 한국의 안보를 더욱 완전히 보장하는 계기로 만들고자 했다. 박정희는 사이러스 반스(Cyrus Vance) 존슨 대통령 특사에게 한국의 안전에 대한 미국의 서면 보장을 요구했다. 박정희는 또한 미국이 가지고 있는 한국군의 작전 지휘권도 넘겨주고 소련과 중국이 조약을 통해 북한에 보장한 것과 유사한 수준의 안전 보장을 미국이 제공해야 한다고 요구했다.[146] 물론 반스는 이를 거절했다 그러나 공동성명에서 미국은 한국의 방위에 책임을 질 것이며 M-16 소총 공장과 1억 달러 군사 지원 등을 약속했다.

그리고 때때로 박정희는 북한의 도발에 대해 참는데도 한계가 있다며 미국을 위협했다.

박정희 대통령이 미국에게 당당하게 요구할 것을 요구했지만 1960년대 말, 미국 측은 "우리 두 나라의 우호 협력관계가 매우 만족할 만한 상황에 있기 때문에 우리가 지금 논의해야 될 문제가 별로 없다."고 말할 정도로 한미 관계는 양호한 정점에 도달해 있었다.[147]

이처럼 박정희는 자주적인 태도를 보이면서도 한미 동맹을 돈독하게 유지할 수 있었다.

군사장비 현대화 및 국산화를 통한 자주국방

국가 안보를 위한 박정희의 두 번째 노력은 장비 현대화로 나타난다. 현대 군사력은 병력의 숫자보다는 장비의 우수함에서 그 능력을 평가할 수 있다. 한국 전쟁 이후 1960년대에 이르기까지 한국군은 그야말로 병력 위주의 군대였다. 1960년대까지 60만 한국군은 숫자상으로 북한군(약 40만 명 수준)을 압도했다. 그러나 한국군의 장비는 현대 전쟁을 치르기에는 형편없이 부족하고 질도 낮았다. 1950년부터 1960년까지 한국의 국방비 구성 요인을 보았을 때 전략 증강 투자비 2.3%, 장비유지비 2.6%에 불과한 실정이었던 반면 인건비가 77. 2%에 이르고 있었다는 통계는 한국군 장비의 열악성을 그대로 반영하고 있다.

박정희 정권이 국방에 기여한 가장 중요한 업적은 장비의 국내 생산을 추진했다는 사실이다. 박정희가 경제 개발 정책으로 내세운 중화학공업의 발전은 바로 군수산업을 일으킬 수 있는 모체로 작용했던 것이다. 물론 미군 철수를 반대하며 박정희 정부가 미국에서 얻어낸 것도, 월남전 참전 대가로 얻어낸 것도 모두 한국군 장비의 현대화라는 목표 달성을 위한 장치들이었다. 한국군은 1970년대 이후 최초로 방위산업 다운 무기 생산 시설을 건설할 수 있었다.

장비 현대화 계획을 밑받침으로 이루어질 수 있는 것이 바로 박정희가 집요하게 추구했던 자주국방이었다. 자주국방과 장비 현대화 계획은 사실 동전의 양면과 같이 밀접하게 연결된 개념이지만 박정희 정권의 보다 중요한 안보 구호는 '자주국방'이었다. 현재도 서울 용산 소재 국방부 청사에 걸려 있는 자주국방이라는 구호가 바로 박정희의 친필 휘호일 정도로 박정희 정부는 자주국방을 국방 정책의 기본 목표 혹은 철학으로 삼고 있었다.

물론 이 세상 어느 나라도 완전한 의미에서 자주국방을 이룩한 나라는 없다. 미국과 같은 강대국조차도 다른 나라와 협력함으로서 국가 안보를 도모하고 있는 것이 현실이다. 그러나 박정희 정권은 적어도 '국방 예산'만이라도 한국의 재원으로 100% 조달하는 것을 꿈꾸었다. 박정희는 그 꿈을 1978년 처음으로 달성했다. 그 해 한국은 사상 처음으로 군사비 총액을 국내 재원에 기반한 국방예산으로 100% 충당할 수 있었기 때문이다.[148]

물론 자주국방이 국가 안보를 위해 항상 좋은 것이라고 말할 수는 없겠지만 박정희는 노무현 정부가 말했던 '자주'의 수준을 훨씬 상회하는 '자주파'의 면모를 가지고 있었다. 카터가 도덕적 기준으로 주한 미군 철군 정책을 단행하려 했을 때 박정희는 우선 호소를 통해 주한 미군의 철수를 연기시키고자 노력했다. 그러나 결국 박정희는 카터의 오만에 분노했고 1977년 5월 박정희는 철군 지연을 애걸하는 대신 서종철 국방장관을 비롯한 군사고문들에게 "갈테면 가라고 해!"라고 지시했다.

김형아 교수는 "돌이켜 보면 이 위험스러울 만큼 당돌한 반응은 박정희가 미국의 안보정책, 특히 핵무기 개발과 관련된 부분을 위반하는 위험을 무릅쓰더라도, 한국의 자체 해법을 찾겠다는 절대적 의지를 보여 준다"고 평가한다.[149]

'갈테면 가라'는 박정희의 배짱은 결국 카터의 비 전략적인 주한 미군 철군 정책을 파탄시킬 수 있었다. 카터의 주한 미군 철군 정책은 국가이익과 전략에 의거한 것이 아니라 자신의 도덕적 관점에 의거한 것이었다. 한국이 독재를 하기 때문에 미군을 철수해야 한다는 카터는 미국의 정치학자들로부터 미국 최악의 대통령 중 한 명으로 기록되고 있다.[150]

▶ 박정희 대통령

제 8 장

박정희 대통령,
월남에서 헤매는 미국을 도와주다

▲ 파월 맹호부대 방문

케네디, 존슨 그리고 박정희 대통령, 한미 밀월시대

미국의 뉴 프런티어 케네디 대통령

1960년 미국의 대통령에 당선된 케네디 대통령은 지금도 민주당의 상징처럼 되어있는 한 시대를 풍미했던 스타급 대통령이다. 미국의 공화당 대통령 후보들이 자신을 레이건 대통령과 일체화시키기 원하는 것처럼 민주당 후보들은 자신을 케네디와 일치시키고자 한다. 공화당의 레이건 대통령이 전 미국인의 폭넓은 사랑과 존경을 받는 것과 마찬가지로 민주당의 케네디 대통령 역시 온 미국 국민들의 사랑과 존경의 대상이다.

케네디가 대통령에 당선되었을 당시 미국은 지구 방방곡곡에서 소련 공산주의와 싸움을 벌이고 있었고 케네디 대통령은 이 싸움에서 미국의 승리를 위해 모든 노력을 경주했다. 소련이 미국보다 먼저 인공위성을 발사했을 때 케네디 대통령은 미국이 소련에 뒤질 수 없다며 미국 중·고등학생들의 과학교과서를 대대적으로 바꾸는 조치를 취했음은 물론, 미국은 소련보다 먼저 인간을 달에 착륙시키겠다고 선언하고 이를 밀어붙였다. 나중에 알려진 이야기이지만 당시 케네디의 관심은 인공위성, 달 착륙 그자체가 아니라 소련에 앞서느냐 뒤쳐졌느냐의 여부에 집중되었다 한다.

케네디 대통령은 쿠바 미사일 위기에서 소련의 후르시쵸프 수상의 코를 납작하게 만들 정도로 기분 좋은 승리를 이룩하기도 했고, 젊은 미남 대통령으로 미국 국민들의 또 다른 호감을 사기도 했다. 그러나 애석하게도 그는 임기 3년 차가 되는 1963년 11월 22일 텍사스 주의 달라스(Dallas)를 방문하던 중 암살당함으로써 온 미국인들은 물론 세계인들을 슬프게 했다.

케네디 대통령은 소련과 싸우는데 우방국 및 동맹국들의 힘이 절실함을 느끼고 있었으며 특히 제3 세계 국가들이 자유민주주의 시장 경제로 발전함으로써 미국의 편이 되어야 한다는데 큰 관심을 가지고 있었다. 그는 대통령 후보 수락 연설에서 "전 세계에서 특히 신생국가에서 젊은 세대가 권력의 핵심으로 등장하고 있다. 이들은 과거의 전통에 얽매이지 않으며 오래된 두려움, 증오, 경쟁자들 때문에 겁먹지 않고 과거의 슬로건이나 환상, 의심을 떨쳐버릴 수 있는 사람들이다."고 강조한 바 있다.[151] 케네디 대통령은 제3세계의 새로운 정치권력에 대해 낙관적인 기대와 희망을 걸고 있었다.

케네디 대통령이 취임한지 불과 3개월 후 한국에서 발생한 쿠데타의 주역인 박정희 육군 소장은 케네디 대통령과 같은 해인 1917년생이었다. 아마도 미국 관리들은 박정희를 케네디 대통령이 말한 신생국가의 젊은 인재 중 한 명이라고 생각하고 있었을 것이다.

경제발전 단계설로 유명한 학자 출신 보좌관인 월터 로스토 교수는 케네디 대통령이 "한국의 경제상황이 절망적"이라고 말하자 "한국 정부에 젊고 유능한 인재가 존재한다는 사실 자체가 상황을 긍정적으로 이끌고 있는 것"이라고 말했다.[152]

이처럼 케네디 미국 행정부는 박정희 장군에 대해 기대를 걸고 있었다.

박정희와 케네디의 만남

1961년 11월, 즉 5·16 쿠데타가 발생한지 5개월이 지난 시점에 미국은 박정희 장군을 초청, 케네디 대통령과 박정희 장군이 직접 만나 대화하는 기회를 가졌다. 미국이 동양의 작은 후진국에 불과한 한국에서 발생한 쿠데타의 주역을 초청했다는 사실은 박정희의 국가재건최고회의를 한국의 실존하는 정부로 인정한다는 의미였다. 이 같은 초청을 가능하게 한 것은 미국이 당시 군사혁명 정부를 우호적으로 평가하고 있었기 때문이다.

그러나 미국은 박정희 장군을 어떤 자격으로 대해야 할지, 대통령도 아니고 아직은 쿠데타 군의 주동자이었기에 미국은 박정희에 대한 예우 문제로 난감해 했다. 더구나 세계 모든 나라 중 꼴찌로부터 다섯 번째 수준의 빈곤 국가 코리아의 쿠데타 주동자이며 아직 공식적인 국가 지도자의 타이틀도 없는 박정희를 어떻게 예우할 것인가의 여부는 간단치 않은 문제였다.

당시 박정희의 미국 방문은 노스웨스트 항공사의 민간인 여객기를 빌려서 일본을 거쳐, 알래스카의 앵커리지에서 하루 숙박하고, 시카고에 도착했다가 워싱턴 내셔널공항으로 향하는 그야말로 가난한 국가 지도자의 길고 고단한 여정이었다.

미국 측은 박정희를 비공식으로 초청하고자 했다. 한국 측은 비공식이라는 용어를 빼달라고 했고 미국은 부탁을 들어주었다. 당시 정일권 주미 한국대사는 미국 측의 대접이 말이 아니라고 불평했다. 원래 박정희가 워싱턴에 도착할 때 공항으로 마중할 사람이 매카나기 국무성 차관보로 정해져 있었다.

박정희 측은 이 같은 미국의 결례에 분노했지만 미국은 미국 나름의 변명이 있었다. 한국에 민신 대통령이 자리를 지키고 있는데 박정희 의장을 국가원수로 대접할 수도 없고, 그렇다고 국무총리급으로 대우할 수도 없어서 할 수 없이 전임 주한 미국 대사를 내보내기로 했다는 설명이었다. 당시 국가재건최고회의 젊은 장교들은 미국 측에 줏대 있는 행동을 해야 하겠다고 생각하고 이런 식으로 모욕을 받는다면 방미 자체를 보류해야 한다며 기세등등했다.

이에 미국 측은 한국 측의 분노를 접수하고 정일권 대사를 불러 의전 절차를 대폭 격상시켰음을 전달했다. '존슨 부통령과 러스크 국무장관이 공항에 나가서 영접을 하고 의장대 사열을 하며 박정희 의장이 백악관에 도착할 때 케네디 대통령이 현관까지 나가서 손님을 맞이한다는 것이었다.

아무튼 박정희 장군은 케네디 대통령 앞에서 당당했다. 워싱턴 공항에 도착했을 때 키가 대단히 큰 존슨 부통령이 맨 먼저 다가와 악수를 청했다. 러스크 국무장관은 아내까지 동반하고 공항에 마중을 나왔고 박정희가 사단장으로 재임했을 당시 UN군 사령관이었던 리이언 램니치 대장(당시 미국군 합참의장)도 마중을 나왔다. 격조 있는 환영을 받은 것이었다.

한국의 쿠데타 세력을 우호적으로 맞이한 미국

물론 박정희 장군의 미국 방문 이후 발신한 전문이지만, 주한 미국 대사 버거는 쿠데타를 주도한 세력을 "진정한 개혁을 추진하고, 정직하고 효율적인 한국 정부로 만들기로 결심한 유능하고 열성적이며 헌신적인 사람들이다"라고 극찬한 바 있었다. 버거 대사는 한국에서 혁명정부가 추진하려는 일들을 파악한 후, "한국에 대한 미국의 지원은 전혀 손해 볼 일이 아니다."고 주장했다. [153]

박정희 장군이 미국을 방문했을 당시 린든 존슨(Lyndon B. John-son) 부통령은 박정희가 "능력과 정열, 헌신을 보여주었다"고 칭찬했다. [154]

존슨 부통령은 1963년 11월 케네디 암살 직후 미국 대통령이 되고, 존슨이 극찬했던 박정희 장군은 1963년 12월의 대통령 선거에서 윤보선 후보에게 어렵게 승리를 거두어 1963년 12월 17일 대한민국 대통령에 취임, 제3공화국을 출범시켰다. 이렇게 하여 박정희 대통령과 존슨 대통령은 1960년대 초, 한미 관계 중 가장 우호적이고 긴밀한 동맹 관계를 유지했다.

많은 한국인들이 케네디 대통령과 박정희의 만남에 대해 케네디 대통령이 마치 아프리카 제3세계 국가에서 온 민주주의 파괴자를 대하듯 홀대한 것처럼 인식하고 있다. 사실 당시 대한민국의 경제력은 아프리카의 가나와 비슷한 수준이었다. 그러나 박정희가 이끌던 대한민국은 아프리카 수준의 나라는 아니었다. 냉전의 최전방에 서서 미국의 세계 전략에 직접 동참하는 동맹국이었고 특히 미국이 서서히 개입하기 시작한 월남전쟁에서 직접 미국을 도와줄 수 있는 나라가 대한민국이었다.

1961년 11월 13일부터 17일까지 비공식적으로 미국을 방문한 박정희 국가안보최고회의 의장은 백악관에서 케네디 대통령과 환담을 나누었는데 이 환담에서 미국은 한국에 대한 추가적 경제원조를 약속했고 박정희 대통령은 베트남 파병에 대해 긍정적인 지원 의사를 표시했다. 이를 통해 박정희 의장은 미국으로부터 정치적 신임을 얻는데 성공했다.

그러나 미국은 박정희의 쿠데타 그 자체를 지원한 것은 결코 아니었다. 박정희를 미워하는 한국인들은 미국이 '주구(走狗)'인 박정희를 앞세워 민주 정권인 장면의 민주당 정권을 붕괴시키도록 사주한 것처럼 말하고 있지만 이는 사실과 전혀 다르다. 박정희의 쿠데타가 발발했을 당시 미국은 당황하여 박정희가 누구인지를 조사하려고 애썼고 박정희의 좌익활동 경력이 나타나자 이를 어떻게 해야 할 것인가에 대해 번민했었다.

오히려 엉뚱했던 북한의 반응

미국이 박정희 쿠데타에 대해 당황하고 있을 바로 그 무렵, 북한은 오히려 박정희의 쿠데타를 지지했고 미국이 남한의 정치상황에 간섭하면 안 된다고 오히려 목청을 높였을 정도였다. 북한은 5·16이 발발하자 즉각 이를 환영한다는 방송을 내 보내기도 했을 정도다. 북한은 그 후 박정희 국가재건최고회의 의장과 접촉하기 위해 박정희의 친형 박상희와 절친한 친구였다가 대구 폭동 이후 월북한 황태성을 밀사로 남한에 내려보냈다. 김일성은 황태성을 통해 박정희와 우호적인 접촉을 할 수 있을 것이라 기대했던 것이다. 그러나 박정희의 혁명군은 황태성을 체포했고 재판소에서 사형 언도를 내린 후 실제로 1963년 11월 박정희가 대통령 취임하기 3일전 사형을 집행해 버렸다.

미국의 관심

박정희의 좌익 전력을 우려했던 미국은 박정희의 진면목을 파악한 후 그를 적극 지지하기 시작했다. 그런데 미국이 박정희를 지지하게 된 것보다 더 중요한 이유는 한국의 안보라는 절실한 문제 때문이었다. 당시 북한은 남한보다 경제력과 군사력에서 상당히 앞서 있는 상황이었다. 미국은 이 무렵 코앞에 생겨난 공산정권인 쿠바 때문에 무척 골치가 아픈 상황이었다. 대통령 취임 불과 두 달 후인 1961년 4월 케네디는 쿠바 난민으로 구성된 침공군을 쿠바의 피그 만에 침투시켰다가 전원 체포되는 극도의 외교정책 실패를 당하게 된다. 미국 최고의 수재들로 구성된 케네디 행정부가 범한 이 외교적 대 실패 사건은 외교정책을 연구하는 학자들이 두고두고 연구하는 주제가 되었다. 미국 역사상 대표적으로 실패한 정책 결정의 사례인 미국의 피그만 침공 사건은 케네디가 다른 여유를 가질 수 없도록 압박하는 원인이 되었다.

이처럼 미국이 엉기고 있을 때 공산주의자들은 제3 세계 도처에서 미국에 대항하는 도발을 감행했으며 특히 한반도에서 전쟁 재발은 미국이 가장 신경 쓰이는 문제 중 하나였다. 그러나 쿠바 문제 때문에 경황없는 와중에 한국의 안전 문제를 미국이 직접 챙기기도 난감한 시점이었다. 바로 이때 쿠데타를 일으킨 박정희 장군의 군부는 미국이 보기에 한반도의 안전을 위해 대단히 바람직한 세력으로 판단되었던 것이다.

이처럼 미국은 박정희 군사정부의 정책을 세밀하게 관찰한 뒤 이를 적극 지지하기로 결정한 것이다. 박정희의 쿠데타를 한반도의 전쟁 위기를 안정적으로 관리할 수 있는 세력의 등장으로 판단했기 때문이다. 그리고 박정희 정부는 미국의 기대를 저버리지 않았다. 박정희는 집권 기간 동안 대한민국의 국력이 북한의 국력을 앞지르도록 만들었고 북한의 심각한 도발에 대해 대한민국을 지켰으며, 월남전쟁에서 수렁에 빠져들고 있던 미국을 '군사적으로 지원'했던 것이다.

민주주의는 경제발전의 산물

박정희는 당시 케네디 행정부가 믿었던 제3 세계의 새로운 젊은 세력이었음을 업적을 통해 증명해 보였다. 물론 박정희의 과(過)는 적지 않다. 민주주의 정부를 군사쿠데타로 기능 정지시켰고, 18년 동안 통치하며 포악한 독재라고 불러도 될 일을 많이 자행했다. 그러나 과(過)는 공(功)과 함께 평가되어야 하는 법이다. 박정희는 북한보다 인구를 제외한 거의 모든 면에서 약했던 대한민국을 북한보다 훨씬 강한 나라로 만들었고, 5,000년의 빈곤에서 벗어나도록 만들었다. 인간 및 국가 생활 중에 가장 중요한 것은 '안전'과 '번영'이다. 경제발전과 국가 안보야말로 다른 어떤 것보다 중요한 가치다.

박정희는 1960년대 초반이라는 특정한 상황에서 대한민국이 가장 결핍했던 국가 안보와 경제발전이라는 두 가지 가장 중요한 가치를 대한민국 국민들에게 가져다주는데 성공했다. 그리고 박정희가 성취한 국가 안보와 경제발전은 1980년대 중·후반 대한민국이 민주화로 가는 밑거름 역할을 했다. 세이무어 마틴 립셋(Seymour Martin Lipset) 교수가 말했던 '민주화는 경제발전의 산물'이라는 공식이 박정희의 대한민국에서 현실로 입증된 것이다.

존슨 대통령의 선물 '한국과학기술원'

서울의 동북쪽인 홍릉에는 한국 과학기술의 요람이라고 불리는

한국과학기술연구원(KIST, Korea Institute of Science and Technology)
이 있다.155)

원자력연구소가 50년대 후반과 60년대 초반의 한국과학기술을
대표하는 연구기관이었다고 한다면, 60년대 중반 이후 한국과학기
술을 대변한 종합 과학기술연구기관은 1966년에 설립된 한국과학
기술연구소였다. 한국과학기술연구소가 설립되기 이전인 1962년
에 이미 문교부는 한국과학기술원 설치안을 마련했었다. 또한 국
립 공업연구소를 재단법인으로 개편하여 종합과학기술연구소로
육성하려던 1963년의 경제기획원의 계획도 있었으나, 당시에는 국
가의 재정이 곤란해서 실현되지 못했다.

번듯한 연구소 하나 건설할 능력도 없었던 것이 1960년대 초반
의 한국이었다. 한국과학기술연구소는 마치 한국의 경제발전이 베
트남 파병으로 벌어들인 돈을 종잣돈으로 하여 출발할 수 있었던
것처럼, 한국군이 베트남에 파병된 대가로 설립될 수 있었던 연구
소였다. 오늘날에는 대덕 연구단지를 비롯해서 10여 곳이 넘는 정
부 출연 연구기관들이 설립되어 각종 연구를 수행하고 있지만, 한
국과학기술연구소는 바로 이들 정부 출연 연구기관들의 효시라고
볼 수 있다. 한국의 과학기술 발전은 한국의 경제발전의 보이지 않
는 밑거름이 되었다. 과학기술이 뒷받침되어야만 제대로 된 경제
발전이 가능한 것이다. 산업혁명은 과학기술 발전을 토대로 이루
어졌다.

월남에 한국군이 파견되어 혁혁한 전과를 올리고 있던 1965년 5
월 16일 박정희 대통령은 존슨 미국 대통령의 초청을 받아 미국을

방문하게 되는데, 이 만남에서 한국과 미국 정부는 한국의 공업 발전에 기여할 수 있는 종합연구기관을 설립하기로 합의를 보았다. 이 합의에 따라 1965년 7월 미국은 당시 미국 대통령의 과학기술 특별고문이었던 호닉(Donald F. Honig)을 단장으로 하는 조

▲ 1965년 5월 16일 박정희 대통령 내외 미국 방문

사단을 한국으로 파견하게 된다. 호닉의 조사단은 그해 8월 훗날 KIST의 운영체계의 기본 골격을 이루게 되는 핵심적인 내용을 존슨 대통령에게 보고했다.

KIST는 1966년 2월 10일에 정식 발족했고, 3년 뒤인 1969년 10월 23일 드디어 연구소 건물이 준공되었다. 이에 따라 외국에서 산업적 연구를 하는 유능한 과학기술자들을 적극적으로 유치하는 등 본격적인 연구 활동을 시작했다. 이 연구소는 1970년대 초 한국의 과학기술을 대표하는 연구소로 성장해서 훗날 한국과학기술에 공헌을 하게 되는 많은 과학기술자들이 바로 이 연구소에서 연구경력을 쌓을 수 있었다.

서양과 달리 자체적인 과학혁명을 이룩한 경험이 없었던 아시아의 저개발국이 단기간에 양적인 성장과 아울러 괄목할만한 수준의 과학기술을 갖추게 되었다는 것은 세계적으로도 성공 사례로 꼽힌

다. 한국은 종합적인 과학기술연구소를 운용한 경험이 전혀 없었기 때문에 KIST는 처음부터 미국에 의해 제안되고 체계적으로 지원되었는데, 단적으로 말하면 당시 한국 정부의 베트남 참전 대가로 미국 정부가 제공한 선물이 바로 KIST라고 볼 수 있다.

미국은 한국군의 베트남 참전에 대한 보상으로 기존의 경제적 원조 등과는 달리 획기적이고 파급효과가 큰 방안을 고려하였고, 과학기술 연구와 산업적 응용에 기여할 수 있는 종합적인 응용 과학연구소를 한국에 설립, 지원하는 것이 가장 적합한 것으로 결정하게 되었다.

KIST의 존슨 강당

한국과학기술연구원 본관에 존슨 강당이 있다. 강당 입구에는 미국 대통령이었던 린든 B. 존슨의 얼굴이 부조로 장식되어 있다. 미국이 우리에게 베트남 전쟁의 파병을 요구했을 때, 국내 반대 여론이 극심했다. 여야가 정치적으로 격돌했을 뿐만 아니라, 시위와 함께 국론이 분열되었다. 어쨌든 박정희 대통령은 파병을 결정했고, 존슨 대통령은 감사의 표시로 큰 선물을 주고 싶어 했다고 한다. 그 때 박 대통령이 요구한 것이 과학기술연구소의 건립이었다.

일화에 의하면 박정희 대통령의 요구에 대해 존슨 대통령이 매우 놀랐다고 한다. 후진국의 대통령으로서 국가의 미래를 내다보는 지도자의 안목을 높이 평가했다는 것이다. 미국의 벡텔사가 설계를 하고 미 공병대가 기술과 자재 지원을 해서 연구소가 지어졌고, 미국 대통령의 이름을 딴 존슨 강당이 들어서게 되었다.

우리나라 과학기술 발전의 중추적 역할을 한 KIST가 베트남 파병에서 시작된 역사적 사실을 지금 시점에서 어떻게 해석해야 할까? 좌파 논객 리영희 씨는 그의 책 『전환시대의 논리』에서 베트남 전쟁이야말로 명분 없는 전쟁이라고 주장했다. 대한민국은 그 전쟁에 참가해서 5,000여 명의 젊은이들이 목숨을 바쳤고 지금도 고엽제 등 여러 가지 후유증을 앓고 있는 참전용사들이 많다.

지금 세계 10위권의 경제대국으로 성장한 대한민국의 발전과 국력신장에 기여한 요인들 중에 월남전 참전의 피의 대가가 포함되어 있다고 주장하면 그런 사람은 꼴통인가?

박정희는 작은 나라의 지도자가 되어 이 나라를 정말 큰 나라가 되게 만드는데 국민들의 피와 땀과 눈물을 요구했다. 박정희가 혹시 손가락 하나라도 다치면 안 된다며 전쟁과 희생을 극도로 두려워한 오늘과 같은 지도자였다면 아마 대한민국은 아직도 아프리카의 가나와 비교될 나라였을지도 모른다. 당시 헐벗고 굶주린 나라였던 대한민국 국민들은 박정희의 지휘에 따라 열심히 일했다. 그때 구호는 일하면서 싸우자였다. 박정희는 미국을 좋은 친구로 삼아 대한민국을 부유하고 안전한 나라로 만들려고 노력했고 그는 원하던 바를 상당부분 성취했다.

존슨 대통령은 박정희 대통령의 이 같은 지도력에 감명을 받았으며 한미관계를 '형제관계'로 묘사까지 했다.

월남전 참전 결정은 피눈물의 산물

박정희의 월남전 참전 결정이 대한민국 현대사에서 가지는 의미

인류 역사에 수많은 정치조직이 나타났다가 사라지곤 했지만 오늘날의 민족국가 혹은 국민국가(nation state)[156]보다 더 강력한 정치 조직은 일찍이 없었다. 사람들은 처음에는 일가 친족끼리 모여 사는 씨족 국가부터 시작하여, 부족국가, 도시국가 그리고 오늘날의 막강한 국민국가를 건설하게 되었고 남극을 제외한 지구 표면의 모든 대륙들은 지금 약 200개가 조금 넘는 국민국가들에 의해 완전히 장악되어 있다.

미국과 같은 막강한 국가를 필두로 이름조차 알 수 없는 나라들에 이르기까지 국민국가라는 조직은 우선 전쟁을 가장 잘 할 수 있는 조직이라는 점에서 역사상 나타났던 어떤 조직과도 그리고 현존하는 국가 이외의 어떤 조직과도 다르다. 현대 국가는 전쟁을 하는 데 가장 적합한 조직이라는 점에서 오늘날 지구 위에서 마지막 승자로 남아 있을 수 있게 된 조직인 것이다. 그래서 어떤 현대 국가라도 그 나라가 전쟁을 수행할 수 있는 능력을 갖추고 있다는 사실을 증명하는 것은 그 나라가 국제 체제 속의 당당한 일원으로서 자격을 인정받는 첩경이 된다.

대한민국은 1948년에 생긴 나라로 현대 국가체제의 주요 구성 국가들과 비교할 때 상대적으로 젊은 나라다. 건국 직후 2년도 되지 못한 시점에서 발발했던 6·25 한국 전쟁은 신생국 대한민국을 완전히 초토화시켜 놓고 말았다. 그래서 1960년대 초까지도 한국은 여러 측면에서 아프리카의 가나와 비교되는 가난한 나라였다.

필리핀, 태국, 인도네시아는 당시의 대한민국이 한없이 부러운 눈으로 바라보아야 하는 선진국이었다.

그런 대한민국이 국제사회에서 당당한 멤버로 인정받는 계기가 바로 우리가 1960년대 후반 이후부터 1970년대 초반까지 세계 정치의 가장 큰 쟁점이었던 월남 전쟁에 참전했다는 사실이다. 월남에 참전한 한국과 한국군은 세계인들에게 한국이 도대체 어떤 나라인지 놀라게 만드는 계기가 되었고 한국이 국제사회에서 당당한 국가로 발돋움하는 계기가 되었다. 건국한지 20년도 되지 않은 한국은 국제사회에서 현대 국가의 가장 돋보이는 능력인 '전쟁수행 능력'을 과시했다. 월남 전쟁에서 한국군의 혁혁한 전공은 세계인들로 하여금 '한국'이라는 나라에 대한 호기심과 경외감을 불러 일으켰다.

월남 전쟁에 대한 이해와 오해

물론 전쟁을 한다는 일이 좋은 일도 아니고 자랑스러운 일도 아니다. 그럼에도 불구하고 한국이 월남전에 참전한 것은 당시 국제 정치 상황과 한국의 국가 안보를 위한 최선의 결정이었고 한국군은 나라의 부름에 충성하는 마음으로 기꺼이 위험한 전쟁터로 향하였다.

한국은 1950년 6월 25일 국제 공산주의 세력의 지원을 받는 북한의 침략 아래 국가의 운명이 백척간두에 놓여졌었지만 미국을 위시한 16개국의 지원으로 겨우 목숨을 부지할 수 있었던 나라다. 그런 한국이 월남전에 군대를 보냈다는 사실은 그 자체로 6·25 한국 전쟁에서 우리가 받았던 도움에 대한 빚을 갚는 계기가 되었다. 월남전쟁 역시 국제 공산주의의 침략에 대한 자유세계의 전쟁으로 인식되었기 때문이다.

한국의 젊은이들은 이역만리 월남 땅에서 전쟁을 치렀을 뿐만 아니라, 전쟁터에서 목숨 걸고 싸운 대가로 받은 월급을 꼬박 꼬박 한국으로 송금함으로서 한국이 경제발전을 이룩하게 되는 종잣돈의 역할도 했다. 월남전에 참전한 대가로 한국은 급속한 경제발전을 이룩할 수 있는 계기를 마련했던 것이다. 월남 전쟁에의 참전은 거시적 측면에서 볼 때 한국이 성숙한 국가로 국제사회에 등장했다는 증명서를 발급받는 계기가 되었다.

물론 한국 사회에는 월남 전쟁에 관해 왜곡, 과장 및 악의적으로 오도된 각종 설(說)들이 만연되어 있다. 한국군은 미국 제국주의의 용병이었을 뿐이며, 한국군은 양민을 잔인하게 학살한 야만적인 군대라는 주장이 그런 것들이다. 이들은 한국군이 게릴라의 준동으로 혼란해진 월남의 수많은 지역을 평정하고 평화롭게 만들었다는 사실에는 관심이 없다. 이들은 다만 한국군이 월남전에 파병되는 논리를 원천적으로 부정할 뿐만 아니라 한국군이 월남 전쟁에서 보인 전투 행동에만 큰 초점을 맞추어 한국군이 잔인했다는 사실을 애써서 부풀리고 있다.

한국군의 월남전 참전에 관한 부정적인 견해는 월남전쟁의 국제 정치학적 성격 및 월남전쟁의 전쟁사(military history)를 정밀하게 분석한 권위 있는 학자들이 제시하는 설명은 물론 아니다. 한국군의 월남전 파병을 왜곡하는 사람들은 모두 미국을 반대하고 북한을 선호하며 자유주의, 자본주의보다는 사회주의 혹은 공산주의가 더 훌륭한 제도라고 생각하는 사람들이다. 이들이 미국을 미워하는 이유는 그들이 선호하는 사상에 대한 숙적(宿敵)이 미국이기 때문이다. 북한이 민족의 통일을 위해 전쟁을 일으켰는데 미국이 참전하는 바람에 민족통일이 이루어지지 못했다고 주장하는 사람들은 모두 미국의 월남전 참전도 마찬가지 논리로 설명한다. 호치민이라는 민족주의 애국자가 월남의 통일을 위해 벌인 노력을 미국이 방해하려 했던 것이 월남 전쟁의 본질이라는 것이다.

미국이 진정 제국주의 국가였다면 월남 같은 곳에서는 싸우지 않았다

미국이 진짜 제국주의적 야욕이 있었다면 한국이나 월남이 그 대상이라는 것은 어처구니없는 발상이다. 미국이 진정 제국주의 국가라면 자원이 풍부하고 공업이 발달한 시장이 큰 다른 지역을 침략했어야 맞다. 그런 지역은 세계 도처에 한두 군데가 아니다. 게다가 한국이나 월남에 대한 미국의 개입은 선제공격이 아니라 공산주의자들의 침략에 대한 반응으로 봐야 한다. 공산주의 침략이 선행되지 않았다면 미국의 개입은 없었을 지역이었다.

한국군은 양민을 학살하지 않았다

한국군이 양민을 학살했다는 주장 또한 논리적 비약이기는 마찬가지다. 게릴라 전쟁은 군인이 양민으로 가장해서 싸우는 전쟁이다. 군인들이 양민 틈 속에 숨어 있다가 적군을 공격하고 달아나는 전쟁이 게릴라 혹은 테러 전쟁 전술이다. 주월 한국군 사령관을 역임한 채명신 장군은 월남전 참전 중 첫 번째 과제는 '베트콩과 양민을 분리시켜야 한다'는 어려운 일이었다고 회고한다. 사실 양민 틈에 숨어 있는 베트콩의 모든 활동은 월맹(북 월남) 노동당 중앙위원회의 지령에 따라 움직였다. 베트콩은 남부에서 자연 발생한 것이 아니라 월맹의 지령에 따라 월남을 적화통일 하려는 도구로 이용된 것이었다.

월남전이 너무나도 왜곡되는 상황을 그대로 두고 볼 수 없어 '글을 쓰다가 목숨이 끊어지는 한이 있어도 한국군의 베트남 참전이 대한민국 역사에 한 점 부끄럼 없었다는 정당성과 당위성을 후대에 알려야 겠다.'며 80 고령에도 월남전 회고록157)을 남긴 채명신 장군은 월남전쟁에서 양민의 희생도 있었다는 사실을 부정하지 않는다.

월남 전쟁뿐 아니라 현대의 모든 전쟁에서는 군인보다는 양민이 더 많은 인명 피해를 입는다. 현대 국가들의 전쟁은 왕들의 싸움이 아니라 국민들의 싸움이며 국가 전체가 동원되는 총력 전쟁이기 때문이다. 적의 군사력뿐만 아니라 적의 산업 시설도 공격의 표적이 된다. 그러나 월남 전쟁이 특히 어려웠던 것은 채명신 장군의 회고처럼 '베트콩은 어디서든 나타나는 반면에 찾아 나서면 언제나 없

▲ 주월 한국군을 방문한 박정희 대통령

▲ 월남전에 참전한 한국군은 양민을 보호한다는 푯말

어진다. 월남인 속에 베트콩이 반드시 끼어 있다고 보면 무난하다. 특히 지방 베트콩들 중에는 어린아이도 있고 소녀도 있고 늙은이도 있다'는 사실이다. 양민과 군인이 전혀 구분되지 않는 전쟁터가 월남이었던 것이다.

　한국군이 행군하는 것을 보며 "따이한! 따이한!"하며 손을 흔들던 마을 아저씨, 아주머니들이 한국군 행렬이 다 지나갈 무렵, 뒤에서 한국군을 향해 총을 갈겨댄다. 한국군은 이때 즉각 뒤돌아 응사했다. 누가 쏘았냐고 묻다간 한국군이 전멸당할 판국이다. 한국군은 사정없이 총을 갈겨 논에서 일을 하던 많은 월남 여인과 할머니들을 죽였을 것이다. 이런 전투들은 예외 없이 한국의 참전을 비하하는 자들에 의해 한국군이 양민을 학살한 전투로 기록되는 것이다. 필자가 장교로 근무할 때 월남전에 참전했던 선배는 이 같은 상황을 말해 주고 나서 이런 상황에서 "이 중위가 소대장이었다면 어떻게 했을 것이냐"며 되물었다.

박정희의 고뇌에 찬 결단

한국이 월남에 파병을 한 당시인 1960년대 중반, 오늘과 현격하게 달랐던 한 가지 안보현실은 북한군의 능력이 한국군을 완전히 압도하는 수준이었다는 점이다. 당시 한국은 국방을 위해 투자할 경제력이 거의 없는 상황이었고 미국의 원조를 통해 국방예산을 편성해야만 하는 수준이었다. 미국의 원조가 없으면 국가 재정을 짤 수 없는 나라였다. 1960년대 초반 한국 정부 예산의 52%가, 국방 예산의 72.4%가 미국의 원조로 충당되었다는 사실은 주한 미군의 존재와 미국의 군사원조가 한국 방위의 모든 것이었음을 말해준다.

그런데 미국이 월남 전쟁이라는 진흙탕에 발을 담그기 시작한 후, 서서히 월남에 보낼 병력이 부족해지고 있는 상황에서, 한국 정부는 혹시 주한 미군이 월남으로 빠져 나가는 것 아닌가하며 불안을 느끼지 않을 수 없었다. 1961년 11월, 박정희 당시 국가재건최고회의 의장은 케네디와의 면담에서 월남에 한국군의 파견을 먼저 제의한 적이 있었다. 한국군이 한국 방위도 책임지기 어려운 상황에서 파병이 무슨 소리냐라고 비판하기 전에 미군이 한 명이라도 한국에서 빠져나가면 안 된다는 말을 박정희가 미리 돌려서 말한 것이라고 해석해야 타당하다.

케네디 행정부는 1963년 여름, 한국 정부에게 월남에 의료지원단을 파견해 달라고 공식 요청했고 1964년 5월, 존슨 행정부는 한국을 포함한 우방국 25개국에 월남 전쟁에 지원을 요청하는 서신을 보냈다.

박정희 대통령은 이미 마음속으로 월남 파병을 결심하고 있는 상황이기는 했지만 미국의 요청을 받고 한국 정부가 신속하게 파병을 결정한 것은 아니었다. 채명신 장군은 오히려 박 대통령이 월남전 파병을 강력한 어조로 반대했었다는 사실을 증언한다. 박정희 대통령이 월남전 파병을 최종적으로 결심하는 며칠 동안 육영수 여사가 하루에도 몇 번씩 담배꽁초가 수북하게 쌓인 재떨이를 비워야 했다는 일화는 월남전 참전 결정 과정의 고뇌를 말해준다.

일 년 내내 찜통더위가 계속된다는 나라, 독사가 우글거린다는 나라, 적이 어디 있는지 알 수 없는 전쟁터의 나라에 한국의 젊은이들이 파병되어 피를 흘려야 한다는 사실은 그 어떤 대통령이라도 고뇌 없이 결정을 내릴 수 없는 상황이었을 것이다.

그러나 파병을 결정한 박정희 대통령이 염두에 둔 두 가지 전략 목표가 있었다. 첫째는 파병을 통해 국가 안보를 확실히 하고 둘째는 경제발전의 초석을 놓자는 것이었다. 따라서 미국의 요청에 응함으로서 한국은 6·25 당시 미국의 참전에 대한 보은(報恩)을 하는 동시에 한미 동맹을 보다 긴밀한 관계로 격상시킬 뿐 아니라, 한국군의 월남 파병은 주한 미군의 월남전 차출을 방지할 수 있을 현실적인 대안이라고 생각했다.

한국이 월남전에 미국 다음으로 많은 약 5만 명 정도의 병력을 파견한 기간 동안 한미 관계는 한미 동맹 역사상 최고의 밀월 기간이었다. 월남 전쟁을 가장 포괄적으로 연구한 학자 중 한사람인 국방군사연구소의 최용호 박사는[158] "결과적으로 한국군의 베트남 파병은 미국의 적극적인 지원으로 국가의 안보와 경제 문제를 해결해야 할 박정희 정부가 미국의 지원을 유도하기 위해 반대급부로 활용한 국가전략이었다."라고 평가하고 있다. 6·25 전쟁 당시 도와준 자유우방의 지원에 보답한다, 동남아시아의 공산주의 팽창 방지에

▲ 월남 파병 용사들의 시가 행진

동참해서 세계 평화와 안보에 기여한다는 등 여러 가지 명분이 제시되었지만 한국이 월남에 군대를 파견한 가장 중요한 이유는 국가 이익을 극대화하는 것이었다. 국가 이익 중에서도 가장 우선적인 이익인 '국가 안보'를 위한 결정이었고 그 다음으로 중요한 '경제발전'을 도모하기 위한 결정이었다.

국가발전의 계기를 마련한 월남 참전

월남전쟁 파병 결정 및 한국군의 역할

한국군이 월남전에 최초로 파견된 것은 전투부대가 아닌 의무부대로서 1964년 7월 15일 창설된 제1 이동 외과병원이었다. 같은 해 7월 18일 선발대가 월남에 파견되었고 본대는 9월 11일 부산을 떠나 10일간의 항해 끝에 9월 22일 월남의 수도인 사이공에 도착했다. 9월 23일 한국군 부대의 최초 파병을 축하하는 환영식이 있었고 곧바로 임지인 붕타우로 이동한 한국군 의무부대는 9월 28일 붕타우의 월남군 육군 요양병원에서 시무식을 갖고 주월 한국군으로서 첫 임무를 시작했다.

월남에 파견된 2차 한국군 부대도 역시 전투부대가 아닌 건설지원단이었다. 1964년 12월 18일 미국 정부는 브라운 주한 미국 대사가 박 대통령에게 직접 전달한 존슨 대통령의 친서를 통해 비전투부대의 추가 파병을 공식으로 요청했다. 이 친서의 내용은 '베트남 전쟁이 자유진영에 불리하게 전개되고 있는데 미국은 이에 적극 개입, 공산주의 침략을 저지할 것이며 한국 정부도 미국의 의지를 이해해 주기 바란다는 내용과 함께 한국군 공병 1개 대대와 의무지원단(야전병원)의 파병을 요청한다'는 것이었다. 존슨의 친서를 받은 박 대통령은 이미 예상한 일이니 만큼 신속한 대응을 요구했고 국회의 동의를 구할 준비도 지시했다.

1965년 1월 평화를 상징하는 의미에서 '비둘기 부대'로 명명된 베트남 파병 건설부대가 창설되었다. 약 2,000명의 병력으로 구성된 이 부대는 3월 10일 인천항을 출발 미 7함대 함재기의 호위를 받으며 3월 16일 사이공 항에 입항하였다. 비록 건설부대이기는 했지만 스스로 방어 능력을 갖추어야 했던 부대로서 비둘기부대는 주둔지역을 진지화했고 방어진지도 구축했다.

전투부대 파견, 미국으로부터 받아낼 것은 받아낸다

월남의 상황이 악화 일로에 있는 상황에서 결국 미국은 1965년 3월 8일 다낭에 첫 번째 미국군 지상군 전투부대를 상륙시켰다. 미국은 지상군 전투부대를 본격적으로 파병한 직후 한국에 대해 한국군 전투부대의 파병도 요청했다. 1965년 5월 한미정상 회담에서 존슨 대통령은 한국군 전투부대의 월남 파병을 공식으로 요구했고 한국 측은 이에 긍정적으로 반응했다. 당시 파병을 피할 수 없었고 이미 마음속으로 파병을 결정한 박 대통령은 다급해하는 존슨 대통령으로부터 파병에 따르는 몇 가지 반대급부를 받아 내는데 성공했다.

그 내용의 일부를 보면, 주한 미군의 철수 여부는 반드시 한국과 사전 협의한다는 것, 그리고 한국에 대한 군사 및 경제 원조를 확대할 것, 개발 차관으로 우선 1억 5,000만 불을 배정할 것, 주둔군 지위 협정을 체결할 것 등이었다. 박정희는 전투병 파병의 대가로 제1차 경제개발 5개년 계획을 성공적으로 마무리하고 제2차 경제개발 5개년 계획을 추진할 수 있는 여건을 조성했으며, 미국으로부터 한국의 안보를 더욱 확실히 보장 받을 수 있게 되었으며 한미 동맹을 상호의존 관계로 격상시키는 계기를 마련했다.

1965년 9월 25일 주월 한국군 사령부가 서울에서 창설되었으며, 수도 사단장 채명신 소장이 사령관으로 임명되었다. 월남에 제일 먼저 파견된 한국군 전투부대는 해병여단인 청룡부대였다. 1965년 10월 8일 베트남 중부의 캄란 만에 도착한 한국해병의 청룡부대는 주둔지인 동 바틴으로 이동, 1번 도로 및 철도의 방어 임무 및 대 게릴라전 임무를 담당하기 시작했다. 그 다음 월남에 파견된 한국군 전투부대는 육군 부대인 맹호 부대로서 10월 22일 월남의 퀴논 항에 상륙 빈딘성 주둔지역에 진지를 구축했다.

1966년 9월 백마부대가 파견되었고 1966년 이후 월남에 파견된 한국군은 1972년까지 약 45,000명 선을 유지하는 적지 않은 규모의 병력이었다. 한국군은 8년 6개월 동안 월남에서의 근무를 마치고 1973년 3월 완전히 철군하였다. 그동안 한국군은 군단급 작전 4회, 사단급 작전 30회, 연대급 작전 186회, 대대급 작전 955회와 중대급 이하의 소규모 작전 576,000회의 전투를 단행했다. 이 과정에서 한국군은 까투산, 자빈동 전투 등 월남 전쟁사에 나타난 혁혁한 전과를 기록하기도 했다. 프랑스군이 8번이나 공격했다가 실패하고 월남군 역시 도저히 함락을 하지 못하고 있던 까투산을 한국 해병대는 단 한 번의 공격으로 장악, 세계를 놀라게 했었다

한국군은 미국군과 독립적으로 작전했다

월남에서 한국군은 미국과는 독자적인 전투 작전을 전개했다. 미국은 애초 한국군을 자신들의 작전 통제 하에 두기를 원했지만 한국군은 월남전의 성격이 군사적인 것일 뿐 아니라 정치적인 전쟁이라는 사실을 강조하고 미국과는 색다른 전략을 구사했다. 한국군은 한국군의 작전 통제권을 유지한 채 월남에서의 전쟁을 수행해 나갔다. 미국의 월남전 전략 개념이 '강력한 기동 타격대로서 베트콩을 찾아내어 격멸한다(Search and Destroy).' 개념인데 반해 한국군은 '보다 장기적인 차원에서 주민과 베트콩을 분리시킨 후 분리된 베트콩을 고사시킨다.'는 것을 작전 개념으로 삼았다.

물론 미군은 개별적인 전투에서는 사실상 모두 승리했음에도 불구하고 전쟁에서는 패했다. 만약 미국 측도 한국의 전략 개념을 따랐더라면 전쟁의 결과는 달라졌을지도 모른다. 한국군은 월남에서 월남 사람들이 좋아했던 외국 군대라는 명성을 얻었다.

월남전에서 직접 전투를 경험한 한국인들은 이제 80대 무렵의 노인들이 되었다. 그러나 이 시대를 살아온 한국의 장년 세대들은 1960년대 후반 저 멀리 월남에서 들려오는 한국군의 승전보를 마음

설레며 들었던 기억이 날 것이다. 동양 한 귀퉁이에 놓여 있는, 마냥 허약한 나라인 줄로만 알고 있었던 대한민국이라는 국가의 국군이 월남전에서 그처럼 잘 싸우는 군대로 명성을 날릴 줄은 몰랐다. 한국 국민들에게 월남전에 참전하고 있는 한국군 부대의 용맹성은 월남 전쟁의 복잡한 정치적 논리와는 별도로 민족의 자긍심을 불러일으킨 결정적 계기가 되었음을 부정할 수 없는 일이다.

월남전 참전과 한국의 경제발전

전쟁에 참전하지 않을 수만 있다면 결코 전쟁에 참전하지 않는 일보다 더 좋은 일은 없을 것이다. 그러나 국가들이 모여 사는 국가체제에서 전쟁은 상수(常數, permanent variable)로 존재한다. 국가 안보가 언제라도 제일 중요한 국가이익일 수밖에 없는 무정부 상태 아래 국가들은 평화를 지키기 위해 전쟁에 개입해야 하는 역설적 상황에 놓일 수도 있다. 한국이 월남에 참전한 것은 사실 한국의 국가 안보를 위해서였다. 주한 미군을 계속 한국에 주둔케 하고, 한미동맹을 상호의존적 동맹으로 격상 시키고(미국이 한국에게 도움을 청했다는 의미에서), 전쟁 참전을 한국의 급속한 경제성장의 계기로 삼고자 했다. 박정희의 한국 정부는 두 마리 토끼를 잡는데, 즉 안보와 경제성장을 이룩하는데 성공했다고 평가할 수 있다.

물론 우리 젊은이들은 전쟁터에서 피를 흘렸다. 참전 연인원 325,517명 중 전사 4,601명 등 사망자가 5,099명, 부상자도 11,232

명에 이르렀으며 아직도 고엽제 후유증 등에 시달리는 참전 용사들이 수만 명 이상 존재하고 있다. 1966년까지 총 23,865명의 한국군이 월남전에 파병되었으며 1969년부터 1972년 사이 최대 47,872명의 국군이 월남에서 근무했다. 1971년 7월 한국군 전투부대가 월남에서 철수하기 시작할 때까지 30만 이상의 한국군이 월남전에 참전, 고귀한 희생을 치렀다.

그러나 이들의 희생은 헛된 것만은 아니었다. 한국은 월남전 파병을 계기로 급속한 군사 현대화 및 경제 발전을 이룩했기 때문이다. 한국의 월남전 참전이 국가 안보에 대한 기여는 무형적인 것이기 때문에 수치로 표현할 수 없겠지만 한국의 월남전 참전을 통해 비약적인 경제 발전을 이룩했다는 것은 눈에 보이는 자료들로도 충분히 증명될 수 있다.

지금은 이미 우리들의 기억에서 사라졌지만 경부고속도로야말로 월남전 참전의 결과물처럼 인식되던 시설물이었다. 1965년 우리나라가 월남에 본격적인 전투부대를 파병하던 해 한국의 GNP는 1억 5백만 달러로 1억 6천2백만 달러인 북한의 약 60%에 불과했다. 북한은 군사력은 물론 경제력에서도 한국보다 막강했던 상황이었다. 월남전 참전 기간 동안 한국 경제는 비약적인 발전을 거듭 1969년에는 GNP가 2억 1천만 불로서 북한의 1억 9천5백만 불을 능가했던 것이다. 남북한 관계 사상 처음 있는 일이었다. 월남에서 한국군이 마지막으로 철수했던 1973년 한국의 GNP는 3억 1천9백만 불로 북한의 1.1배에 이르게 되었다. 전쟁을 하는 동안 국가의 경제력은 정체되거나 가라앉는 것이 원칙이다. 그러나 한국은 월남전을 경제발전의 특별한 기회로 활용한 것이다.

월남전의 전략은 미국의 국제정치적 인식의 변화와 함께 변했음을 이미 지적했다. 아무튼 월남 전쟁은 월맹의 승리로 끝났다. 그러나 그들은 통일 이후 거의 30년 동안 세계에서 가장 가난한 나라의 반열에 놓여 있었다. 이제 월남은 사회주의를 포기하고 자본주의 경제체제로 변신하는 대 개혁을 단행하고 있다. 미국 군인이 아니라 기업가들이 다시 월남을 드나들고 있으며 한국의 기업들도 많이 진출해 있다. 이제 월남은 먼 길을 돌아 자본주의 국가로 다시 태어나고 있다. 월남 전쟁에 참전했던 국군 용사의 아들딸들은 이제 북부 월남의 수도였고 전쟁시 공산군 총사령부 요새였던 하노이에서 관광을 즐기고 있다. 한국의 월남전 파병의 역사를 빛나는 역사라고 말할 필요는 없다. 그러나 1960년대 한국이 처한 국제정치 상황과 경제 상황에서 박정희 대통령은 고뇌에 찬 어려운 결정을 한 것이며 그 결정은 역사에 의해 올바른 결정이었다는 평가를 받게 될 것이다.

파월 장병들은 국민 군대

한국군을 용병이라 비하하는 자들은 용병의 개념을 모르는 자들이다. 용병은 돈을 벌기 위한 개인들의 집단이다. 월남전쟁의 한국군들은 나라의 명령에 복종한 국민의 군대였다. 월남전쟁에 참전한 한국군들은 미국으로부터 한국군 봉급액보다 훨씬 큰 봉급을 받을 수 있었다. 그들은 피 같은 이 돈을 고향으로 부쳤고 대한민국 정부는 월남전 참전을 계기로 유리한 입장에서 경제적 딜(deal)을 할 수 있었다. 유리한 차관을 받을 수 있었고 좋은 조건에서 사업을 발주받을 수 있었다. 한국이 월남에서 얻은 경제 이익은 1968년 말까지 3억 8천만 달러에 이르렀는데 이는 당시 해외 총수익의 16%에 이르는 것이며 한국 국민총생산의 2.8%에 이르는 적지 않은 돈이었다.[159]

1965년 1억 3천8백만 달러, 1963년 1억 달러 미만이었던 외환 보유고가 1968년 10월에는 3억 8천6백만 달러로 늘어났다. 베트남에 군대를 파병한 대가로 미국으로부터 받은 돈은 1965~1970년 미 상원 조사위에 의하면 9억 2천7백만 달러에 이르며 이는 당시 한국 경제 규모에서는 엄청난 돈이었다.[160] 1965년 한국의 1년 GNP가 1억 5백만 달러였다는 사실을 생각해 보라!

박정희의 월남전 참전 결정은 박정희의 2대 국가전략 즉 국가 안보의 확보 및 경제발전의 추진이라는 목표를 이루는 가장 빠른 길이었다. 특히 한국에서의 방위부담을 경감하려는 미국으로부터 지속적인 안보 개입 약속을 받아내기 위한 장치이기도 했다.

김형아 교수는 '박정희의 통찰력 있고 빈틈없는 협상 덕분에 미국의 군사적 경제적 원조가 삭감되는 것을 연기시켰을 뿐 아니라 미국이 한국군을 현대화하는 업무에 착수하게 만들 수 있었다.'고 월남전의 경제적 효과를 논하고 있다.[161] 월남전에 참전해서 돈을 번 것은 참전용사들이 아니라 그들의 조국 대한민국이었다.

미국과 월남전쟁의 국제정치학

미국의 월남전 참전 논리

월남 전쟁은 냉전이라는 맥락 속에서 이해되어야 한다. 1945년 2차 대전이 끝난 이래 세계는 미국과 소련이라는 두 개의 강대국에 의해 양분되었다. 세계가 대부분 중요한 지역은 미국 편 아니면 소련 편이었다. 미소 양측이 비교적 신경과 관심을 덜 쓴 지역은 나중에 미국과 소련 어느 편도 아니라는 의미에서 비동맹을 표방했다. 이들은 미소 양진영 어느 편도 아니라는 의미에서 제3 세계 국가라 불렸다. 그러나 제 3세계 국가들이 비동맹을 표방한 이유는 독립과 중립을 추구한다는 이유와 더불어, 미국과 소련 양편 모두로부터 관심과 이득을 취하겠다는 목적도 있었다고 보는 편이 솔직하다.

미소 양 초강대국이 벌인 냉전의 갈등은 진영내부에는 결속(intra bloc cohesion), 진영 사이에는 대단한 적대감(inter bloc hostility)을 특징으로 하는 전략 문화를 산출했다. 함께 미국 진영에 속해 있다는 이유 하나 때문에 한국과 에티오피아가 동맹국처럼 행동하며, 같은 미국 편에 속해 있지 않다고 한국과 헝가리가 원수처럼 행동하던 그런 형국이 냉전 시대의 국제 정치 상황이었다.

　미국과 소련은 세계 방방곡곡의 어떤 허술한 지역일지라도 그 지역을 상대방이 차지하면 안 된다는 강박 관념을 가지고 있었다. 즉 남한을 양보하는 것은 북한이 남한을 점령하는 것이 아니라 소련이 남한을 점령하는 것을 내버려 두는 일로 인식되었고, 월남을 내버려 둔다면 그것은 월맹이 월남을 정복하는 것이 아니라 중국이나 소련이 월남을 차지하는 것이라고 인식했던 것이다.

　월남 전쟁이 격화되던 1960년대 중반 이후 소련과 중국의 갈등은 노골화되었고 이 같은 상황은 미국으로 하여금 월남에서의 공산주의 준동을 중국의 (소련이라기보다) 공산주의 세력이 국제적으로 확대되는 과정이라고 다시 해석하도록 했다. 1964년 중국이 핵무기 보유에 성공한 이후 미국의 동아시아 정책은 베트남에서 중국의 팽창주의를 근원적으로 막는다는 것이었다.

　미국이 월남에 개입한 국제정치 이론적 근거는 월남이 공산화되면 그 옆 나라들도 줄줄이 공산화될 것이라고 보는 소위 도미노 이론(Domino Theory)이었다. 그래서 미국 민주당 출신 대통령인 케네디와 존슨은 월남이라는 빠져나오기 힘든 늪 속으로, 주저하면서도, 한발 한 발을 담그게 되었던 것이다.

월남전은 아시아 민족주의의 발로

프러시아 장군인 클라우제비츠(Carl Von Clausewitz)는 '전쟁이란 애초 계획대로 진행되지 않는다.'는 철칙을 명문화시킨 유명한 전쟁 사상가이다. 전쟁은 자기 나름대로의 다이내믹이 있다. 월남 전쟁은 결국 미군 52만 명이 월남에 가 있었다는 상상도 못했던 상황까지 진전되었다. 그러나 미국은 월남에서 헤매던 중에 월남을 포기해도 큰 문제가 없을 것이라는 놀라운 사실을 인도네시아의 정치 경험으로부터 도출하게 된다.

1965년 10월 수하르토는 인도네시아에서 쿠데타로 권력을 장악했다. 미국의 CIA가 그렇게 제거하고 싶어 했던 공산주의에 편향된 수카르노 정권을 일거에 제거해 버린 후, 강물이 핏빛이 되었다고 말할 정도로 수많은 사람을 숙청했는데 숙청당한 거의 모든 사람들이 공산당원이라는 사실에 미국은 놀란 것이다.

미국이 인도네시아의 수하르토 정권으로부터 배운 결론은 아시아의 민족주의는 반공적이라는 사실이며 지금 미국이 월남에서 싸우고 있는 전쟁은 '공산주의의 외피를 쓰고 있지만 사실은 민족주의 세력인 월맹'에 반대해서 싸우는 전쟁이라는 놀라운 현실을 인식하게 되었다. 미국은 통일된 월남이 중국의 앞잡이가 아니라 중국과 맞서 싸울 '민족주의' 국가가 될 것이라고 생각했다. 그렇다면 미국이 월남에서 민족주의에 거슬러가며 전쟁을 할 필요가 더 이상 없게 된다. 미국은 아시아 민족주의의 힘을 거꾸로 이용하면 중국, 소련의 공산주의 확장을 막을 수 있다는 새로운 논리를 찾아 낸 것이다.

미국이 손을 떼기로 결심함으로서 월남은 적화되었지만, 적화된 월남은 같은 공산주의인 중국의 앞잡이 혹은 중국 세력 확장을 위한 교두보가 되지 않았다. 오히려 통일 월남은 중국 세력의 동남아시아로의 확장을 막아주는 쐐기 역할을 하고 있는 것이다.

1979년 월남과 중국은 진짜 전쟁까지 벌였다. 월남의 버릇을 고치겠다며 중국이 선제공격을 함으로써 발발한 전쟁이었다. 전투에서의 승리자는 중국이 아니라 베트남이었다. 그 후 한 세대가 지난 현재, 월맹은 공산주의를 거의 완전히 포기하고 자본주의를 채택했으며, 미국과 아주 가까운 나라가 되어 있다. 21세기 미국 패권에 대한 잠재적 도전자 중국을 견제해야 할 미국은 이제 월남을 중국을 견제하는데 결정적으로 유용한, 보이지 않는 동맹국으로 사용하고 있다. 역사는 돌고 도는 것이다. 미국과 월남은 2012년 4월 미국 해군 함대가 다낭 항을 방문, 대규모 훈련도 함께 벌이는 상황으로까지 관계가 진전되었다.

북한은 미국이 월남전의 교훈을 생각해 내길 바리고 있을 것이다. 한반도가 북한에 의해 적화통일 되더라도 결국은 미국 편이 될 것이라고 믿게 만들기 위해 북한은 집요한 대미 전략을 펼치고 있다. 이미 북한 외교부 부부장 김계관은 "미국이 중국과 싸울 때 북한은 미국 편을 들수 있다."고 말한 적도 있다.

미국 월남에서 손을 떼다: 닉슨 독트린과 박정희

닉슨 독트린은 미국의 탁월한 대전략

닉슨 대통령은 재선과정의 부정으로 재임 중 탄핵의 위협을 받아 스스로 사퇴한 불운의 대통령이었지만 그의 외교정책은 탁월한 것이었다. 미국 국제정치학의 거장 키신저(Henry A. Kissinger) 박사와 함께 만든 닉슨 독트린은 미국이 얼마나 국가이익 계산에 능한 나라이며 국제정치의 냉혹함을 말해주는 정책이다. 미국의 외교정책은 '대전략'이라는 큰 그림에서 볼 때 더 잘 분석, 설명될 수 있다. 1960년대 당시 미국은 소련을 몰락시키는 것, 그럼으로써 냉전에서 승리, 패권을 확고하게 거머쥐는 것이 국가 대전략의 목표였다. 소련을 붕괴시키는데 성공한 지금, 미국의 대전략 목표는 미국의 패권을 안정적으로 유지하는 것이다.

대통령에 취임한 닉슨은 키신저 박사와 당시 월남전에 빠져 들어간 미국의 처지를 다시 분석했다. 닉슨이 인식한 당시 국제환경은 공산주의 진영 내에 분열이 야기되고 있다는 사실이었다. 중국과 소련이 같은 공산주의 국가이지만 두 나라는 공산권의 헤게모니를 장악하기 위해 전쟁이라도 치를 형국이었다.

미국은 이 같은 국제상황에서 중국(당시 중공)을 확실하게 소련으로부터 떼어내겠다고 결심한다. 월남은 미국군이 50만 명이나 가 있는 전쟁터였고 이 같은 상황은 중국을 몹시 불안하게 만드는 요인이었다. 더불어 대만해협을 정기적으로 순항하는 미국의 항공모함 함대도 중국에게는 극도의 안보 불안 요인이었다. 미국은 중국의 안보 불안을 해소시켜 주어, 중국의 군사력, 외교력이 오로지 소련과의 싸움에 집중할 수 있는 상황을 만들어 주겠다고 결심한다.

월남전을 종식시키고, 중국 앞바다를 항해하던 미해군을 태평양 한복판으로 물러나게 하며 중국 주변에 포진하고 있던 미국군의 숫자를 감축시키는 일은 미국 때문에 야기되는 중국의 안보 불안을 해소시키는 첩경이었다.

1969년 발표된 닉슨 독트린은 '아시아의 방위는 우선적으로 아시아인들이 담당한다'는 말로 표현되지만 본뜻은 '중국이여, 당신 주변의 미군을 다 빼 줄테니, 그리고 대만을 쫓아내고 중국을 UN 안보 이사회 상임이사국으로 인정할 테니 걱정 말고 소련과의 대결에 노력을 집중하게'였다. 사실 닉슨 독트린 이후 중국은 북만주에 55개 사단의 대병력을 배치하여 소련과 대치할 수 있었다.

그렇다면 월남은 어떻게 되는 것인가? 미국은 이제 공산주의 국가들도 서로 싸운다는 사실을 알게 되었다. 월남이 공산국가로 통일되더라도 중국이 월남을 호락호락 가져갈 수 없으리라는 것을 알게 되었던 것이다. 월남이 공산국가가 되더라도 중국의 동남아 진출 기지가 되기는커녕 오히려 쐐기가 되리라고 생각했기 때문에 미국은 월남에서 싸우다 말고 뛰쳐나온 것이다.

미국은 '아시아인의 방위는 아시아인의 힘으로'라는 구호를 통해 일본을 강화시키고 싶어했다. 물론 일본은 닉슨 독트린 이후 대폭 군사력을, 특히 해군력을 증강시켰다. 일본 해상자위대의 해군력은 미국 해군이 빠져나간 동지나해에서 균형을 유지할 수 있을 정도로 막강해졌다.

유럽에서도 미국을 위해 기분 좋은 일이 일어났다. 재래식 군사력에서 소련의 압도적인 우위 때문에 NATO 동맹군이 밀리는 형편이었는데, 시베리아, 만주의 중국군 증강 때문에 소련은 유럽의 소련군을 일부 빼내서 동쪽에 재배치하지 않을 수 없게 되었다. 소련은 만주에 집결한 중국군 55개 사단에 대비하기 위해 44개 사단을 시베리아 지역에 배치해야 했다.

중국 주변의 미군을 빼줌으로써 미국은 세계적인 차원에서의 균형을 오히려 회복할 수 있었던 것이다. 닉슨과 키신저 박사의 대 전략은 이렇게 멋있게 이루어졌다. 미국은 물론 월남전에서 패배했지만 월남에서 미국이 추구하려던 목표(중국 세력의 동남아시아 진출 방지)도 잃은 것은 아니었다.

그러나 미국의 이 같은 대 전략은 월남(남베트남)의 죽음을 전제로 하는 것이었다. 미국은 별 구실 못하는 동맹을 끝까지 살려야 한다는 도덕적 원칙에 입각해서 국제정치를 끌어가는 나라는 아니다.

닉슨 독트린과 박정희

박정희는 미국 대 전략의 냉혹함을 직감적으로 이해하는 인물이었다. 미국은 한반도가 통일될 경우 그 나라가 미국편이면 OK인 나라다. 미국은 어떤 일이 있어도 한반도의 통일은 대한민국에 의해서만 이루어져야 한다고 생각하지 않는다. 미국은 통일한 후 미국 편인 정부가 한반도를 통일하기 원한다. 북한은 미국에게 그게 바로 북한 정권이라고 말한다. 최근 대한민국 정부가 대단히 반미적인 적이 있었고 그런 상황은 북한의 주장이 씨알이 먹혀 들어갈 수 있는 최대의 전제조건이다. 그래서 북한은 어떻게 해서라도 한국과 한국 정부가 반미적이 되기 원한다. 최근 북한의 대남 전략 목표기 거기에 있다.

박정희는 미국의 냉혹함에 치를 떨었을 것이다. 이미 잘 알고 있었지만 박정희는 스스로 국방을 강화해서 최악의 경우에 대비해야 한다고 생각했다. 박정희의 핵무기 개발 계획은 이 같은 상황에서 나왔던 것이다. 또한 그럼에도 불구하고 박정희는 미국과의 동맹의 끈을 놓치면 결코 안 될 것이라는 사실도 정확히 인식했다.

닉슨 독트린 선언에도 불구하고 한국이 월남의 전쟁터에 5만 명에 이르는 한국군을 지속적으로 유지한 것은 미국으로 하여금 한국에서 주한 미군 철수를 쉽게 결정하지 못하게 하는 안전 장치요, 미국이 한국을 포기할 수 없는 최소한의 보장 장치로 생각했기 때문이었다. 박정희의 대미전략은 지금 우리에게 특별히 중요한 교훈을 주고 있다.

미국 패권시대가 된 지금, 미국은 중국의 도전에 대응하기 위한 방안을 강구하고 있다. 전략적으로 중국의 도전에 대응하기 위해 미국에게 최적의 국가는 북한이다. 북한은 중국과 국경을 맞대고 있는 전략적 요충지이다. 이 같은 전략 상황에서 미국의 목표는 북한을 미국 편으로 만드는 것이다. 그리고 북한은 자신이 한반도 통일의 주역이 될 수 있다면 흔쾌히 미국 편이 될 것이다.

북경대학 차오위즈 교수는 중국 최대의 실책이 북한의 핵무장을 막지 못한 것, 더 큰 실책은 핵을 보유한 북한이 미국과 거래함을 막지 못하고 있는 것이라고 한탄하며, 결국 동북 3성의 3억 중국인이 북한의 핵무기 앞에 떨게 될지도 모른다고 경고했다. 지정학적으로 보았을 때 북한과 중국은 결코 진짜 친구가 되기 어렵다는 현실을 정확히 인식한 분석이다.

닉슨 독트린의 대 전략적 측면과 북한의 대 전략을 정확히 알고 있었던 박정희의 전략적 지혜가 지금 미국이 패권국이 된 시대의 대한민국에게는
더욱 절실하다.

▶ 박정희-닉슨 샌프란시스코 회담
ⓒ위키피디아

제 9 장

카터 대통령과 맞장 뜬 박정희 대통령

▲ 1977년 박정희 대통령의 연두기자회견
박정희는 카터 미국 대통령의 전면 철군에 대처하기 위해 노심초사하던 중이었다. 박정희는 결국 카터와 대놓고 싸웠고 카터의 철군 정책을 무산시켰다.

카터 대통령의 주한 미군 전면 철수론

도덕주의자 카터의 미국 대통령 당선

　미국 대통령 중 가장 도덕적인 정책을 선호한 대통령은 제33대 대통령 지미 카터라고 말할 수 있다. 외교 정책상에서는 탁월한 업적을 남겼지만 국내 정치와 도덕의 측면에서 미국 역사상 최대의 오점을 남긴 닉슨 대통령의 후임으로 미국 대통령에 당선된 인물이 카터다. 닉슨 대통령은 재임을 위한 선거기간 중 공화당의 선거원들이 민주당의 선거운동 본부가 있는 워터게이트 빌딩에 몰래 잠입해 들어가서 민주당의 선거 전략을 도청하고 훔쳐냈던 사건 때문에 대통령직에서 물러나야 했던 사람이다. 즉 부정적인 방법으로 대통령에 당선되었다는 문제 때문에 닉슨은 탄핵의 위험에 처해졌고, 스스로 대통령직에서 물러났다. 당시 부통령이었던 포드가 대통령의 직책을 이어 받았지만 공화당은 도덕적으로 타락했다는 누명 때문에 새로운 도덕주의를 표방하고 나타난 조지아 주지사인 민주당의 카터와의 대선전에서 승리할 수 없었다.

카터의 도덕 정치는 당시 미국의 분위기에서 국민들에게 잘 먹혀 들어갈 수 있었다. 문제는 카터의 도덕주의가 국제정치에도 적용되는 것이었다는 점이다. 카터는 미국이 '국가이익'에 의해 세계 문제에 개입해야 하는 것이 아니라 도덕적 기준에 의해 세계 문제에 개입해야 한다는 입장을 취한 것이다. 카터의 도덕주의 외교정책에 의하면 미국이 세계의 수많은 독재국가를 지원해 준다는 것은 올바른 일이 아니었다. 미국은 독재국가를 지원하지 말아야 하며 독재국의 지도자들을 꾸짖어야 한다는 것이 카터의 입장이었다.

당시 한국의 박정희 대통령은 닉슨 대통령 이후 지속적으로 야기된 미국의 해외개입 감축 및 닉슨 독트린으로 인한 국방비 증가 및 안보상황의 악화라는 부담에 전전긍긍하고 있었다. 특히 미국이 중국(당시 중공)과 화해하기 시작했다는 사실은 미국만 믿고 있던 반공국가인 한국에게는 전략적으로 대단히 불안정한 상황이었다. 이 같은 사실을 총체적으로 해결하려는 박정희의 시도가 1972년 10월 17일 단행된 10월 유신이라는 체제강화 방안이었다.

물론 10월 유신은 박정희의 권력을 대폭 강화시켰다. 박정희는 임기 제한이 없어진 막강한 독재 권력을 휘두를 수 있게 된 상황이었다. 그러나 이 같은 독재화의 평계를 댈 수 있는 국제정치적 근거는 많았다. 국가 안보를 최고의 목표로 추진하던 박정희와 그의 추종 세력들에게 10월 유신은 영단(英斷)이라고 칭송되었다.

그러나 도덕주의를 외교정책으로 표방하고 미국 대통령에 당선된 카터의 눈에 박정희 독재정권은 가시가 아닐 수 없었다. 일찍이 박정희에 대해 부정적인 시각을 가지고 있었던 카터는 대통령 선거

과정에서 "대한민국에서 주한 미군을 완전히 철수하겠다."는 공약을 내걸었다. 카터는 박정희의 독재를 단죄하기 위해서 철군 카드를 꺼내 들었는지 모르지만 카터의 완전 철군 정책은, 이미 미군의 주한 미군 철수 및 감군 정책에 신물이 난 박정희의 독재체제를 더욱 강화시키는 역설적인 효과를 초래하게 되었다.

국제정치 체제변화에 대한 박정희의 대응 방안: 10월 유신

10월 유신은 한미 관계가 근본적인 변화를 일으킨 국제정치 상황 속에서 이루어졌다. 사실 당시 국제정치 상황은 10월 유신을 정당화시키는 근거로 사용되었다.

미국은 닉슨 독트린(1969)을 통해 '아시아의 방위는 아시아인들의 손으로'라는 슬로건 아래 아시아에 대한 방위개입을 줄이고 있었다. 미국은 중국을 미국 편으로 끌어들이기 위해 중국 주변의 미국 군사력을 감소 혹은 철수시킴으로서 중국의 안보 부담을 덜어주는 조치를 취한다. 중국은 미국과 화해함으로써 보다 골치 아픈 숙적인 소련과의 대결에 온 정력을 기울일 수 있게 되었다. 미국은 사실 중국과의 화해를 위해 월남전을 하다 말고 갑자기 월남에서 손을 떼어 버리는 조치를 취하기도 했다.

중국 주변국인 한국, 일본 등은 미국의 이 같은 조치에 '이제 더이상 미국의 안보 지원만을 믿고 있다가는 큰일 나겠구나'라는 절박감을 가져왔다. 미국과 중국의 화해는 대한민국 체제뿐만 아니라 북한 체제도 더욱 공고하게 만들어주는 역할을 했다. 한국이 10월 유신을 해서 독재체제를 강화한 것처럼 북한도 1972년 사회주의 헌법의 개정을 통해 김일성 독재체제를 대폭 강화시키는 조치를 취했다. 미국과 중국을 믿지 못하게 된 한국과 북한은 스스로 체제를 대폭 강화시켰고, 사실 미국과 중국은 1972년 남북한 체제가 공고화되는 배후 세력이기도 했다.

미국은 종신 통치체제로 향하는 박정희를 막든지 혹은 한국에 대한 안보 개입을 계속하든지 둘 중 하나를 택해야 하는 딜레마에 직면했다. 월남에서 손을 뗌으로써 중국과 화해하고 그 중국을 대소련 전략에 동참시키려는 미국은 1975년 4월 30일 월남이 공산주의로 통일되는 것을 방치할 수 있었다. 월남이 적화되는 것을 본 박정희는 2년 반 진 단행한 유신 체제가 올바른 일이었다고 확신했을 것이다. 수많은 한국인들이 1972년 10월의 유신체제 성립을 지지하게 되었다.

이 무렵 대학생이었던 필자는 지도교수 이기택 교수님께서 '중국 수상 주은래가 닉슨의 주한 미군 철수정책이 과격하다고 생각한 나머지 주한 미군의 철수를 오히려 완만하게 이행되어야 한다고 주문했다'는 사실을 말씀해 주신 기억이 난다. 한반도가 급격히 불안정해지거나 전쟁이 발발하는 것은 중국으로서도 바람직하지 않았기 때문이다. 이에 미국과 중국은 각각 한국과 북한의 체제를 더욱 공고화시킴으로써 한반도를 '안정화'시키는 방안을 강구하게 되는데, 그것이 바로 한국에서는 10월 유신, 북한에서는 사회주의 헌법 개정을 통한 김일성 체제의 대폭 강화라는 모습으로 나타난 것이다. 이 같은 분석은 당시 한반도 상황을 현실주의 국제정치학에 의거해서 설명한 모범적인 분석이다.

그러나 국제정치를 현실주의, 국가이익 관점에서 보지 않고 도덕적 기준으로 재단하는 카터에게 대한민국의 유신체제와 박정희 정부는 그냥 두고 볼 수 있는 문제가 아니었다. 독재정치를 자행하고 인권을 유린하는 대한민국의 박정희 정권을 미국은 지원할 수 없으며 그래서 주한 미군은 전면 철수해야 한다는 것이 카터의 대통령 선거 공약이었다.

카터의 주한 미군 전면 철군론

카터의 출현은 박정희에게는 곤욕스런 일이었지만 김일성에게는 기분 좋은 일이었다. 카터의 도덕주의가 비판당하는 이유는 도덕(Moralism)이란 '인류보편적'인 개념이 미국의 친구들로 분류되는 나라에만 적용된다는 점 때문이다. 냉전을 치르는 동안 미국은 세계 방방곡곡에서 국제공산주의 세력과 맞장을 뜨고 있는 미국의 우방국들이 독재정권에 의해 통치되는 것을 눈감아 주고 있었다. 공산주의와 싸우는 것이 더 시급했기 때문이었다.

이상적으로는 미국의 동맹국들이 모두 미국식 민주정치를 한다면 좋겠지만 준전시 체제와 마찬가지였던 냉전의 최전선에 위치한 미국의 동맹국들이 민주주의 정치 체제를 향유한다는 것은 현실적으로 불가능한 일이었다.

카터는 미국 동맹국들의 우익 독재체제보다 훨씬 더 심각한 공산진영의 좌익 독재체제에 대해서는 입도 뻥긋하지 못했다. 박정희에 대해서는 난리를 쳤지만 김일성의 독재에 대해서는 아예 말을 하지 않았다. 대통령을 그만 둔지(1981년 2월) 수십 년이 더 지난 오늘도 카터에게는 이 같은 성향이 남아 있다. 그래서 카터는 원했든 그렇지 않든 간에 김일성이 대단히 좋아하는 인물이 되었다.

박정희는 미군 없이 북한의 김일성과 상대해야 함을 가정할 수밖에 없는 상황이었다. 월남을 헌신처럼 버리는 미국을 본 박정희는 핵무기 개발까지 포함한 국방력 강화에 전력을 기울여야 된다고 생각했다. 주한 미군의 철군을 막는 방편으로 월남전에 한국군을 파견했던 박정희는 미국의 냉정함에 치를 떨었을 것이다. 당시 주한 미국 대사인 스나이더 역시 미국이 한국에서 손을 떼던가 이니면 장기적 파트너십에 의거한 새로운 관계를 설정해야 할 것이라고 보고했다. 다만 베트남 패망 후 스나이더 대사는 '북한이 무력 도발을 포기하지 않는 한 미군의 철수는 너무 위험하며 실제 한반도에서 전쟁이 발발할 가능성이 높고, 결과적으로 미국의 방위조약에 대한 일본의 신뢰감도 잃게 될 것'이라고 우려했다.[162]

여기서 한 가지 짚고 넘어가야 할 문제가 있다. 냉전 기간 내내 한국은 미군 철수론, 주한 미군 감축론에 의해 시달림을 받았다. 미국이 군대를 줄이겠다는 것은 냉전시대 한국의 만성적인 걱정거리였다. 북한이 저토록 막강한 군사력을 가지고 설치는데, 한국은 돈도 없고 경제발전 등 갈 길이 바쁜데, 시도 때도 없이 나오는 미국의 주한 미군 철수 혹은 감축론은 모든 한국 지도자들의 번뇌였다.

안보불안은 독재를 강화시키는 경향을 초래하고 그때마다 국민들은 고생하지 않을 수 없었다.

필자는 대학원 재학 시절, '주일 미군, 주독(독일) 미군의 철군 혹은 감축 이야기는 전혀 나오지 않는데 주한 미군 철수론은 왜 시도 때도 없이 나와 한국 국민을 괴롭히는 것일까?' 궁금했다. 필자의 석사학위 논문은 이 주제를 연구한 것이었다. 간단하게 말하면 미국은 오랫동안 한국의 전략적 가치에 대해 확신하지 못했다. 일본이나 독일은 미국의 세계 전략에서 사활적으로 중요한 곳이었다. 즉 일본과 독일에는 미국의 사활적 이익(vital interest, 死活的 利益)이 있었다. 미국은 물론 어떤 나라라도 사활적 이익이 있는 지역이나 국가는 군사력을 통해서 지킨다. 그런데 문제는 한국에 미국의 사활적 이익이 있다고 생각하는 미국 전략가들은 없었다는 점이다.

일부는 일본을 사활적으로 지키기 위해 한국에 미군이 주둔하는 것이 필요하다고 생각하고 있고, 또 다른 일부는 한국에 미군이 없어도 일본을 지킬 수 있을 것이라고 생각했다. 전자는 주한 미군 주둔을 지지하는 이들이고 후자는 주한 미군 철군을 지지하는 이들이다. 문자를 써서 말하자면, 냉전 당시 미국이 한국에 대해서 가지고 있던 국가이익은 일본이라는 사활적 이익을 수호하기 위해서 '파생되는 이익(derived interest)'에 불과했다. 파생적 이익을 지키기 위해 군사력을 사용할 것이냐 말 것이냐는 언제라도 논쟁거리가 될 수밖에 없는 일이다.163)

그렇지만 미국은 한국 전쟁의 경험 때문에 한국에서 미군을 감축하려는 의도는 있었지만 완전 철군까지는 생각하지 못하고 있었는데, 1976년 미국 대통령 선거전에서 지미 카터 후보는 놀랍게도 주한 미군 '완전철수'를 공약으로 내세웠던 것이다. 주한 미군 완전 철수론은 한미관계에 닥쳐온 태풍이 아닐 수 없었다. 카터는 대통령에 취임하기도 전에 한반도 정책을 중요한 정책으로 선정했고 취임식 바로 6일 후 안보 부서에 하달한 메모를 통해 미군 병력 감축을 포함한 한반도 정책에 대한 광범위한 검토를 지시했다.

카터의 비굴한 대 북한 정책

도덕주의자 카터는 역시 박정희 정권의 인권 문제에 대해 대단히 비판적이었다. 미국 의회도 이 점은 마찬가지였다. 1976년 4월 박정희가 한국의 기독교인들을 체포한 사건이 발발했다. 이에 미국 상·하원 의원 119명이 행정부에 대해 '인권탄압을 자행하는 한국에게 군사원조를 지속하지 말 것'을 종용하는 서한을 보냈다. 이 무렵 코리아 게이트라고 하는 박동선 로비 사건도 터졌다. 한미 관계가 최악의 시점을 향해 달려가는 것 같았다.

김일성은 카터가 1976년 미국 대통령 선거운동 기간 중에 주한 미군 철수를 선거 공약으로 제시한 후, 일체 미국에 대한 비판을 자제하고, 평화협정 공세와 주한 미군 철수공약 이행을 요청했다.

물론 김일성은 월남전이 공산 측의 승리로 종식된 1975년 봄 이래 대남도발을 위해 군사력을 전면 배치하기 시작했다. 다만 1976년 8월 18일의 도끼만행 사건 등은 당시 미국 행정부(포드 대통령)

로 하여금 주한 미군 철수를 이행하지 못하게 하는 원인을 제공하였다.

도끼만행 사건이란 1976년 8월 18일 미루나무 가지치기 작업을 지휘하던 미군 장교 두 명이 북한군 30여 명이 휘두른 도끼와 쇠파이프에 맞아 죽은 사건이다.

사망한 아서 보니파스 대위는 얼굴조차 알아볼 수 없을 정도로 피투성이가 되어 죽었다. 당시 미국이 북한에 대해 한 일은 고작 미루나무를 밑동이 채 잘라버린 일이었다.

필자는 이점에서 오늘의 미국이 당시 미국보다 훨씬 막강한 나

▲ 1976년 8월 18일 미루나무 가지치기 작업 중 도끼만행 사건이 일어났다. 미국은 이에 대한 보복의 일환으로 미루나무 밑동을 잘라 버렸다.

라라고 생각한다. 많은 사람들이 과거 미국이 막강했다고 말하는 것과 정반대의 입장이다. 2022년 오늘 미군장교 두 명이 북한군 도끼에 맞아 죽는 일이 일어난다면 미국은 화풀이 식으로 나무 밑동을 자르고 조용히 무마시킬 수 있을까?

아무튼 이처럼 한국의 안보상황이 불투명한 상태인데도 카터는 한국에서의 미군 전면 철수를 말하고 실행에 옮기려 했다. 카터는 자신의 철군 정책을 성사시키기 위해 북한이 미군 헬리콥터를 격추시킨 사건에 대해서도 상당히 비겁하게 행동했다. 1977년 7월 13일 저녁 8시 30분(미국시간)에 헬기 격추를 보고받은 카터는 백악관 뒤뜰에서 오페라를 감상하던 중이었다. 미군 치누크 헬기가 평택을 출발한 후 휴전선에 있는 UN군 측 관측소 건설용 시멘트를 나르던 작업 중이었는데 항로를 잃어 군사분계선 북측에 착륙했다. 한국군이 군사분계선을 넘는다는 경고사격을 가했으나 이를 알아차리지 못했다. 착륙 후 그곳이 북한 지역인 줄을 안 조종사가 치누크기를 이륙시켜 남쪽으로 돌아오려 했을 때 북한군이 중기관 포를 난사하여 격추시킨 것이다.

카터는 "사고는 비행실수로 야기된 것이며 이 잘못을 북한 측에 주지시키기 위해 노력하고 있다."는 극히 저자세의 반응을 보였다. 미국은 저자세로 북한에 사상자와 생존자의 인도를 요청했고 북한은 신속하게 이에 응했다. 사건 발생 56시간 만에 북한은 생존자와 유해를 UN군 측에 인도했다. 군사분계선 상에서 일어난 분쟁치고는 전례 없이 빠른 해결이었다. 이러한 조속한 해결의 이면에는 분명한 이유가 하나 있었다. 상호 간의 거리를 좁히려고 노력하는 카

▲ 김일성과 카터

터의 미국과 북한의 김일성의 접근 노력의 결과였다. 주한 미군 철
수라는 명분에 타격을 입지 않으려는 카터의 입장과 미국과의 직접
대화의 길을 모색하고 있던 김일성의 미국에 대한 추파가 뜻밖의
사건으로 조우하게 된 것이다.

박정희와 카터, 맞장 뜨다

박정희 시대 한국의 인권문제

국가들마다 자신이 처한 독특한 입장이 있다. 그래서 모든 나라들이 같은 수준의 민주정치를 할 수 없으며 경제 발전 정도도 다르다. 가능한 한 민주주의 정치를 할 수 있다면 좋을 것이지만 박정희 대통령 재임 시 한국이 제퍼슨 식 민주주의를 한다는 것은 경제적으로, 안보적으로 쉽지 않은 일이었다. 박정희는 물론 독재자였다. 그리고 한국 내의 반 박정희 세력과 미국은 박정희의 독재와 인권 유린에 대해 시비를 걸었다.

사이러스 반스(Cyrus Vance) 미국 국무장관은 회고록에서 '한국문제가 제기될 때마다 인권 문제가 따라 다녔다. 그러나 중무장한 북한군과 한미연합군과의 끊임없는 대치 상태는 항상 잠재적 도발 가능성을 포함하고 있었다. 서울에서 불과 35마일 떨어진 곳에서는 주민에 대한 절대적인 통제가 가해지고 있고 자유라고는 찾아볼 수 없는 곳이 존재한다는 사실을 언제라도 염두에 두지 않을 수 없었다. 남북한 간의 이 같은 대조적인 현실은 주의 깊게 인식되어야 했다. 비록 몇몇 비판자들은 우리가 인권 창달에 대해 단호한 입장을 보이고 있지 않다고 느끼고 있었지만 나는 엄밀하고 조심성 있는 균형(Careful Balance)이 필수적이며 균형은 반드시 유지되어야 한다고 생각했었다.'고 쓰고 있다.[164]

반스 장관의 언급처럼 민주주의와 국가 안보는 상충적인 개념이다. 국가의 안위가 중대한 위기에 있을 때 민주주의 국가일지라도 비상사태를 선포하고 국민들의 자유를 일부 제약하는 경우가 있다. 민주주의의 화신인 링컨 대통령도 남북전쟁 당시 언론을 통제한 적이 있었다. 한국과 같은 준전시 국가가 미국식 자유를 누린다면 그것이 오히려 위태로운 일이다. 제2 공화국의 자유는 방종이 되었고 그것은 5·16 군사쿠데타로 연결되었다.

미국은 그래서 적어도 카터 이전에는, 한국에 대한 인권 정책에서 이 같은 '조심성 있는 균형'을 유지하고자 노력했다. 예로서 키신저 박사는 1973년 11월 한국을 방문했을 당시 10월 유신에 대해 가타부타 언급을 하지 않았다. 1974년 11월 키신저 박사는 동아시아 순방을 위해 미국을 출발하기 전 "미국적 가치에 입각 세계의 모든 정부와 체제를 개조할 수는 없다."고 말하기도 했다. 한국적 특수성을 인정하지 않을 수 없다는 말이다.

그래도 미국인들이 한국의 인권에 대해 시비를 걸면 박정희 대통령은 언짢아했다. 김정렴 비서실장은 박 대통령이 "한국인인 내가 우리 국민의 인권을 더 아끼고 존중하지, 외국 사람인 미국인이 어째서 그러는지 모르겠다."라고 회고록을 통해 언급했다.[165]

김정렴은 '박정희는 아무 이유없이 남을 처벌하고 억누르는 것을 용납하는 성격의 소유자가 아니었다. 다만 박 대통령은 어느 나라든지 자기 나라의 실정에 알맞은 정치제도를 가져야 한다는 생각만은 분명했다.'고 말한다.

최근 대한민국 학자들 중에는 북한을 분석할 때 북한의 고유한 입장에서 보아야 한다며 소위 '내재주의적 접근법'이라는 것으로 북한의 처절한 독재체제를 두둔하는 사람들이 있다. 재미있는 것은 이들은 대개 박정희를 극도로 비난하는 사람들이라는 사실이다. 김일성은 북한이 처한 특수한 상황에서 보아야 하고 박정희는 한국이 처한 특수한 상황에서 보면 안 된다는 논리는 또 무엇인가?

박정희에 대한 카터의 인권 시비

도덕주의 외교를 표방한 카터는 공산국가들의 혹독한 인권 탄압에 대해서는 일언반구도 없었지만, 북한의 남침 위협에 대비하는 한국에 대해서는 본격적인 시비를 걸어왔다. 이미 앞에서 언급했듯이 도덕이란 보편적인 개념임에도 불구하고 카터의 도덕률은 미국의 동맹국들에게나 적용되는 황당한 것이었다.

카터는 한국과 더불어 이란의 인권 문제에 대해서도 시비를 걸었는데 결국 이란의 팔레비 국왕은 파나마로 망명했고, 대신 극렬 반미주의자 호메이니가 집권하여 카터 대통령의 대통령직까지 앗아가는 일을 저질렀다. 호메이니는 미국 대사관을 점령한 후 1년 이상 외교관들을 억류하고 있었다. 카터가 재선에 실패한 이후 이임하는 날, 즉 레이건 대통령이 취임하는 날, 이란에 억류되었던 미국 외교관들은 겨우 석방될 수 있었다. 카터는 외교관들을 구하기 위해 군사작전도 펼쳤으나 작전이 개시되기도 전에 미국 헬리콥터끼리 충돌, 미국 특공대원 다수가 전사하여 사막에 시체들이 너부러져 있는 사진이 전 세계 언론에 대문짝만 하게 게재되었다. 외교와 군사전략에서 사실상 카터는 빵점짜리 대통령이었다.

박정희는 카터 철군 정책은 미국을 위해서나 동북아 더 나아가 세계 평화를 위해서 절대적으로 잘못된 정책이라고 판단하고 있었다. 박 대통령은 기회 있을 때마다 카터 철군 정책의 잘못을 구체적으로 미국의 요로에 지적했다. 그러나 미국 대통령이 정책으로 자기나라 군대를 철수하겠다고 정한 것인 이상 다른 도리가 없다는 판단하에 냉철하게 대비하고 있었다.

카터 행정부와 의회는 박정희의 인권 정책에 대해, 미군 철군은 물론 한국에 대한 원조 삭감 위협으로 압박했다. 이에 대해 박정희 대통령은 "안보 상의 중대 위기에 처해 있는 우리의 국내실정은 정확히 알지도 못하면서 미 의회 일부가 남의 나라 내정에 대해서 이래라 저래라 하는 것은 부당한 처사일 뿐 아니라 내정간섭이다. 주권 국가가 외국의 국정간섭만은 절대로 받아들여서는 안 된다"고 강조했다.166)

박정희는 아무리 경제적 어려움이 크더라도 일체 미 의회에 매달려 애걸복걸하지 말고 현금 구매 혹은 제3국 차관 등 다른 방안으로 경제문제에 대처해 나갈 것을 지시했다. 그러자 대한 원조 삭

감으로 인해 피해를 보게 될 미국 기업들이 오히려 미 의회에 항의하는 일조차 벌어졌었다.

카터는 대통령을 그만 둔지 14년이나 지난 1994년 6월 15일 북한을 방문했는데 그때도 그는 김일성을 위대한 지도자라고 치켜세웠던 인물이다. 2011년 김정일을 만나겠다고 몇 시간씩 기다리다 못 만나고 돌아서는 그가 과연 미국의 대통령 출신인지도 의심스럽다.167)

카터가 추진했던 가장 중요한 정책이 주한 미군 철군 정책이었지만 그 정책은 대실패로 돌아갔다. 그러나 카터는 그의 회고록에서 주한 미군 철군 정책에 대해 단 한마디도 언급하지 않은 비겁함을 보였다. 어느 일본인 학자는 카터 대통령의 철군 정책을 연구한 후『대통령의 좌절』이라는 제목의 책을 펴내기도 했다.168)

박정희, 카터와 맞장 뜨다

미국과 같이 개인이 아니라 제도와 체제(system)가 작동하는 곳에서 카터와 같은 이질적인 사람이 미국의 대세를 바꿀 수는 없는 노릇이었다. 미 국방성은 카터가 취임하기도 전인 1977년 1월 9일, 카터의 선거 공약 중에 주한 미군 완전 철수가 포함되어 있었음에도 불구하고 주한 미군 철수에 반대하는 공식문서를 작성해서 정권 인수팀에 제출하였다. 그리고 당시 국무 장관으로 내정된 사이러스 반스 씨도 의회 증언에서 '주한 미군 철수는 한국 및 일본과 충분히 협의하여 조심스럽게 처리하겠다'는 요지의 답변을 했다. 그러나 카터는 주한 미군 철수정책을 강행하려 했고, 좌절했고, 실패했다.

카터는 1979년 6월 29일 한국을 방문하는데 당시 카터와 박정희의 관계를 반영하듯 방문 일정을 조율하는 것에서조차 순조로운 합의가 이루어지지 않았다. 카터 일행은 동경에서 서울에 도착하자마자 곧바로 비행장에서 헬리콥터로 갈아타고 의정부에 있는 미군기지로 가겠다고 주장했다. 이 같은 태도는 국제관계에서 방자하기 그지없는 일이다. 한국과 미국이 진정 동맹국이라면 있을 수 없는 일이었다. 외교에는 의전이라는 것이 있는 법이다. 카터의 계획은 한국을 철저히 모독하는 것이었다. 이 같은 조치에 한국 정부만 놀란 것은 아니다. 미국 대사도 놀랐고, 주한 외교사절들도 황당해 했다.

우방 국가의 대통령이 우방 국가를 방문해서 그 나라의 대통령도 만나지 않은 채 그냥 자기 마음대로 일정을 밟는다는 것은 그 나라를 우방으로 보지 않는다는 것이나 마찬가지다. 당시 박정희 대통령과 한국 정부 관리들은 용케도 카터의 독선과 아집을 무마시키고 절충안을 만들어 내었다.[169]

김포 국제공항에 내린 카터는 박 대통령과 비행장 활주로 옆에서 간단히 악수만 하고 그대로 헬리콥터에 올라타 의정부로 날아갔다. 그곳에서 미군 병사들과 1박을 하고 조깅을 한 카터는 다음날 아침 서울로 와서 박정희 대통령과 정상회담을 했다. 그날 밤은 미국 대사관에서 1박을 하고 그 다음날 서울을 떠나는 일정이었다. 카

▲ 주한미군 철수 반대, 카터에 반기 존 싱글러브 장군 ⓒ 보훈처

터는 한국 방문에 앞서 주한 미국 대사에게 '정상회담에서 절대로 주한 미군 철수문제가 거론되지 못하도록 한국 정부를 사전에 납득시키라'는 해괴한 지시를 했다고 한다.[170]

반면 박정희 대통령은 그의 보좌관을 일부러 불러서 자기가 카터에게 설명할 주한 미군 철수 불가 논리를 하나하나 설명해 주면서 통역에 차질이 없도록 만반의 준비를 했다. 카터와 박정희가 처음 대면했을 때 간단한 인사를 나눈 뒤 박 대통령이 먼저 말문을 열었다. 박정희는 주한 미군 철수 문제에 관한 말을 시작했다. 박정

희는 그치지 않고 자신의 견해와 주장을 논리 정연하게 설명해 나갔다. 박정희는 주한 미군의 세계적인 역할과 미국의 국방예산의 효율성까지 언급하며 주한 미군철수는 미국의 전략적 이익에도 부합하지 않는 적절치 못한 조치이며 재고해 주기 바란다고 말했다.

카터는 처음에는 듣고 있다가 얘기가 길어지자 종이쪽지를 꺼내 낙서를 하기 시작했다. 회담이 자기 뜻대로 되지 못하고 자기가 무시하는 박정희로부터 설교를 듣게 되자 화가 치밀어 올랐을 것이다. 박정희는 무려 45분 동안이나 카터를 향해 주한 미군 철수론의 부당함을 지적했다. 회담을 마치고 미국 대사관에 도착한 카터는 동석했던 수행원들을 몹시 언짢은 말로 꾸짖었다. 차를 타고 가는 동안에도 분을 참지 못해 화를 내었다. 어떤 일이 있어도 주한 미군 철수를 강행하겠다고 말했다.

카터 대통령의 이 같은 비이성적인 태도에 대해 카터의 보좌관들은 '주한 미군 철군 정책이 옳지 않은 것'이라며 오히려 대들었다. 당시 주한 미국 대사인 글라이스틴은 카터의 노골적인 불만에 강력한 반론을 제기했다. 그는 철수 강행이 미칠 엄청난 파장과 철군 취소 시 얻게 될 이점(利點)들을 조목조목 설명했다. 노기등등한 대통령은 글리이스틴의 얼굴 앞에 삿대질하며 분통을 터뜨렸다.[171]

사실 이 무렵 미국 행정부에서 주한 미군 철수를 원하는 사람은 카터 한 사람 뿐이었다. 미국의 직업 공무원들과 전문가, 군인들은 자신이 옳다고 생각하는 것, 국가를 위해서 올바른 일이라고 생각하는 소신을 대통령의 눈치를 보지 않고 펼치는 용기가 있었다. 그런 모습은 카터 대통령 당시 미국 행정부와 군부에서 분명하게 나

▲ 카터 대통령의 방한 기념 우표

타났다. 한국의 주한 미군 사령관 참모장인 싱글로브 장군은 카터
의 철군 정책을 정면으로 비판하며 그럴 경우 한국에서 '전쟁이 발
발할 것'이라고 단언하다가 해직을 당했다.

강대국의 대통령 답지 못한 카터는 재선에서 형편없는 표차로
낙선한 대통령이 되었고 미국의 대통령 연구자들에 의해 최악의
대통령 10명 중 맨 앞에 뽑히는 불명예를 차지하기도 했다. 네이쓴
밀러는 카터 대통령을 평하는 장에 '백악관이 현장 연수교육을 받
는 곳이 아니라는 점을 보여준 대통령(Jimmy Carter, who showed that
the White House is not the place for on-the-job training.)이라며 조롱조
의 제목을 달고 있다.[172]

박정희는 카터와의 정상회담을 전후해서 앞으로 2년 내에 방위
산업을 완성해서 예비군 병력을 한국 무기로 무장시키고 북한의 위
협을 스스로의 힘으로 막아낼 수 있게 되면 주한 미 지상군의 철수

도 굳이 말리지 않겠다는 기본 구상을 가지고 있었다.

카터가 박정희와의 불쾌한 만남을 마치고 서울을 떠난 지 겨우 3주가 지난 7월 20일 카터의 국가 안보 보좌관 브레진스키 박사는 "남북한 사이의 군사적 균형이 회복되고 뚜렷한 긴장완화의 조짐이 발견될 때까지 주한 미군 전투부대의 추가 철수를 81년까지 연기한다"고 발표했다. 미군철수 방침을 사실상 철회하는 결정이었다. 카터는 1981년에는 더 이상 미국의 대통령이 아니었다. 1980년 11월 선거에서 레이건에게 대패했기 때문이다. 박정희도 카터와 만난 후 불과 3개월여가 지난 10월 26일 고향 후배인 김재규 중앙정보부장에 의해 살해된다.

박정희 카터의 철군 정책을 무산시키다

카터, 갈테면 가라

박정희는 특히 한국의 대북 독자 억지력 확보를 위한 무기체계 개발에 많은 신경을 썼다. 그는 유도탄과 핵무기 개발에 은밀하지만 정열적인 노력을 기울였다. 1975년 7월 박정희는 프랑스와 핵 처리 시설과 원자력발전소 두 군데를 짓기 위한 차관 교섭을 체결했다. [173)]

박정희는 카터 대통령 취임 이후 본격적으로 대두되기 시작한 미국의 주한 미군 철군 정책에 대항하는 최후의 수단으로 핵개발이라는 최후의 수단을 강구하기 시작했던 것이다.

박정희는 미국의 핵우산이 치워진다면 한국은 스스로 핵을 개발해야 될 것이라는 언급을 공개적으로 했었다. 그러나 그가 핵개발을 공개적으로 언급한 것은 실제로 핵을 개발 및 보유하겠다기보다는 주한 미군의 철수를 어떻게 해서든 막아 보려는 전략, 전술의 측면에서 이해하는 것이 보다 타당할 것이다. 사실 미국은 박정희의 이 같은 태도에 당황했고, 카터의 전임 포드 대통령은 '한국에 대한 변함없는 지지를 약속함과 더불어 미국은 핵 확산 금지조약을 대단히 중요하게 생각한다고 언급했다. 미국은 한국에 대한 핵 재처리 시설을 팔지 못하게 프랑스를 압박했다.

한국의 핵무장 가능성 때문에 한미 양국 간의 신경전이 한창이던 1978년 한국은 미사일 발사실험을 성공적으로 마쳤다. 세계 7번째로 유도탄을 생산한 나라가 된 것이며 당시 미국 대통령 카터의 불안은 더욱 고조되었다. 사실 카터의 도덕주의적 철군 원칙은 박정희를 분노하게 만들었고 박정희의 행동은 다시 미국을 불안하게 만들었다. 카터와 박정희의 관계는 한미 관계를 사상 최악으로 만들어 놓았지만 결국 승자는 박정희였다.

앞에서 설명한 것처럼 박정희는 1979년 카터와 만났을 때 거의 할 수 없는 말을 막 할 정도였다. 카터는 의전을 무시하고 김포공항에서 곧바로 미군기지로 향하는 무례를 저질렀고 박정희는 역시 같은 수준으로 카터에 대응했었다. 글라이스틴 대사는 "과거 수많은 정상회담에 참석해 보았지만 카터와 박정희가 그날 아침에 한 것처럼 지도자들이 무지막지하게 이야기하는 것을 본적이 없다"고 회고했다.174) 결국 좌절한 것은 카터였다.175)

카터는 주한 미군 철군계획을 번복했고 번복하는 근거의 하나로 그 당시까지 40만 명이라고 알려졌던 북한군의 병력 숫자는 실제로 70만 명이 넘는 것이었다고 수정해서 발표하기도 했다.

박정희는 카터와 만난 후 얼마 지나지 않아 암살당하게 된다. 그리고 미국은 박정희 이후 새로 들어선 전두환 정권과 타협하여 한국의 핵개발 계획의 뿌리를 뽑아 놓는다. 박정희는 국가 안보를 위해 미국의 필요성을 절실히 느끼고 있었지만 미국의 정책이 한국의 필요에 따라 움직이지 않는다는 사실을 이해하고 있었으며 이에 자주국방 노력에 매진하게 된다.

화살이던 총이던 갖고 덤벼라

그러나 박정희의 계획은 실제로 핵 혹은 미사일로 중무장하겠다는 것이라기보다는 오히려 미국을 설득하는 수단으로 핵개발 및 한국의 국방 기술을 외교적으로 이용한 것이었다고 볼 수 있을 것이다. '화살이던 총이던 갖고 덤벼라'라는 말은 박정희 정권이 종빈에 이른 1978~1979년 무렵 박정희가 자주 사용했던 말이다.

김일성의 공격을 능히 막아낼 수 있는 자신이 있었음을 표현하는 것이었다. 북한보다 훨씬 약했던 한국을 북한보다 강하게 만들어 놓았다는 사실은 박정희 체제가 비록 독재정치, 인권 유린 등으로 인해 그 공이 희석되었지만 업적 평가의 측면에서는 긍정적으로 평가하지 않을 수 없는 가장 중요한 근거가 된다. 박정희는 경제의 싸움, 안보의 싸움에서 김일성의 북한을 꺾은 것이 분명했다.

카터의 전임인 포드 대통령은 "문제가 그렇게 많은 남한에 강력한 지도자가 있다는 것은 전략상 해롭지 않다."는 말을 한 적이 있었다. 국가 안보와 인권, 국가 안보와 경제발전 등을 조화시킨다는 것은 쉬운 일이 아니다. 그러나 국가 이익에는 우선 순위가 있다.

국가 이익의 4가지 요소는 첫째 국가 안보(security)의 확보, 둘째 국
력증강(power), 경제발전(prosperity), 명예(prestige) 등이다. 우선 순
위대로 적은 것이다. 가장 중요한 국가 안보를 위해 박정희 대통령
은 다른 요소들을 희생시켰다. 가난한 나라를 부흥케 해야 하는 동
시에 나라를 지켜야 하는 박정희는 그래서 '일하면서 싸우자, 싸우
면서 일하자'는 구호로 국민을 독려했고, 거추장스런 세력을 단죄
했는지 모른다.

박정희, 김일성도 꺾다

박정희가 이룩한 최대의 업적: 대한민국 북한의 국력을 능가하다

박정희 정권의 국가목표를 단 한마디로 요약한다면 그것은 부국강병(富國強兵)이었다. 그것도 순서가 분명하다. 박정희는 군을 강화시키는 일과 경제발전을 지속시키는 일 사이에서 고뇌했지만, 박정희가 확신을 가지고 추구한 것은 경제 발전을 통해서 국가 안보 목표를 이룩한다는 것이다. 그는 '경제전은 전투나 정치 이전에 앞장 서는 것'이라고 언급하는가 하면, '조국과 민족의 위기가 경제에 달려있다'고 말하기도 했다.

일반적으로 선진국이든 후진국이든 국가 지도자들이 국가 안보를 위한 정책을 입안할 때 군사력을 우선적으로 강화시켜야 국가 안보가 달성된다고 믿는 경향이 있다. 김일성, 김정일과 오늘의 북한이 바로 그렇게 한 대표적 사례다. 그러나 박정희는 경제야말로 국방보다 우선적으로 챙겨야 하는 것임을 강력한 신념으로 믿고 그대로 집행했다. 바로 이점에서 박정희 식 국가 경영의 위대성을 볼 수 있는 것이다.

그는 쿠데타를 일으켰던 당시, 40대 초반의 젊은 군인들로부터 일반적으로 기대할 수 있는 행동인 '국가 안보를 위해 군사력을 증강시켜야 하고 그 결과 경제의 피폐를 감수할 수 있다'는 입장을 취하지 않았다. 그는 경제력이 군사력의 기본이 될 수 있다는 인과 관계(因果關係)를 정확히 이해하고 있었다. 이 부분에서 바로 박정희의 선견지명과 위대함이 돋보이는 것이다. 박정희는 '빈곤을 추방하는 것이 공산주의와 싸워서 이기는 유일한 길'이라고 언급하기도 했다.176)

북한이 극도로 피폐해진 것과 구소련이 결국 붕괴하고 만 것은 이 나라들이 모두 부국과 강병의 인과 관계를 뒤바꾸어 생각한 결과 나타난 일이다. 구 소련은 몰락할 당시 유인 인공위성은 물론 우주정거장도 가지고 있었고, 세계 최고 수준의 전투기, 세계 최고 수준의 잠수함과 구축함을 만들 수 있는 나라였지만 TV, 개인용 컴퓨터, 승용차 등의 일상적인 기계제품을 만들 수 없었다. 오늘 장거리 미사일을 스스로 개발할 수 있는 능력을 가진 북한은 기초적인 가전제품조차 만들 수 없는 나라가 되고 말았다.

북한의 3대 세습 정권이 아직도 추구하고 있는 선군 정치(先軍政治)라던가 강성대국 정책은 모두 박정희의 국가 안보 철학을 거꾸로 적용하고 있는 것이다. 강병은 부국을 초래하지 않지만 부국은 강병을 초래한다. 그러나 이 같은 원칙을 믿고 따르는 지도자들은 그다지 흔하지 않다. 군사 안보가 항상 위험한 상황에서도 경제 발전을 우선한 것은 박정희 전략의 성공이었고 그는 이를 위해 미국을 주도면밀하게 이용할 줄 알았다. 이렇게 할 수 있었던 것은 박정희 시대 국가 안보 전략은 분명한 가이드 라인이 있었기 때문이다. 그것은 바로 반공과 자유였다. 박정희는 집권 12년만인 1973년 대한민국이 북한을 전반적인 국력의 측면에서 확실히 앞지를 수 있는 나라로 만드는데 성공했다.

박정희 시대 남북한 국력의 반전

박정희가 쿠데타를 일으켜 권력을 잡았던 1961년의 한국은 국력이라는 측면에서 본다면 아프리카 가나 수준이었다. 박정희는 이미 여러 번 인용한 바 있는 회고록 『국가와 혁명과 나』의 맨 앞부분에서 한국은 개국 이래 제대로 된 독립 국가인 적이 없었다는 사실을 개탄한다. "내일이라도 미국의 원조나 관심이 끊어진다면 우리는 무슨 대비를 강구할 것인가"177)라는 한탄은 박정희가 스스로 말하는, 쿠데타를 일으킨 직접적인 동기였다. 이처럼 당시 한국은 경제는 물론 국가 안보를 위한 스스로의 능력이 거의 전무한 상황이었다.178)

1950년부터 1960년까지 한국 국방비는 국민 총생산의 6.1%, 정부 재정의 50.7%에 해당할 정도로 한국 경제에서 엄청난 비중을 차지하는 것이었으며 그 중 34.7%가 외국 자금이었다. 그러나 이 같은 막대한 정부 재정을 운영하면서도 지출내용은 봉급 및 급식비를 포함한 인건 유지비가 국방비의 77.2%에 달했으며, 부대 유지비

17.2%, 전략 증강 투자비 2.3%, 장비 유지비 등 군사력의 더욱 중요한 부분은 겨우 22.8%에 불과한 실정이었다.[179]

6·25 당시 쓰다 남은 장비를 계속 유지하고 있는 정도였으며 새로운 장비의 구입은 엄두도 내지 못하는 상황이었다.

경제상황이 너무나 열악했기 때문에 국방 안보는 사실 한국 정부가 신경을 쓸 처지도 되지 못했다. 1959년 한국의 실업률은 23.4%, 1960년에는 23.7%였다. 4·19학생 혁명 당시 실업자는 250만 명이었다. 1960년 당시 전국적으로 900만 명 이상의 아동들이 정기적으로 점심을 굶을 정도였다.[180]

박정희가 쿠데타를 일으킨 1961년 당시 한국 정부 재정의 50% 이상, 국방예산의 72.4%가 미국의 원조로 충당되던 상황이었다.[181]

박정희가 쿠데타를 일으킬 당시 한국은 스스로를 지킬 능력이 없었고, 스스로의 방위 능력을 확보하려는 구체적인 계획도 가지고 있지 못했다.

국가 안보를 최우선의 국가 목표로 삼았고, 경제 발전을 통해 이를 달성하려던 박정희 정권의 노력은 1970년대가 된 후 비로소 그 결실이 나타나기 시작했다. 미국과 안보 문제로 인한 갈등을 겪어오며 자주국방의 필요성을 몸소 체득했던 박정희는 미국이 월남을 포기하고 철수할 것을 눈치채며, 방위산업을 일으켜 스스로의 힘으로 국방력을 갖추는 것이 얼마나 절실한 일인가를 다시 느꼈다.

1968년의 위기 당시 박정희의 북한에 대한 보복 공격을 자제시키기 위한 방편으로 미국은 M-16 소총 공장의 건설을 지원했고 이는 한국이 공식적으로 무기를 생산하기 위한 계기가 되었다. 1968

▲ 1968년 4월 1일 박정희 대통령 향토예
비군 창설식 참석

년 2월 7일 박정희는 북한의 게릴라전 도발에 대응하기 위해 전국에 250만 명에 이르는 향토 예비군을 창설했다. 이들을 무장하기 위해서도 한국은 방위산업을 시급히 발전시켜야 할 필요가 있었다.

1971년 미국 7사단이 철수함으로써 한국군은 휴전선 250킬로미터 전체의 방위를 직접 담당하게 되었다. 1972년 미국이 중국과 수교를 단행했다는 사실은 또 하나의 충격이었다. 안보 관련 패러다임을 바꿀 수 없는 박정희는 스스로의 힘으로 안보를 책임져야 한다는 생각을 더욱 굳혔다.[182]

박정희는 1971년 11월 11일 20개 예비 사단을 경무장시킬 수 있는 병기 생산 체제를 즉시 조직하라는 명령을 내렸다.

한국군의 현대화는 박정희 임기의 중반부와 후반부인 1974년 이후 본격적으로 이루어지기 시작했다. 1974년 3월 15일 박정희는 최신 병기와 군 장비를 구입하고 국군을 현대화하기 위한 극비 방위프로젝트였던 율곡사업을 승인했다. 이 사업을 위해 박정희 정권은 국민들로부터 방위성금을 모았고 이것이 사업의 재원이 되었다.[183]

그러나 1975년 4월 말 월남이 패망하자 박정희 정부는 그해 7월

16일 율곡사업의 새로운 재원으로 의무적인 방위세를 도입하였다. 그 후 1년간 한국은 국가 총수입의 6%를 율곡사업에 지출했다. 국방사업을 운영하는데 있어서 박정희는 부패에 빠질 수도 있는 유혹을 제거하기 위한 각종 조치를 취했다. 이런 상황을 보면 박정희의 독재는 부패한 것이 아니었으며 일종의 '청렴한 독재' 혹은 '선의의 군국주의'라고 말하기도 한다.[184]

박정희가 북한과의 외교·안보 경쟁에서 승리했기 때문에 박정희가 목표로 내세운 국가 안보, 외교의 목표는 일단 성공적으로 달성되었다고 말할 수 있는 것이다. 박정희는 궁극적으로 한국을 제2의 일본과 같은 나라로 만들고 싶어 했지만 당장의 목표는 북한을 추월하는 것이었다. 박정희는 살아있는 동안 자신이 이끈 남한이 안보와 경제면에서 북한을 확실히 앞서기 시작했다는 사실을 확인할 수 있었다.

이곳에서는 북한과 한국의 국방비 지출 현황을 분석하는 것으로 박정희-김일성이 주도한 남북한 안보경쟁의 역전 현상을 묘사하고자 한다. 박정희는 경제력은 물론 군사력에서도 북한을 능가하는 대한민국을 만든 것이다.

〈표 1〉 한국과 북한의 군사비 지출 현황

단위: 100만 달러

년도 남북한	1970	1971	1972	1973	1974	1975	1976	1977	1978	1979
한국	333	411	427	476	558	719	1,500	1,800	2,600	3,220
북한	746	849	443	620	770	770	878	1,000	1,030	1,200

자료: International Institute for Strategic Studies The Military Balance 각 해당연도

▲ 자립경제와 자주국방 의지의 박정희 대통령

앞의 표에서 보듯이 1970년대 초반 한국의 군사비 지출은 북한의 절반에도 못 미치는 수준이었다. 장비 면에서도 북한은 남한을 월등히 압도하는 상황이었다. 그러던 것이 1976년 극적인 역전을 하게 된다. 한국의 국방비 지출이 처음으로 북한의 국방비 지출보다 많아진 것이며 그 이후 박정희가 암살당할 때까지 한국의 국방비는 북한의 국방비를 크게 상회하기 시작했다. 이미 언급했던 대로 1978년 한국은 처음으로 군사비 총액을 자체의 국내 재원에 기반한 국방예산으로 100% 충당했다는 감격스러운 상황도 맞이했던 것이다.

▲ 박정희 대통령과 카터 대통령

▲ 박정희에 패한 김일성

제 10 장

바람직한 미래의 한미관계:
이승만, 박정희 대통령의 교훈

▲ 2010년 11월, 북한의 연평도 포격 직후 미국 항공모함 전단은 서해로 출
  동, 북한의 도발에 응징하는 한미합동훈련을 단행했다.
  한반도의 미래 안보상황을 생각할 때 한미동맹의 역할은 매우 소중하다.

이승만 박정희 대통령이 가르쳐 주는 한미관계의 교훈

한미 동맹의 형성과 강화는 이승만, 박정희의 업적

이승만·박정희 대통령 시대가 지속되는 동안 대한민국은 미국과 거의 완벽한 동맹 관계를 유지하는데 성공했던 나라다. 이승만·박정희의 대한민국은 미국에 대해 끊임없이 맞장을 뜨고 한미 갈등도 끊임없이 지속되었지만 그럼에도 불구하고 이승만·박정희는 추호도 미국이 한국을 위한 좋은 동맹이 아닐지도 모른다고 생각한 적은 없었다. 이승만·박정희는 미국의 간섭을 심하게 받았고, 또한 모욕도 많이 받았지만, 그들은 미국의 진심을 알고 그들을 설득하는 노력을 소홀히 하지 않았다. 설득하다 안 되면 마지막에는 뱃장을 튕겼다.

박정희의 5·16혁명 회고록에 쓰여 있는 미국에 대한 그의 관점은 대한민국을 강한 국가로 만들려는 영웅의 전략이 담겨져 있다.

"기실, 한국으로 보아서는 원(願), 불원(不願)을 막론하고 현실적으로 미국의 영향 하에 있음을 솔직히 부정 못한다. 1955년 이전, 즉 해방 직후부터 받은 각종 긴급 구제 원조와 3년간 6·25 동란에서 소요된 수십억 달러의 전쟁 수행비를 제외하고서도, 미국은 1962년까지 7년간 약 20억 달러의 경제 원조와 15억 달러의 군사 원조, 도합 35억 달러란 거액을 이 땅에 투자하였던 것이다. 이렇게 보면, 미국과 한국의 관계는 각별한 사이임에는 틀림없다. 그러므로 우리에게는 선의의 비판도 건설적인 이견도 있는 것이 아니겠는가. 이러한 비판, 이견은 자유롭게, 그리고 앞날에도 더욱 활발하여야 할 것으로 믿는 바이다." 185)

박정희는 더 나아가 "우리는 미국을 좋아한다. 자유 민주주의 제도가 그렇고, 우리를 해방시켜준 것이 그렇고, 공침(공산주의 침략)으로부터 우리를 방위한 것이 그렇고, 경제 원조를 주어서 그렇다. 그것보다도 우리가 미국을 더욱 좋아하는 까닭은 그와 같은 은혜를 주었으면서도, 우리를 부려 먹거나, 무리하게 강요하려 하지 않았다는데 있는 것이다."186) 라고 말했다. 요즘 이렇게 말할 수 있는 용기가 있는 한국의 정치인이 있는가?

박정희의 언급은 너무나 당연하고 솔직한 것이다. 그러나 오늘 미국과의 관계가 더욱 중요해진 대한민국의 상당수 국민들은 이렇게 말하는 그 누구를 향해서도 친미 꼴통이라고 비난하는 지경이다. 더구나 국가 지도급 인사가 이렇게 말한다면 그는 공직을 포기해야 될 지경이 된 것이 오늘의 한국이다. 말로는 반미를 외쳐 대지만 행동은 전적으로 친미적인 이 나라의 지도층의 비겁한 행태는 구역질이 날 정도다. 대한민국의 알아주는 반미주의자들의 자녀들이 미국에서 공부하는가 하면, 가족들 중에 미국 시민권자가 허다하고, 미국 쇠고기를 먹으면 죽는다며 아우성 치던 인간들이 미국에 가서는 미국 쇠고기를 잘도 먹는 현실을 개탄한다. 이승만, 박정희 대통령은 차라리 반미를 주장해야 할 사람들이었다. 그러나 그들의 정확한 국제정치 인식, 국가를 위하는 마음, 그리고 그들의 솔직함은 그들이 '나는 미국이 좋다'고 말할 수 있게 했고 그들의 존재는 오늘도 더욱 진가가 빛이 난다.

냉혹한 국제정치 논리에 근거한 북한의 통미봉남전략

우리나라 국민들이 진정 대한민국을 사랑하고 자주, 자립 국가가 되기 원한다면 그리고 자주 국가가 되기 위해 몸과 마음을 바칠 각오가 되어 있다면, 북한처럼 군대에 가서 10년씩 근무할 각오가 되어 있다면, 그런 국민이 미국을 비판하고 미국을 나가라 한다면 그것은 이해할 수 있는 일일지도 모른다. 그러나 대한민국의 국가안보와 통일 문제가 거의 전적으로 미국에 달려 있는 상황에서 미국에 반대하고 미국과 맞장을 뜬다는 것은 기분은 좋을지 모르겠지만 전략적 무지요, 파탄이 아닐 수 없다.

북한은 미국이 지원만 해 준다면, 자신들이 즉 북한이 한반도 통일의 주역이 되는 것도 가능하다고 믿고 전략을 전개하고 있는 중이다. 실제로 북한 외교부 부부장 김계관은 이미 2007년 봄 미국 방문 중, 미국의 고위 관리들에게 '북한은 미국이 중국과 싸울 때 미국

편에 서서 싸워 줄 것이다'고 선언한 바 있고 이근 북한 외교부 미주 국장은 미국 관리들에게 "북한은 더 이상 중국에 종속되기 원하지 않는다."고 말했다. 북한은 미국의 지원을 받아낼 수 있다면, 자신들이 통일의 주역이 될 수 있다는 냉혹한 국제전략 논리에 입각해서 대미 전략을 펴고 있고 우리는 이것을 '통미봉남(通美封南)전략'이라 말한다.

한 번 상상해보자. 대한민국에 정말 미국과 관계가 나쁜 정권이 들어설 경우, 그리고 북한이 미국에게 잘 지내자고 아양 떨며, 북한은 중국을 반대하고 미국을 좋아한다고 말하며(북한이 중국보다 미국을 좋아해야 한다는 것은 지정학적으로 너무나 당연한 말이다) 북한이 한반도를 통일하는 주역이 되고 미국이 이를 지원 혹은 묵인할 경우 그때 '통일 조선'은 확실하게 미국 편이 될 것이라고 말한다면, 미국은 배반자처럼 보이는 대한민국 보다 차라리 의리 있어 보이는 북한을 지원할 수 있다.

지정학적으로 보기에, 그리고 미국이 진정 냉정한 시각에서 한반도를 본다면, 최악의 경우, 미국은 한반도가 남한과 북한 누구에 의해 통일되느냐에 큰 관심은 없다. 미국의 관심은 통일된 한반도가 미국 편일 것이냐가 오히려 더 큰 관심이다. 이를 잘 알고 있는 북한은 겉으로는 자신이 최악의 반미 국가인 것처럼 행동하고 있지만 뒤로는 은밀하게 미국을 설득하고 있는 것이다. 북한은 자신들의 대미 공작이 성공할 수 있는 기본적인 조건이 대한민국이 노골적인 반미 국가가 되는 것임을 너무나도 정확하게 인식하고 있다. 북한의 대남 전략은 바로 이 목표에 집중되어 있다.

미국은 이승만·박정희의 대한민국을 정말로 미국에 좋은 친구라고 생각해왔다. 그러나 대한민국 역대 대통령을 거치면서 미국은 더 이상 그렇게 생각하지 않게 되었다. 미국이 월남전쟁에서 손을 뗄 때 미국은 차라리 공산 월맹이 통일하면 민족주의적인 그들이 중국에 반대하고 중국에 맞장 뜰 것이라 생각했다. 또한 베트남은 공산월맹이 통일한다해도 궁극적으로 미국 편이 될 것이라고 예상했고 그 예상은 지금 완전하게 맞아 떨어졌다.

미국은 지금 중국과의 대결을 가장 큰 국가전략의 주제로 삼고 있다. 중국 주변에 있는 인도, 월남, 일본 등 큼직한 나라들이 미국과의 협력을 강화하고 있다. 미국은 한국의 입장이 무엇인지에 대해 확신하지 못하고 있다. 일부 미국인들은 한국이 없어도 중국에 대처하는데 충분하다고 생각한다. 사실 인도, 일본, 월남 세 나라의 국력의 합은 중국보다 강하다. 인구도 많고 돈도 더 많다. 이들은 이미 확실하게 미국 편에 줄을 선 것이나 마찬가지다. 미국이 정말로 대중 봉쇄 전선에서 한국을 빼도 된다고 생각할 때, 그때 한국은 어떻게 할 것인가?

혹시 중국이 환영해 줄 것이라고 믿는 사람이 있을지 몰라 한마디 해야겠다. 우리가 미국과의 관계가 옅어지면 질수록 중국은 한국을 우습게 볼 것이다. 홀로 선 한국을 중국이 자주독립 국가로 대접해 줄 것이라는 망상을 하는 것은 자유다. 그러나 그 같은 세력들 때문에 나라가 또 다른 형태의 식민지 혹은 종속국가가 되는 일은 막아야 한다.

이 시대에 이승만·박정희 같이 미국을 알고, 미국을 좋아했지만,

그들에게 결코 비굴하지 않았던 민족적 지도자가 또 다시 절실하게
필요한 이유가 바로 여기 있는 것이다.

미국은 한반도 통일을 반대하지 않는 유일한 외세

한반도 분단은 국제정치의 산물

한반도의 분단은 앞에서 이미 설명했던 것처럼 그 주요 원인이 국제 정치적인 데 있다. 우리나라 국민 중 누구도 분단을 원했던 사람이 없는데도 불구하고 이 나라가 이토록 오랫동안 통일이 되지 못하고 있는 이유 역시 국제정치적인 데서 그 원인을 찾을 수 있다. 우선 한국이 자리하고 있는 지정학적 위치는 한국의 통일을 어렵게 만들고 있는 가장 중요한 원인이다.

한반도는 대륙세력과 해양세력이 교차하는 전략적으로 대단히 중요한 자리에 위치하고 있다. 대륙세력이 보기에 한반도는 바다로 진출할 수 있는 스프링보드와 마찬가지다. 거꾸로 해양세력이 보기에 한반도는 대륙으로 진출하기 위한 교두보가 될 수 있다. 그래서 근대 국제정치체제가 출범한 이후 한반도 주변의 강대국들은 모두 한반도 전체를 지배하는 꿈을 꾸고 있었던 것이다.

물론 한반도 전체는 오랫동안 중국의 영향력 아래 있었다. 중국에 조공을 바치고 중국을 상전으로 받듦으로써 한반도에 있던 우리 선조 국가들, 특히 조선은 자주권을 일정 수준 유지하는 대신에 중국에 조공을 바치고 왕권의 정통성을 중국으로부터 인정받는 속국으로 지냈다.[187)

중국의 힘이 아시아에서는 다른 어떤 나라보다 강했기 때문에 중국은 한반도 전체를 오랫 동안 지배할 수 있었다. 그러나 역사가 보여주듯이 중원(中原)의 중국 왕조가 주변 국가들에 비해 상대적으로 힘이 약화되었을 때마다 한반도는 열강들의 각축 대상이 되고 말았다.

임진왜란부터 1800년대 말엽, 1900년대 초엽에 이르기까지 한반도는 주변 강대국들이 분할을 논의하는 대상이었다. 중국의 세력이 약화되자 한반도 영토에 야욕을 가지고 있던 열강들은 모두 한반도의 일부라도 점령하려는 의도를 가지고 있었던 것이다.

결국 한반도는 통째로 일본의 영향력 아래 들어가게 되는데 이것이 바로 1910년 한일합방이라 부르는 수치스러운 사건인 것이다. 조선은 역사에서 사라진 나라가 되어버렸다. 일본의 한반도 통치방식은 중국과 달리 노골적인 직접 지배였다. 일본 총독이 파견되어 조선 주민 위에 군림했고 일본은 무력을 동원한 억압 통치를 자행했다. 조선의 국민들은 나라를 잃은 국민의 고통과 서러움을 톡톡히 당했다.

이처럼 한반도 분단의 더 큰 원인은 국제정치적인 데 있다. 국제정치 구조가 한반도의 통일을 돕는 방향으로 전환되어야 한반도 통일은 가능해진다. 그 같은 상황이 수십 년 만에 다시 형성된 것이

1990년 무렵부터 였다고 판단된다. 한반도 분단의 원흉이었던 공산주의와 자본주의, 소련과 미국의 대결이 끝난 시점이었기 때문이다. 미국이 압도적인 패권국으로 등극한 시점은 한반도 통일이 구조적으로 가능한 시점이었다.

붕괴직전의 북한 체제

소련 공산주의의 붕괴, 중국의 개혁개방이라는 변수는 북한이라는 비정상적인 유교적 공산주의 독재체제를 종식시킬 수 있는 국제정치 환경을 제공했다. 지금 돌이켜 보면 허무한 일이지만 우리는 45년 만에 다가온 한반도 통일의 기회를 놓쳐 버렸다. 오히려 북한을 살려 주어야 한다는 정책으로 인해 북한은 오히려 더욱 강고한 독재 체제는 물론 핵 보유 국가로 우리 앞에 나타나 있는 상황이 되었다.

그러나 현재 북한정권의 내구력은 점차 한도에 도달하고 있다. 김정일의 맏아들 김정남의 말대로 '37년 유일 독재정권을 통치 경험이 2년도 못되는 어린 지도자 김정은이 어떻게 꾸려나갈지 의문'[188]이 아닐 수 없다. 이명박 정부의 원칙 있는 대북정책은 북한의 사회주의 체제가 절망적 상황으로 침잠하고 자본주의 시장 경제 체제가 발아하는 상황을 만들었다. 북한 주민의 다수가 북한 정부로부터 배급을 받는 대신 장마당에 나가서 스스로의 삶을 영위하고 있는 것이 오늘의 북한 현실이다.

사회주의 국가라는 북한이 국민 대부분에게 배급을 못주는 상황은 북한이 사실상 종식되었음을 상징하는 일이다. 북한 주민의 상당수가 국가의 배급을 받지 못하는 상황에서도 삶을 영위하고 있는 이유가 바로 장마당이라고 부르는 지하 시장경제인 것이다. 한국은 마음먹기에 따라 통일을 이룩할 수 있는 상황으로 다가서고 있다.

문제는 북한은 무너질 지경이 다 되었는데 국제정치적인 구조 역시 우리의 통일에 우호적인가의 여부다. 한마디로 말하라면 '우호적이지 않다'가 답이다. 결코 우호적이지 않다고 말해도 될 정도다. 우선 일본과 중국이 한반도의 통일을 원치 않기 때문이다. 두 나라가 나쁜 나라여서 한국의 통일을 바라지 않는 것이 아니다. 이웃에 웬만큼 힘센 나라가 성립되는 것을 즐거운 마음으로 받아들일 나라는 세상에 없다. 통일 한국의 능력을 생각할 때 일본이나 중국은 이웃에 그런 나라(통일 한국)가 생기는 것을 원치 않으리라는 사실이 오히려 정상이다.

한반도의 통일을 내심 반대하는 중국과 일본

한반도의 운명은 오랫동안 동북아시아의 지정학(지정학, Geopoli-tics)에 의해 규정되어 왔다. 지정학은 세상이 변해도 변하지 않는 불변의 요소다. 한국이 전략적 요충지를 차지하고 있다는 지정학적 진리는 예나 지금이나 마찬가지다. 대륙 국가들인 중국과 러시아는 한반도를 대양진출의 발판으로 생각하고 있었다. 특히 러시아는 한반도의 항구를 장악하는 것을 오랫동안 꿈꿔왔다. 겨울에도 얼지 않는 항구, 즉 부동항을 획득하는 것은 러시아의 오랜 꿈이었다. 러시아가 한반도에 접근하기 위해 취한 조치가 1860년 중국으로부터 연해주 700리를 빼앗은 일이었다. 러시아는 뺏은 지역에 블라디보스토크를 건설했던 것이다.

중국인들은 한반도를 마치 중국의 뒤통수에 붙어 있는 망치처럼 생겼다고 인식한다. 그 망치가 지금 분단되어 있다. 망치의 자루가 부러져 있는 것이다. 중국이 입버릇처럼 말하는 한반도의 안정을 원한다는 말은 지금의 '분단 상태'가 '안정적으로 지속'되기를 원한다는 말이다. 분단된 한반도는 중국을 위협할 수 있는 나라가 되지 못한다. G2라며 세계 2위의 국력을 자랑하는 중국이 한반도의 통일을 내심 원하지 않는다는 것은 통일을 위한 큰 장애물이 아닐 수 없다.

일본 역시 지정학적인 눈으로 한반도를 바라본다. 일본 사람들은 한반도를 마치 '일본의 심장을 찌를 것 같이 생긴 단도(短刀)'라고 인식한다. 미국의 지정학 책들은 일본의 한반도 인식을 'a dagger pointed at the heart of Japan'이라고 묘사한다. 같은 뜻이다.

그렇다면 세계 2위와 3위를 다투는 강대국들인 중국과 일본이 모두 한반도 통일을 반대한다는 말이다. 그렇다면 무슨 수로 한반도의 통일을 이룩할 수 있다는 말인가? 한반도 통일은 통일을 반대하는 세력과 통일을 지지하는 세력의 힘의 관계에 의해 결정된다.

중국과 일본은 한반도의 현상 유지를 원하는 세력이며 한국과 북한은 한반도의 현상 변경을 원하는 세력이다. 북한은 자신이 원하는 모습으로, 남한 역시 자신이 원하는 모습으로 한반도의 현황을 변경시키려 한다. 그러나 북한은 지금 앞에서 설명한 것처럼 자신의 생존에도 급급한 지경이다.

앞으로 한반도가 통일을 이룩할 수 있느냐의 여부는 미국이 한반도의 통일에 얼마나 큰 관심을 쏟고 있으며 한반도 통일을 지지하는가의 여부에 의해 결정될 것이다. 다행스러운 일은 미국의 동아시아 전략이 한반도의 통일을 위해 긍정적인 방향으로 움직이고 있다는 점이다.

미국만이 진정으로 한반도의 통일을 지지한다

한반도 주변 강대국들이 한반도의 통일을 지지한다고 말할 때 진정성이 있는 언급은 미국의 언급뿐이다. 미국이 한국을 특별히 사랑하는 나라여서가 아니라 한반도가 통일되어도 그것이 자국에게 특별한 근심거리가 아니라고 생각하는 나라가 미국뿐이기 때문이다. 중국도 일본도 한반도의 통일을 반대한다고 노골적으로 말하지는 않는다. 그러나 중국과 일본은 한반도의 통일을 환영할 입장에 있지 못하다. 큰 나라가 옆에 생기는 것은 전혀 달가운 일이 될 수 없다는 지정학적인 원칙 때문이다. 그래서 오로지 미국만이 한반도 통일을 진정으로 원하는 나라일 수 있는 것이다. 물론 미국은 한반도가 통일이 되든 말든 그것을 미국에 사활적으로 중요한 일이라고 생각하지는 않는다. 다만 미국은 대전략에 입각, 한반도의 통일이 미국에게 유리하다는 입장을 가질 수 있다는 것이다. 바로 지금 그리고 앞으로 다가올 몇 년 동안이 미국이 이처럼 생각하는 국제정치상의 시간이라고 생각할 수 있다.

독일에서 정치학 교수를 하는 박성조 박사는 독일 통일을 이야기하면서 독일 통일의 세 가지 조건으로 미국의 지원, 서독의 경제력, 서독 국민들의 단결력을 들었는데 그중에서도 미국의 지원이 결정적인 것이었다고 말한다. 박성조 교수는 그것은 한국의 경우에도 마찬가지라고 말한다. 그는 특히 미국의 지원이 없으면 한반도 통일은 '절대로' 불가능하다고 단언한다.[189]

정치학을 공부하는 사람이 이토록 단정적으로 말할 수밖에 없는 것이 현실적인 상황이다.

미래에도 한미 동맹은 결정적으로 중요하다

한미 동맹은 대한민국 국가 발전에 기여했다

한미 동맹은 대한민국 국가 안보의 요체였다. 그런데 많은 사람들이 한미 동맹이 한국의 국가 안보에 얼마나 크게 기여하고 있는지를 잘 모르겠다고 말한다. 한미 동맹은 지난 70년 동안 항상 우리와 함께 있어온 것이어서 마치 물과 공기와 같은 것처럼 인식되었다. 물과 공기는 없으면 안 되는 정말 중요한 것이지만 없어지기 전까지는 그것이 얼마나 중요한 지를 잘 모른다. 한미 동맹은 한국 전쟁이 끝난 이후 오늘까지 우리와 함께 존재했고, 그 덕택에 우리는 제 2의 6·25 전쟁을 막을 수 있었다. 그러기에 경제발전을 이룩할 수 있었다. 미국이 국가 안보를 지원해 준 덕택에 우리는 우리 노력의 상당 부분을 경제발전에 쏟아 부을 수 있었다.

사실 한미 동맹이 체결되던 1953년 당시 한국은 보잘 것 없는 약소국이었다. 미국이 그다지 중요하게 여기지 않는 나라였지만 이승만 대통령의 탁월한 외교력은 미국이 한국과 동맹을 체결하도록 만들었다. 이승만 대통령은 미국이 원하는 휴전을 도저히 받아들일 수 없다고 버티다가 마지막에 미국이 한국과 군사 동맹을 체결해 준다면 휴전에 동의하겠다는 벼랑 끝 외교정책을 전개했다.

결국 세계 최강대국 미국이 한국과 동맹을 맺었고, 미국과 동맹을 맺은 한국은 북한은 물론 주변 강대국들인 중국, 소련의 위협으로부터도 국가 안보를 지킬 수 있었다. 힘든 과정 끝에 미국과 동맹을 체결하는 날 이승만 대통령은 감격에 겨워 한국 국민들에게 "여러분들은 한미 동맹 덕택에 두고두고 이득을 볼 것입니다."라고 말했다.

사실 한국은 그동안 한미 동맹으로부터 두고두고 이득을 보았다. 일단 한미 동맹이 없었다고 가정할 경우 우리나라가 이 정도 국방비를 쓰면서도 나라를 지킬 수 있었을 것인가를 생각해 보면 잘 알 수 있을 것이다. 우리나라는 미국의 원조가 없었다면 국방비는 물론 국가 예산조차 짤 수 없을 정도로 가난한 나라였다.

지금 세계 10위권의 경제 대국으로 성장한 후에도 우리나라는 상대적으로 국방비를 조금 쓰는 나라다. 한국은 지난 10년간 GDP 대비 대략 2.7% 정도를 국방비로 지출해 왔는데 이것은 세계 평균인 3% 미만이다. 이스라엘 못지않게 안보가 불안한 우리나라는 이스라엘의 절반 정도(비율상) 국방비를 지출하고 있다. 그럼에도 불구하고 국가 안보를 지탱하고 있는 것은 주한 미군이 우리 국방비와 거의 맞먹는 수준의 돈을 한국 국방을 위해 기여해 주고 있기 때문이다. 그것만 해도 한국은 매년 수백억 달러씩 국방비를 절감하고 있는 것이며 이승만 대통령 말대로 지금 현재도 우리는 한미 동맹의 덕택을 톡톡히 보고 있는 것이다.

주한 미군은 대북 억제력의 근간

　북한이 그토록 미군 철수를 원하는 것은 미군만 없다면 저들이 지난 70년 동안 자나 깨나 준비해 온 무력 적화 통일을 이룩할 수 있다고 생각하기 때문이다. 물론 우리 대한민국은 북한의 침략을 막을 힘이 있고 북한이 전쟁을 도발한다 해도 한국은 북한군을 무찌르고 나라를 지킬 수 있다. 그러나 북한의 침략을 무찌르는 것보다 훨씬 소중한 것은 '북한이 아예 전쟁을 도발할 생각조차 갖지 못하게 하는 것'이다. 북한이 도발한 전쟁을 우리가 승리로 이끈다 해도 그 피해가 너무 극심할 것이며 그런 전쟁은 승리한다 해도 대단히 허무한 일이 아닐 수 없다.

　우리는 북한이 도발을 하지 못하도록 사전에 막아야 하며 그런 과정을 통해 북한을 변화 혹은 종식시키고 평화 통일을 이룩해야만 한다. 이를 위해 한미 동맹은 적어도 북한의 위협이 소멸될 때까지 현 상태를 유지하거나 더욱 강화되어야 한다.

　한미 동맹은 과거 대한민국의 안전보장과 경제발전에 기여했고 현재도 한국의 국가 안보를 지켜주는 핵심적 장치다. 한미 동맹이 없다면 대한민국이 통일을 이룩한다는 것이 사실상 불가능하다는 점에서 한미 동맹의 중요성을 강조할 수 있다.

한미 동맹은 동북아시아의 안전 장치, 통일의 견인차

한반도 주변의 강대국인 중국과 일본은 내심 한반도의 통일을 원치 않는다. 중국, 일본이 나쁘고 못된 나라라서 한반도의 통일을 원하지 않는 것이 아니다. 이웃에 통일을 이룩한 강력한 나라가 생기는 것이 내키지 않는다는 것은 국제정치에서는 정상적인 일이다. 중국과 일본은 한반도에 막강한 나라가 생기는 것이 부담스럽다. 지난 수십 년 동안 중국의 행동을 보면 이 같은 사실을 잘 알 수 있다. 중국이 북한을 좋아하는 것이 아님에도 불구하고 북한이 궁지에 몰릴 때마다 중국은 북한을 지원하지 않을 수 없었다. 북한이 붕괴되어 대한민국이 통일을 이룩한다는 것이 부담스럽기 때문이다. 중국은 대한민국이 주도하는 한반도 통일을 반대하지만 북한이 통일하는 것 역시 반대한다. 이처럼 한반도 주변 강대국들이 원천적으로 반대하는 통일을 가능하다고 보는 이유는 세계 최강이자 한국의 동맹국인 미국이 한반도의 통일을 지지하기 때문이다. 미국마저 한반도 통일에 관심이 없다면 한반도 통일은 불가능하다.

2022년 현재 북한은 정상적인 국가처럼 행동하지 못하고 있으며 북한을 지지해 왔던 중국마저 북한의 행동에 짜증을 내는 상황이 되었다. 결국 북한의 내구력이 그 기한이 다된 것 같은 느낌이 들 정도다. 이는 한국에 통일의 기회가 찾아온 것을 의미하며, 우리는 한미 동맹을 통해 어느 날 갑자기 다가올지도 모르는 통일의 기회를 잡을 수 있어야 한다.

그런데 미국과 더불어 한반도가 통일을 이룩할 경우, 통일 이후에도 한미 동맹은 그대로 유지되어야 하는 것일까? 통일을 이룩한 후에도 한미 동맹은 동북아시아의 안정과 평화를 위해 대단히 소중하다. 통일 후 지속될 한미 동맹은 한국은 물론 미국에게도 대단히 소중한 자산이 될 수 있기 때문이다. 거의 70년 전 한국과 동맹을 마지못해 맺어준 미국은 지금은 한국과의 동맹이 오랫동안 지속되기를 원하고 있다. 2021년 가을에 행해진 미국인 여론조사에서 한국이 통일을 이룩한 후에도 한국과 동맹을 유지해야 한다는 미국 국민의 여론이 65%에 이르렀다. 놀라운 변화라고 말하지 않을 수 없다.

이처럼 다수의 미국인이 통일한국과 동맹을 유지하기 원하는 데는 이유가 있다. 미국인들은 중국의 급속한 힘의 부상에 대해 유념하고 있다. 중국은 경제성장 속도보다 훨씬 급속한 군사력 성장을 동반하고 있다는 점에서 우려스런 일이 아닐 수 없다. 미국은 군사력이 급성장하고 있는 중국을 견제해야 할 필요성이 있다. 중국의 패권 도전을 사전에 저지해야 해야 하기 때문인데 이를 위해 미국은 통일 한국과 관계를 더욱 돈독히 하고 긴밀하게 만들어야 한다고 생각하고 있다. 통일된 한국이 미국과 동맹국이라면 미국은 중국을 아주 용이하게 견제할 수 있을 것이다. 즉 미국은 통일 한국이야 말로 힘을 합쳐 아시아의 평화와 균형을 유지하는데 함께 동행할 수 있는 가장 믿음직한 동맹국이라고 생각하는 것이다. 이 같은 이유 때문에 미국은 한국을 통일시키고자 하며, 통일을 이룩한 한국이 미국과 동맹 관계를 유지해 줄 것을 원한다. 미국은 통일 한국과의 동맹을 통해 아시아에서 주도적인 지위를 계속 유지할 수 있을 것이다.

통일을 이룩한 한국이 미국과 동맹을 지속시키는 것은 한국에도 대단히 유익한 일이다. 한국은 통일을 이룩하는 순간 인구는 독일과 맞먹고, 군사력은 프랑스와 맞먹으며, 영토의 넓이는 영국 수준이 된다. 강대국의 조건을 이미 다 갖추고 있는 것이다. 그런 한국이 미국과 동맹을 지속하는 경우 한국은 명실 공히 중국 혹은 일본과도 맞먹는 세계적 강대국의 역할을 담당할 수 있을 것이다. 한미동맹을 유지하는 경우, 통일한국은 사실상 세계 3위권 이내의 강대국에 버금가는 역할을 할 수 있게 된다는 말이다.

한때 한미 동맹은 절망상태까지 빠져들어 간 적도 있었다. 미국인들 중에는 그토록 미국을 미워하는 한국에서 손을 떼라는 여론도 적지 않았다. 그러나 지금 한미 양국 관계는 다시 건강한 상태로 회복되고 있다.

한미 동맹은 과거에는 물론, 현재에도 우리에게 대단히 유익한 도구로 작용하고 있으며 미래의 통일 한국이 미국과 동맹을 유지한다면 우리는 주변의 세계 4대 강국들과 동급에서 세계 정치를 주도할 수 있을 것이다. 그래서 미래에 있어서도 한미 동맹의 지속은 소중한 국가이익이 될 수 있다고 감히 말할 수 있는 것이다.

한미 동맹의 끈은 지속적으로 이어져야 한다

자주국방, 자주외교는 모든 나라의 꿈이다. 그러나 미국 같은 초강대국마저도 자주국방과 자주외교를 하지 못하는 것이 현실이다. 그래서 미국은 도전자가 나타날 때마다 전 세계 방방곡곡의 작은 나라들과 동맹이나 협력관계를 맺어 이에 대처해 왔던 것이다. 소련이 미국의 막강한 도전국이던 냉전 시절, 미국은 유럽 국가들과는 북대서양조약기구(NATO), 아시아 국가들과는 한미 동맹, 미일 동맹, 미국-필리핀 동맹, 호주, 뉴질랜드와는 ANZUS, 중앙아시아 국가들과는 CENTO 등 전 세계 방방곡곡에 걸치는 반공 동맹을 형성해서 소련과 자웅을 겨루었다. 그리고 이겼다.

냉전 당시 대한민국은 미국의 중요한 동맹국으로 냉전의 최첨단 지역에서 공산 진영과 혈투를 벌였다. 그러는 동안 미국은 동맹국인 한국의 경제적 부흥을 위해서도 지원했고 한국은 단 두 세대 만에 세계 최빈국에서 세계 10대 부국으로 성장할 수 있었다. 미국의 지원이 전부는 아니지만, 미국의 지원은 한국이 경제 발전에 매진할 수 있는 안보 환경을 제공했고 경제발전을 위한 종잣돈이 되었음을 부인할 수 없다.

이 책 처음부터 줄곧 강조한 바이지만 한국은 전략적으로 대단히 중요한 요충지에 자리 잡고 있는 나라로서 이웃의 강대국 모두가 탐을 내는 좋은 땅덩어리다. 그래서 우리에게 있어 자주와 독립을 위한 좋은 동맹국의 확보는 사활적으로 중요한 요인이었다.

우선 한국은 주변에 세계 4대 강국이 포진해 있는 나라다. 중국과 일본은 각각 세계 2위, 3위의 강대국이며 한반도의 북쪽의 러시아는 비록 경제력이 약화되고 공산주의 지도국으로서의 지위는 잃었지만 다시 초강대국 시절의 명예를 회복해 가고 있는 중이다. 적어도 군사력 측면에서 러시아는 중국과 일본보다 막강하고 미국에 이어 세계 2위임을 자부하고 있다.

한반도 주변의 국가들이 이처럼 모두 강대국이라는 사실, 그리고 한반도가 이들 강대국들의 상호작용에서 결정적으로 중요한 전략적 요충지라는 사실은 한반도의 운명이 언제라도 이들의 갈등 및 협력 관계에 의해 규정되었던 이유였다. 우리가 아무리 중립을 지킨다 해도 한반도는 중국과 일본의 전쟁(1895년의 청일전쟁, 1930년대의 만주사변), 일본과 러시아의 전쟁(1904년의 러일전쟁, 2차 세계대전)의 주 전쟁터가 되고 말았다는 사실을 기억하지 않을 수 없다. 한국은 태생적으로 중립을 취할 수 없는 나라다. 강대국들이 별로 중요하지 않다고 생각하고 거들떠보지 않는 나라라야 성공적인 중립국이 될 수 있다. 한국은 그런 나라가 아니다. 그래서 한국은 '좋은' 동맹국을 찾아야 한다.

'좋은 동맹국'이란 힘이 세지만, 한국을 능멸하지 않고, 한국의 영토 그 자체에 이해관계를 가지고 있지 않은 나라여야 한다. 이미 조선시대 말엽부터 우리나라의 지도자들과 지식인들은 이 같은 조건에 부합하는 나라를 찾으려 했고 그 나라가 바로 미국이라고 생각했다.

미국이 우리나라를 위해 좋은 동맹국이 될 수 있는 첫 번째 이유는 미국은 우선 지리적으로 한국과 멀리 떨어져 있기 때문에 한반도 땅덩어리에 대해 영토적 욕심이 없는 나라라는 점이다. 너무 결론적으로 말하는 것처럼 보일 수 있지만, 가까운 곳의 이웃 나라들이 친한 친구가 된다는 것은 사실상 불가능하다. 인간관계와 국제관계가 다른 점이 여기 있다. 사람들은 가까이 지내는 사람들이 친해지고 사이좋게 지낼 수 있지만 국가들은 그럴 경우 오히려 분쟁과 전쟁 발발 가능성이 높아지는 것이 현실이다.

역사적인 사례를 보자. 우리나라와 인종적, 문화적으로 제일 가까운 나라가 어느 나라인가? 일본이다. 일본과 한국의 '피의 거리'는 영국과 프랑스 사람들의 피의 거리보다도 훨씬 가깝다. 언어구조 상으로도 일본은 한국과 가장 가까운 나라다. 그러나 한국과 일본이 친한 나라인가? 영국과 전쟁을 제일 많이 치른 프랑스는 영국과 가장 가까운 곳에 있으며 서로 모든 것을 잘 이해하는 나라였다. 독일과 프랑스, 영국과 독일 관계 역시 모든 점에서 가까운 이웃이라고 볼 수 있다. 바로 그렇게 서로를 잘 아는 이웃 나라들이 끊임없이 전쟁을 벌였다는 것이 국제관계의 특수한 현실이다.

이책 맨 앞부분에서 이미 소개한 책이지만, 미국의 국제정치학자인 로버트 부시(Robert Bush)가 저술한 중국과 일본의 안보 관계에 관한 책의 제목이 *Perils of Proximity*로 되어 있다는 사실은 참으로 적절한 표현이 아닐 수 없다. 『가깝다는 사실이 고통스러운 일』이라는 것이다. 중국과 일본이 너무 가까이 있기 때문에 그 두 나라의 안보관계가 어려운 것이다. 역설적인 일이지만 두 나라가 싸우는 이유는 서로를 너무 잘 알고, 너무 가까이 있기 때문이다.

먼 곳에 있는 두 나라는 싸울 일이 별로 없다. 충돌하는 이익이 별로 많지 않기 때문이다. 가까이 있는 이웃 나라들이 전쟁할 가능성이 오히려 더 높은 이유는, 가까운 나라들 사이에서 이익이 충돌할 가능성이 보다 높기 때문이다. 그래서 벌써 수천 년 전 중국의 현인들은 '원교근공(遠交近攻)'이라는 국제정치학의 진리를 이해하고 있었던 것이다. 이웃나라와 싸우기 위해 먼 나라와 동맹을 맺는다는 말이다.

현대 국제정치학은 이 같은 진리의 타당성을 입증하고 있다. 존 바스케즈(John Vasquez) 같은 저명한 학자는 『전쟁의 수수께끼』190)라는 책에서 '모든 전쟁의 근원에 영토분쟁이 있다'고 단언하고 있는 것이다. 영토분쟁이란 주로 국경을 접하고 있는, 혹은 아주 가까운 곳에 있는 국가들이 벌이는 것이다. 한국과 일본은 독도를 두고 분쟁 중이며 한국과 중국은 이어도를 두고 분쟁 중이다. 2012년 9월 일본정부의 국유화 조치로 인한 센카쿠(댜오위댜오)에서의 중국 일본 간 영토 분쟁은 전쟁의 가능성마저 내포하고 있는 심각한 것이다.

이처럼 가까운 나라들은 싸울 일이 더 많다. 이 같은 지정학적 철칙에서 우리나라가 동맹을 맺기 가장 적합한 나라는 미국이라는 답이 저절로 나온다. 한국인들은 일본이 막강할 때는 중국과 우호 및 연합 관계를 맺은 적이 있었다. 중국이 막강해지면 우리는 일본과 안보를 연합하는 것이 원칙이다. 다만 20세기 초반 일제 식민 통치의 잔혹한 경험이 아직도 생생한지라 일본과의 연합에 대해서는 체질적 거부감이 너무 크다. 이 같은 역사적 경험 역시 현재 대한민국이 동맹 관계를 맺기 가장 양호한 나라가 미국이라는 사실을 말해준다.

▲ 박정희 대통령에게 단단히 혼쭐이 난 마샬 그린(우). 1965년 5월 1일 박 대통령이 청와대서 그를 접견한 모습이다.　ⓒ 국가기록원

우리는 결코 전쟁을 원하지 않는다.

그러나 만약에 6·25와 같은 적의 침략을

또다시 받을 때에는

전국토를 초토화 하는 일이 있더라도

우리는 최후까지 싸워야 한다.

1968년 3월 7일
전국 지방장관, 시장, 군수, 구청장 대회 유시에서

제 11 장

글을 마치며…

▲ 한미동맹은 미래에도 대단히 중요하다.
2012년 3월 한국을 방문한 오바마 대통령은 한미 양국은 미래를 위해 함
께 나가자고 강조했다.

　필자는 이승만의 정치를 이해하기에는 나이가 어렸다. 그러나 박정희의 재임 시절 대학을 다니며, 다른 대부분 대학생들과 마찬가지로 박정희의 독재체제를 목청 높여 비판했다. 박정희는 대학생들의 시위를 탄압하고, 시위가 심한 대학들은 휴교령이 내려지기가 일쑤였다. 필자는 학부 재학 시절, 단풍이 든 캠퍼스를 본 일이 없었다. 4년 내내 가을학기는 휴교령 때문에 강의는커녕 학교에 출입할 수도 없었기 때문이다. 위수령, 계엄령, 비상조치의 연속이었다.

　박정희가 죽은 날, 필자는 육군 대위였다. 육군 제3사관학교에서 국제정치를 강의하던 필자는 1979년 10월 27일 아침 여느 날과 마찬가지로 정복을 입고 학교 통근버스를 타고 출근했다. 학교 정문에 이르자 무슨 일인지는 모르지만 비상이 걸렸다며 전 장교는 전투복으로 출근해야 한다기에 숙소로 돌아왔다. 급히 라디오를 틀어 웬일인가 알아보려 했다. 한국뉴스는 들을 것이 못된다며 다이얼을 미군방송(AFKN)에 고정해 두었던 터였다. 당시 수준의 영어

청취력으로 듣건대 대강 박 대통령이 암살당했고 미국은 북한에 대해 경거망동하지 말라고 경고하는 내용이었다. 나는 솔직히 기분이 좋아졌다.

아! 독재자 박정희가 드디어 죽었구나.

그날 밤 동료교관들과 작은 파티도 열었다. 장송곡이 계속 방송되는 라디오와 TV는 꺼버리고 대신 전축을 틀어 헨델의 '왕국의 불꽃놀이'를 들으며 술을 마셨다.

나는 철없던 시절의 행동을 반성한다. 지금 생각건대 그때 우리들은 상당히 잘난 척하며 살았다. 겨우 수백 권 책을 읽었다고 민주주의와 국가에 대해 다 아는 척 했다. 장교가 될 사관생도들에게 차라리 읽지 말아야 할 책을 읽으라고 권유한 적도 있었다. 그들을 지금 다시 만나면 사과할 것이다.

역사는 시간이 지난 후에야 평가할 수 있는 것이다. 자신을 죽이겠다고 남파된 북한 특공대와 한국군이 벌이는 총격전 소리가 들리는 청와대에서 일했던 사람들의 심정은 무엇이었을까? 한국 전쟁이 터지는 날, 전투기는커녕 쓸 만한 단 한 대의 탱크도 없었던 대한민국 국군 총사령관 이승만의 심정은 어떠했을까? 당시 세계 최고급인 소련제 T-34가 물밀듯 서울로 진입하는 장면을 본 대한민국 정치가들은 어떤 심정이었을까?

최근 우리나라 대통령 중에 "아무리 나쁜 평화라도 전쟁보다는 낫다"고 말 한 분도 있었다. 이승만, 박정희는 나쁜 평화보다는 진짜 평화를 위해 북한과 맞장을 떴으며 전쟁을 했거나 각오했던 사람들이다. 그래서 대한민국이 오늘 존재할 수 있는 것이 아닌가?

전쟁 없는 모든 상황을 평화라고 말한다면 세상에 그것처럼 평화를 유지하기 쉬운 경우는 없을 것이다. 적들이 우리에게 가해오는 일체의 도발행위에 무반응으로 대처하면 되기 때문이다. 더 쉬운 방법도 있다. 사전에 적에게 아양을 떨면 된다. 이것보다 더 쉬운 방법도 있다. 대한민국 군대를 모두 해체해 버리면 된다. 그러면 우리는 아예 전쟁을 할 수 없는 나라가 된다. 적이 도발한다 해도 맞서 싸울 능력이 없다면 '전쟁'은 발발하지 않는다.191)

오늘 이 나라에 살고 있는 대한민국 국민들에게 다가올 지도 모를 '아무리 나쁜 평화'에 해당하는 사건은 '대한민국이 평화적으로 조선민주주의 인민공화국에 편입'되는 그런 일일 것이다. 그런 상황이 다가올 때 우리는 그래도 전쟁을 하면 안 된다는 말인가? 북한이 평화적으로 한국을 접수, 한반도의 통일국가 이름이 조선민주주의 인민공화국이 되어도 좋다는 말인가?

평화란 자유와 행복을 만끽하는 상황을 말하는 것이지 무서운 적 앞에서 덜덜 떨며, 비굴하게 머리 조아리며, 단지 얻어터지는 것을 피하는 상황을 의미하지는 않는다. 1910년 일본과 전쟁을 하지 않은 채로 일본에 합병되는 모욕이 전쟁을 하지 않았으니 한일 합병이 '평화적'으로 이루어진 일인가?

우리나라가 언제 어쩌다가 이렇게 겁쟁이, 비겁자들의 나라가 되었는가? 월남전에 참전했던 우리 국군의 용맹성은 세계를 놀라게 했다. 미국인들은 한국군의 용맹함을 보고 '이스라엘이 동양에 하나 더 있다'며 혀를 찼다. 이승만 대통령 재임 당시 대한민국 국민들은 분단이 유지된 채 휴전을 하느니보다 전쟁을 지속해야 한다고 절규했다.

고구려는 또 어떤가? 당시의 초강대국 중국과 맞서 당당하게 전쟁을 벌인 나라다. 아무리 나쁜 평화라도 전쟁보다는 낫다고 생각하는 대신, 고구려는 자기보다 수십 배나 더 큰 중국에 당당하게 맞서 전쟁을 벌였다. 월남전의 대한민국 국군 그리고 고구려인들의 기백이 정상적인 대한민국 국민들의 핏속에 흐르고 있다. 그것은 전쟁광(戰爭狂)의 피가 아니라 정의파(正義派)의 피인 것이다.

이제 대한민국은 국격에 걸 맞은 당당한 전쟁- 평화관을 가질 때가 되었다. 북한에 당당하면 긴장이 오고 전쟁이 온다는 비겁함을 이제 끝장내자. 북한에 당당함으로써 유지되는 평화가 진짜 평화다. 유명한 전쟁 연구가 마이클 하워드 교수는 "전쟁은 필요악이다. 그러나 전쟁을 포기한 자, 그렇지 않은 자의 손아귀 속에 자신의 운명이 들어가 있음을 발견하게 될 것이다."[192] 라고 말했다.

그러기 위해서는 우리는 좋은 지도자를 가져야 한다. 통일 강대국 건설이라는, 우리가 하기 나름에 따라 바로 눈앞에 다가온 것인지도 모르는 이 같은 목표를 달성할 대통령이 필요하다. 이승만·박정희를 냉전시대의 지도자로 혹은 구시대의 지도자로 보는 사람들이 많다. 한반도가 아직도 냉전에서 벗어나지 못하고 있다는 사실을 모르는 자들의 폄훼다.

오늘 우리가 이승만·박정희의 리더십을 다시 필요로 하는 이유는 그들이야말로 한반도의 냉전을 마지막으로 영구히 끝장낼 수 있는 지도자라고 믿고 있기 때문이다.

주석

1) Josef Joffe, *Überpower: The Imperial Temptation of America*(New York: Norton, 2006).

2) Richard H. Immerman, *Empire for Liberty: A History of American Imperialism from Benjamin Franklin to Paul Wolforwitz*(Princeton: Prince -ton University Press, 2010).

3) Hans J. Morgenthau, *Politics among Nations: Struggle for Power and Peace*(5th. ed.; New York: Alfred A. Knopf, 1973). 현실주의 국제정치학의 비조 모겐타우 교수는 현대 국제정치학의 성격이라 불리는 이 책에서 현상을 타파하기 위한 국가의 정책을 광범하게 제국주의정책(policy of Imperialism)이라고 정의하고 있다.

4) 주삼열, 『어떤 기독교인이 본 이승만과 김일성』(서울: 두감람나무, 2008), p. 164.

5) 김영호, 『한국 전쟁 원인의 국제 정치적 재해석』 박지향 외(편), 『해방전후사의 재인식』(서울: 책세상, 2006)에서 재인용.

6) 송병기, 『쇄국기의 대미인식』류영익 외(편), 『한국인의 대미 인식: 역사적으로 본 형성과정』(서울: 민음사, 1994), p. 15.

7) 송병기, 『한국, 미국과의 첫 만남: 대미 개국사론』(서울: 고즈윈출판사, 2005), p. 23에서 재인용.

8) 『박규수 전집』(상), (서울: 아세아문화사, 1978), pp. 466~469. 송병기, 앞의 책 p. 27에서 재인용.

9) 金源模, 『近代韓美交涉史』(서울:홍성사, 1979), pp. 145~160.

10) 같은 책, pp. 145~163.

11) 같은 책, pp. 309~330.

12) 송병기, 앞의 논문, p.36.

13) 박규수 전집 상, pp. 467.

14) 같은 책.

15) 송병기, *Op. Cit.*, p. 37.

16) Richard C. Bush, *The Perils of Proximity: China-Japan Security Relations*(Washington D.C.: The Brookings Institution, 2010).

17) 김학준,『한국 전쟁: 원인, 과정, 휴전, 영향』(서울: 박영사, 1989), 제1장 한반도의 분단과정.

18) 당시 국방대학원에서 연설했던 러스크 장관은 소련이 38선을 받아들인 이유를 소련이 일본의 일부를 점령하고픈 의도가 있었기 때문이었다. 그러기 위해서는 그때 당시 소련의 입장에서 보았을 때 전술적으로 말이 되지 않는 한반도 분할 안을 받아들이는 것이 좋다고 생각했을 것이라는 해석이다.

19) 이정식,『대한민국의 기원』(서울: 일조각, 2006), p. 178. 소련이 붕괴한 후 공개된 비밀 자료에서 이정식 교수가 발견했다.

20) 국방부 군사편찬연구소,『한미국방관계사 1871~2002』(서울: 군사편찬연구소, 2002), p. 169

21) 서울신문사,『주한 미군 30년』(서울: 서울신문사, 1976), p. 49.

22) Chalmers Johnson, "The Pentagon's Ossified Strategy," *Foreign Affairs* (July/August 1975).

23) 북한이 마치 김일성을 주체사상의 교주처럼 받들고 있는 것은 역사의 아이러니가 아닐 수 없다.

24) 외무부,『외교 행정의 10년』(서울: 외무부, 1958); 이호재,『한국 외교정책의 이상과 현실』(서울: 법문사, 1969)은 이승만 박사를 '외교의 신'이라고 부르며 그의 능력을 극찬하고 있다.

25) 임병직,『인도에서 인도까지: 임병직 장관 회고록』(서울: 외교통상부, 1998).

26) 박실,『이승만 외교의 힘: 벼랑끝 외교의 승리』(서울: 청미디어, 2010), p. 113.

27) C. Whitney, *McArthur: His Rendezvous with History*(New York: Knopf, 1956), pp. 370~371.

28) Gregg Brazinsky, *National Building in South Korea: Koreans, Americans and the Making of a Democracy*(Chapel Hill: The University of North Carolina Press, 2007), 나종남(역)『대한민국 만들기, 1945~1987』(서울: 책함께, 2011), p. 38.

29) 같은 책, 한국어 판, p. 40.

30) 이한우,『우남 이승만 대한민국을 세우다』(서울: 해냄, 2008), p. 342.

31) 같은 책, p. 343.

32) 이 논문들에 대한 상세한 해설은 저자의 블로그 http://blog.naver.com/choonkunlee에 게재되어 있다.

33) 이정식,『대한민국의 기원』(서울: 일조각, 2006), p. 430에서 재인용.

34) 이정식, 같은 책, 이정식 교수는 이 책 제5장 스탈린의 한반도 정책에서 소련은 이미 북한에 위성 정권을 세우기 위해 노력했다는 사실을 상세히 밝히고 있다. 소련이 먼저 북한에 자신만의 정권을 세우고자 했다는 확정적인 근거가 잘 설명되어 있는 자료다.

35) 이승만 박정희 두 대통령의 건국과 부국에 관한 탁월한 저술은 김일영, 『건국과 부국』(서울: 기파랑, 2010)을 참고.

36) 김학준『한국 전쟁』(서울: 박영사, 1989).

37) 기무라 마쓰히코, 아베 게이지, 차문석, 박정진(역)『전쟁이 만든 나라: 북한의 군사공업화』(서울: 미지북스, 2009), 제9장.

38) 장면, 『한알의 밀알이 죽지않고는』(서울: 가톨릭출판사, 1999), p. 66.

39) 애치슨은 그의 회고록에서 자신의 언급이 한국 전쟁을 불러일으켰다는 것은 언어도단이라고 말하고 있다. Dean Acheson, *Present at the Creation: My Years in the State Department*(New York: Norton, 1969), p. 424.

40) 물론 한국에 반미주의 정부가 들어서서 한국이 미국과의 동맹을 파기하겠다고 할 경우 미국이 애걸복걸할 리는 전혀 없다. 그럴 경우 미국은 일본을 통해 아시아 정책을 수행할 것이다.

41) Harry S. Truman, *Years of Trial and Hope Vol. 2*, (New York: Smith Mark Publisher, 1996), p. 388.

42) 국방부 군사편찬연구소,『한미군사관계사 1971~2002』, p. 334.

43) 한국 전쟁 참전 결정(Korean Decision)은 미국 국제정치학계에 대단히 흥미로운 연구 주제가 되었다. 민주 국가인 미국이 그토록 신속하게 정책 결정을 내렸다는 사실 자체가 특이한 것이었다. 또한 위기 상황에 국가들이 어떻게 대응하는가의 모델 케이스로서 한국 전쟁이 연구되기 시작했다. Glenn D. Paige, *The Korean Decision*(New York: The Free Press, 1968).

44) 미국 합동참모본부 간행, 국방부 전사편찬위원회(역),『한국 전쟁: 상』(서울: 전사편찬위원회, 1995), p. 60.

45) 합동참모본부,『한국 전사』(서울: 합참, 1984), pp. 354~358.

46) Douglas MacArthur, *Reminiscences*(New York: MacGraw Hill, 1964), p. 336.

47) Billy Graham, *Just As I Am: The Autobiography of Billy Graham*(New York: Harper Collins, 1997), p. xviii.

48) 이 자료는 Gene Gurney, *A Pictorial History of the United States Army*

(New York: Crown Publishers, 1977), pp. 364~365.

49) 남정욱, 『이승만 대통령과 6·25 전쟁』(서울: 이담, 2010), p. 81.

50) Robert Oliver, *Syngman Rhee: The Man Behind the Myth*(New York: Dodd Mead and Co., 1955); 황정일(역), 『이승만: 신화에 가린 인물』(서울: 건국대출판부), p. 342.

51) UN Security Council Resolution 83(S/1511) June 27, 1950 등 전쟁 초기 미국과 국제사회의 목표는 북한 침략군을 38선 이북으로 되돌리는 것이었다.

52) NSC-73 July 1, 1950. 'The Position and Actions of the United States with respect to Possible Future Soviet Moves in the Light of Korean Situation.'

53) Foreign Relations of the United States(이하 FRUS), 1950. Vol. VII, p. 785. p. 826. 마샬 장군이 맥아더 장군에게 보낸 전문.

54) 외교통상부, 「한국외교 60년 1948~2008」(서울: 외교통상부,2009), p. 113.

55) FRUS, 1950. Vol. VII, pp.129~131. "The Ambassador in Korea(Muccio) to the Secretary of State"(June 25, 1950).

56) 한표욱, 「한미외교 요람기」(서울: 중앙일보사, 1984), pp. 76~77.

57) 온창일 교수는 이승만 대통령의 수도 대전 이전 주장을 무죄를 압박하기 위한 외교적 제스추어라고 설명한다. 온창일, 『전쟁 지도자로서의 이승만 대통령』, (연세대학교 한국학연구소 학술회의 발표논문, 2004년 11월 13일), p. 125.

58) 프란체스카 도너 리, 『프란체스카의 난중일기 6·25와 이승만』(서울: 기파랑, 2010), p. 23.

59) 한표욱, 같은 책, p. 86.

60) Harry Truman, *Memoirs Vol.*2. p.336; Acheson, *Op. Cit.*, p. 409.

61) 프란체스카 여사, 『6·25와 이승만 대통령』 2권 중앙일보사, 1985년 6월 25일자.

62) 세르주 부롱베르제 엮음. 정진국 옮김, 『한국 전쟁통신』(서울: 눈빛, 2011).

63) Glenn D. Paige, *Op. Cit.*

64) Tanisha Fazal, *State Death: The Politics and the Geography of Conquest, Occupation, and Annexation*(Princeton: Princeton University Press, 2007).

65) 국방부 전사편찬위원회, 『한국 전쟁사 제2권』(서울: 국방부, 1979), p. 116.

66) 정일권, 『정일권 회고록』(서울: 고려서적, 광명출판사, 1996), p. 171.

67) 국방부 전사편찬 위원회, 『국방 조약집 제1집』(국방부, 1988), pp. 34~38.

68) Theodore Kinni, Donna Kinni, *No Substitute for Victory: Lessons in Strategy and Leadership from General Douglas MacArthur*(New York: FT Press, 2005).

69) 정일권, 같은 책, p. 170.

70) 같은 책, pp. 170~171.

71) 서울신문사, 『주한 미군 30년』(서울: 서울신문사, 1979), p. 169.

72) 정일권, 『6·25 비록: 전쟁과 휴전』(서울: 동아일보사, 1985), p. 78.

73) 남정욱, 『이승만 대통령과 6·25 전쟁』(서울: 이담, 2010), p. 179.

74) 외무부, 『한국외교 30년』(서울: 외무부, 1979), p. 105.

75) FRUS, 1950. Vol. VII., p. 387. The Secretary of State to the Embassy in Korea.

76) William Steuck, *The Road to Confrontation: American Policy Toward China and Korea* 1947~1950(Chapel Hill: The University of North Carolina Press, 1981), p. 203.; FRUS, 1950 Vol. VII., p. 410.

77) 한표욱, 같은 책 pp. 94~95.

78) 대한민국 공보처, 『대통령 이승만 박사 담화집』(서울: 공보처, 1953), pp. 39~40.

79) 미합참본부, 『한국 전쟁(상)』(서울: 삼아인쇄공사, 1990), p. 174.

80) 프란체스카, 같은 책, p. 166.

81) 정일권, 『회고록: 6.25 비록 전쟁과 휴진』(서울: 동아일보사, 1985), p.155.

82) 같은 책, p. 156.

83) 같은 책.

84) 정일권, pp.157~158. 정일권 장군은 이 같은 내용들은 차후에 알게 된 사실이라고 증언했다.

85) 같은 책, p. 165.

86) Allan R. Millett, *The War for Korea*, 1950~1951: *They Came from the North*(Lexington: The University Press of Kansas, 2010), pp. 276~277.

87) 합동참모본부, 『한국전사』, pp. 444~445.

88) Choon Kun Lee, *Russo Japanese War*, 본 논문은 필자가 미국 오하이오 대학 역사학과에서 제출했던 페이퍼.

89) 1990년 당시 한국의 국방비가 총 118억 불이었는데 주한 미군의 군사비 지출이 106억불이었다. 주한 미군 28,500명은 미군 전체의 약 2%이며, 같은 비율로 나누어 계산할 경우 2011년도 주한 미군이 사용한 돈은 약 7천 억 불이니 미국 국방비 중 한국에서 사용된 액수는 적어도 150억 달

러 이상이다.

90) Julian R. Friedman "Alliance in International Politics," in Julian R. Friedman et.al. (eds), *Alliance in International Politics*(Boston: Allyn and Bacon, 1970), p. 5.

91) Bruce M. Russett, "An Empirical Typology of International Military Alliances," Bruce M. Russett(ed), *Power and Community in World Politics*(San Francisco: W. H. Freeman Co., 1974), pp. 303~306.

92) Stephen E. Ambrose, *Rise to Globalism: American Foreign Policy 1938~1970*(Baltimore: Penguin Books, 1973), p. 11.

93) 예로서 미국은 이스라엘과 아무런 공식적인 동맹 관계에 있지 않으나 군사 원조 등의 수단으로 이스라엘을 지원했으며 사실상 미-이스라엘 관계는 어떤 동맹보다 돈독하다.

94) 한미상호방위조약 제 2 조.

95) Fred Warner Neil and Mary K. Harvey(ed.), *The Military Dimensions of Foreign Policy*(Washington D.C.: The Center for the Study of Democratic Institution, 1973), pp. 65~67.

96) 예로서 NATO는 20년을 1차적 유효기간으로 한정하고 있으며(제13조) 미일안전보장조약의 경우 10년으로 한정하고 있다(제12조).

97) 즉 1970년대 중반 이후 연례적으로 이루어지고 있는 한미 안보회의 및 팀스피리트 훈련은 한미 동맹의 지속성을 상징하는 것이며 주한 미군과 더불어 한미연합 억지전력의 근간을 이루는 것이 되었다.

98) 부르스 러셋(Bruce Russett) 교수도 한미 동맹 관계는 역사상 나타난 동맹 사례들 중에서 비교적 강력한 동맹 관계라고 분류하고 있다. *Op. Cit.*, p. 320.

99) "대한민국과 미합중국 간의 상호방위조약" 김정건 外(編), 『국제조약집』 (서울: 연세대학교 출판부, 1986), pp. 952~953 참조.

100) NATO 제 5조는 어느 일국에 대한 무력 침략은 NATO 동맹국 모두에 대한 침략으로 간주하고 즉각 대처할 것을 규정하였다. 김정건 외(編), 같은 책, p. 745.

101) K. J. Holsti, *International Politics: A Framework for Analysis*(7th ed.: Englewood Cliffs, N.J.: Prentice Hall, 1995), pp. 89~93.

102) Hans J. Morgenthau, *Politics Among Nations: Struggle for Power and Peace*(5th ed.; New York: Alfred A. Knopf, 1973), p. 183.

103) Bruce M. Russett, *Op. Cit.*, p. 303.

104) 박실,『이승만 외교의 힘: 벼랑 끝 외교의 승리』(서울: 청미디어, 2010), p. 295에서 재인용.

105) 같은 책, p. 297.

106) 이 일화는 한표욱,『이승만과 한미외교』(서울: 중앙일보사,1996), pp. 137~138에서 재인용.

107) 한표욱, 같은 책, p. 154.

108) 최형두,『아메리카 트라우마: 어느 외교 전문기자가 탐색한 한미 관계 뒤편의 진실』(서울: 위즈덤하우스, 2012).

109) Robert T. Oliver, *Syngman Rhee and American Involvement in Korea, 1942~1960*, 박일영(역),『이승만 비록』(서울: 한국문화출판사, 1982).

110) 이현표, 이승만 대통령 자유와 정의를 말하다<4>1954년 7월 워싱턴 방문 통일의 신념, 美 심장서 목 놓아 외치다 / 국방일보 2011. 5. 27.

111) 이현표, 이승만 대통령 자유와 정의를 말하다<6>제1차 한미 정상회담 대한민국 대통령, 미국 대통령과 첫 정상회담 / 국방일보 2011 .06. 10.

112) 이현표, "이승만 대통령 자유와 정의를 말하다<7> 덜레스 국무장관과의 회담 반공보다 日에 대한 적대감이 더 큰 이승만" / 2011. 6. 17 국방일보에서 인용.

113) 같은 책.

114) 이현표, "이승만 대통령 자유와 정의를 말하다<3> 외교와 홍보의 달인 '국가홍보는 외교관만이 아닌 국민의 몫'" / 국방일보 2011. 5. 20.

115) 이 책의 한국어 번역본은 이종익(역),『일본 군국주의 실상』(서울: 나남출판, 1993)으로 출간되었다.

116) 한표욱,『이승만과 한미외교』(서울: 중앙일보사, 1996), p. 23.

117) 한표욱, 같은 책, p. 32.

118) 대한민국의 국체는 공화국이고 정체는 민주주의다.

119) Gregory Henderson, *Korea: Politics of the Vortex*(Cambridge, Harvard University Press, 1968), pp. 180~181에서 재인용.

120) 장면 정부에 대한 1960년 8월 그레이엄 파슨스 국무차관의 전문. 그렉 브라진스키, 나종남(역)『대한민국 만들기 1945~1987: 경제성장과 민주화 그리고 미국』(서울: 책과 함께, 2011), p. 190.

121) 브라진스키, 같은 책, p. 191.

122) 박정희,『국가와 혁명과 나』(서울: 지구촌, 1997 재간행 본) p. 42

123) 같은 책, pp. 42~43.

124) 같은 책, pp. 44~45.

125) 같은 책, p. 48.

126) 같은 책, p. 51.

127) 같은 책, p. 52.

128) 같은 책, p. 58.

129) Maurice Matloff, *American Military History Vol. 2: 1902~1996* (Conshocken, PA: Combined Books, Inc., 1996), p. 249.

130) Kenneth N. Waltz, *Conflict in World Politics*(New York: Winthrop, 1971).

131) Russell D. Buhite, *From Kennedy to Nixon: The End of Consensus* in Gordon Martel(ed.), *American Foreign Relations Reconsidered, 1890~1993*(New Yok: Routelage, 1994), pp. 132~135; 차상철,『한미 동맹 50년』(서울: 생각의 나무, 2005), p. 100에서 재인용.

132) 최용호,『베트남 전쟁과 한국군』(서울: 국방군사연구소, 2004), p. 139.

133) George C. Herring, *America's Longest War, The United States and Vietnam 1950-1975*(2nd. ed.; New York: Knopf, 1986), pp. 221.

134) 차상철,『한미 동맹 50년』(서울: 생각의나무, 2005)에서 재인용.

135) 1970년 8월 24일 애그뉴 미국 부통령과의 회담.「동아일보」1970년 8월 25일자.

136) Nathan Miller, *Star-Spangled Men: America's Ten Worst Presidents* (New York: Scribner's, 1998).

137) 김철,「확대지향의 한국: 민족국가 재구성론」(서울: 사초, 1988), p. 32.

138) 박정희는『국가와 혁명과 나』p. 47에서 경제와 안보를 동시에 추구한다는 것이 얼마나 어려운 일인지를 이처럼 절박하게 표현하고 있다. 박정희의 진정한 번뇌를 엿볼 수 있는 글이다.

139) 혁명정부의 외무장관인 김홍일의 1961년 6월 24일자 언급. 외무부,『한국외교 40년: 1948~1988』(서울: 외무부, 1990), p. 89.

140) 흔히들 군 출신 정치가들이 전쟁을 선호하는 것으로 알고 있지만 미국 국제정치학자들의 미국 사례 연구 결과를 종합하면 군인 출신 정치인들이 전쟁을 결정하는데 민간인들보다 오히려 훨씬 더 신중했던 것으로 나타났다.

141) 외무부, 같은 책, p. 95.

142) 김영주,『외교의 경험과 단상: 한 외교관의 고별사』(서울: 인사동 문화, 2004), pp. 128~132.

143) 國防軍史硏究所,『國防政策變遷史 1945~1994』(서울: 국방군사연구소, 1995), p. 129.

144) 같은 책.

145) 국방부, 『국방사 3권』(1990), p. 352.

146) 박정희 정무수석 유혁인과 김형아의 인터뷰, Kim Hyung A, *Korea's Development under Park Chung Hee: Rapid Industrialization, 1961~1979*, 신명주(역), 『유신과 중화학공업: 박정희의 양날의 선택』(서울: 일조각, 2005) p. 183에서 재인용.

147) 김영주, 같은 책, p. 128.

148) 하영선 (편), 『한반도 군비경쟁의 재인식』(서울: 인간사랑, 1988), p. 140.

149) 김형아, 같은 책, p. 277.

150) 예로서 Nathan Miller, *Op. Cit.*

151) http://www.cs.umb.edu/jfklibrart/j071560.htm

152) *Notes of the 485th Meeting of the National Security Council*, 13 June, 1961, FRUS, 1961~1963, 22: pp. 480~481. 그렉 브라진스키, 나종남(역) 『대한민국만들기 1945~1987』(서울: 도서출판 책과 함께, 2011), p. 209에서 재인용.

153) Burgur to Rusk, 15 December, 1961 FRUS 1961~1963, 22: pp. 542~548.

154) 부라진스키, 같은 책, p. 210에서 재인용.

155) 1980년대에는 한국과학원(KAIS)과 통합되어 교육과 연구기능을 종합적으로 수행하는 한국과학기술원(KAIST)으로 바뀐 적도 있지만, 이후 다시 분리되어 지금은 한국과학기술연구원(KIST)으로 불리고 있다.

156) 민족국가라고 표현하는 경우가 많은데 필자는 국민국가가 오늘날의 현대 국가들을 표현하는 더 적합한 용어라고 생각한다.

157) 채명신, 『채명신 회고록: 베트남 전쟁과 나』(서울: 팔복원, 2010). 이 책에는 월남전 한국군 사령부 건물앞 게시판에 "100명의 베트콩을 놓치더라도 한 명의 양민을 죽이지 말라" 라는 구호가 쓰인 게시판 사진이 있다.

158) 최용호, 같은 책.

159) 최용호, 같은 책.

160) 김형아, 같은 책, p. 177에서 재인용.

161) 김형아, 같은 책.

162) 최형두, *OP. Cit.*, p. 119에서 재인용.

163) 이춘근, '미국의 대 한반도 군사 정책 연구', 연세대학교 정치학 석사학위 논문, 1977. 2.

164) Cyrus Vance, *Hard Choices: Critical Years in America's Foreign Policy* (New York, Simon & Schuster, 1983), pp. 127~128.

165) 김정렴, 『아 박정희』(서울: 중앙 M&B, 1997), p. 193.

166) 같은 책, p. 196.

167) 이춘근, "카터방북의 트래직 코미디" 『미래한국』 2011년 5월.

168) 村田晃嗣, 『大統領の挫折: カ-タ-政權の在韓米軍撤退政策』(東京:有斐閣, 2000).

169) 김성진 편, 『박정희 시대: 그것은 우리에 무엇이었는가』(서울: 조선일보사, 1994), p. 127.

170) 같은책, p. 128.

171) Don Oberdorfer, The Two Koreas, 이종길(역), 『두개의 한국』(서울: 길산, 2003), pp. 170~171.

172) Nathan Miller, OP. Cit.

173) O Won Chol, "Nuclear Development in Korea in the 1970s," Pacific Research, The Australian National University, November 11~18, 1994. p. 14; 김형아, 같은 책, p. 324.

174) William Glysteen, Massive Entanglement, Marginal Influence: Carter and Korea in Crisis(Washington D.C.: Brookings Institute Press, 1999), p. 47.

175) 이 문장은 다음의 책 제목에서 인용했다.
村田晃嗣, 『大統領の 挫折:カ-タ-政權の 在韓米軍撤退政策』(東京: 有斐閣, 2000).

176) 신범식 편 『박정희 대통령 선집』(서울: 지문각, 1969), 최호일, 『국가 안보 위기와 유신 체제』 조이제, 카트 에커트 편저, 『한국 근대화 :기적의 과정』(서울: 월간조선사, 2005), p.173에서 재인용.

177) 박정희, 같은 책, p. 44.

178) 한국 전쟁 이후 1961년 까지 한국은 미국으로부터 18억 달러 상당의 군사 원조, 26억 달러 상당의 경제 원조를 받았다. 1955~1960까지 미국의 군사원조는 한국 국방비 총액의 60%에 이르는 돈이었다.

179) 국방부, 『국방사 2』(서울: 국방부 1992), pp. 435~436.

180) 한국역사 연구회, 『한국역사』(서울: 역사비평사, 1992), p. 382.

181) Korean Annual, Seoul Haptong News Agency 1969, p. 109. 자료가 약간 상이하게 기록된 경우도 있다. 그러나 당시 한국 경제사정이 세계 최하위권에 머무르고 있었다는 사실은 확실하다.

182) 이는 북한의 김일성에게도 마찬가지의 충격으로 받아들여졌다. 1972년 이후 남한과 북한 체제가 모두 유신과 사회주의 헌법 개정 등으로 체제

가 더욱 강화되는 국제환경 요인이 된 것이다.

183) 오원철, '국민 돈, 한 푼도 부정은 안돼'「신동아」 1995년 4월호.

184) 율곡사업은 전두환, 노태우 정권 비리의 대명사처럼 알려졌다. 그러나 박정희 집권 당시 율곡사업에 관련되었던 관리들은 놀라울 정도로 청렴했고, 박정희의 청렴을 반박할 만한 근거는 나타나지 않았다. 김형아, 같은 책, p. 321. 참조.

185) 박정희, 『혁명과 국가와 나』, p. 228.

186) 같은 책, p. 229.

187) 조선은 현대적 의미에서 독립국은 아니었다. 물론 조선은 중국의 식민지도 아니었지만 조선왕의 권위는 중국의 천자로부터 나왔다는 의미에서 조선은 독립, 주권 국가가 아니었다.

188) 고미요지(저) 이용택(옮김), 『안녕하세요 김정남입니다』(서울: 중앙 M&B, 2012).

189) 박성조, 『한반도 붕괴』(서울: 랜덤하우스, 2006), p. 12.

190) John Vasquez, *The War Puzzle*(New York: Cambridge University Press, 1990).

191) 이 부분은 필자가 미래한국 2012년 11월호에 기고했던 '진짜 평화와 가짜 평화' 시론을 요약 정리해서 작성했다.

192) 원문은 War, thus in itself inescapably an evil. But those who renounce the use of force find themselves at the mercy of those who do not. Michael Howard, Studies in War and Peace, p. 17.

| 개정판 |

미국에 당당했던 대한민국의 대통령들
-다시 생각하는 이승만·박정희의 벼랑끝 외교전략

지은이 | 이춘근
만든이 | 하경숙
만든곳 | 글마당

책임 편집디자인 | 정다희
(등록 제2008-000048호)

1쇄 | 2012년 12월 15일
개정판 2쇄 | 2022년 5월 22일

주소 | 서울시 송파구 송파대로 28길 32
전화 | 02. 451. 1227
팩스 | 02. 6280.0077
이메일 | vincent@gulmadang.com

ISBN 979-11-90244-33-6(03300)   값 17,000원